职业教育改革创新教材

Qiche Jixie Jichu
汽车机械基础

（第3版）

何向东　汤洁齐　主　　编
张水珍　黄沃光　副 主 编
　　　　朱　军　丛书总主审

人民交通出版社股份有限公司
北　京

内 容 提 要

本书是职业教育改革创新教材之一。本书由8个单元组成,即绪论、汽车机械识图、汽车常用材料、汽车常用机构、汽车常用连接、汽车支承零部件、汽车机械传动、汽车液压传动与气压传动。

本书既可作为中等职业学校汽车运用与维修专业学生的教学用书,也可作为职业技能培训和从事汽车运用与维修的工作人员的参考用书。

图书在版编目(CIP)数据

汽车机械基础/何向东,汤洁齐主编.—3版.—北京:人民交通出版社股份有限公司,2020.12

ISBN 978-7-114-16886-4

Ⅰ.①汽… Ⅱ.①何…②汤… Ⅲ.①汽车—机械学—高等职业教育—教材 Ⅳ.①U463

中国版本图书馆CIP数据核字(2020)第194290号

职业教育改革创新教材

书 名: 汽车机械基础(第3版)
著 作 者: 何向东 汤洁齐
责任编辑: 侯力文
责任校对: 刘 芹
责任印制: 张 凯
出版发行: 人民交通出版社股份有限公司
地 址: (100011)北京市朝阳区安定门外外馆斜街3号
网 址: http://www.ccpcl.com.cn
销售电话: (010)59757973
总 经 销: 人民交通出版社股份有限公司发行部
经 销: 各地新华书店
印 刷: 北京市密东印刷有限公司
开 本: 787×1092 1/16
印 张: 12.5
字 数: 281千
版 次: 2011年6月 第1版
2016年4月 第2版
2020年12月 第3版
印 次: 2024年1月 第3版 第3次印刷 累计第13次印刷
书 号: ISBN 978-7-114-16886-4
定 价: 32.00元

第3版前言 PREFACE TO THE THIRD EDITION

“十二五”期间，人民交通出版社以职教专家、行业专家、学校教师、出版社编辑“四结合”的模式开发出了“职业教育改革创新示范教材”，受到广大职业院校师生的欢迎。

为了紧跟汽车行业发展趋势，更好地适应汽车类专业实际教学需求，2015—2016年，人民交通出版社股份有限公司组织修订，出版了本套教材的第2版。2019年12月，人民交通出版社股份有限公司吸收教材使用院校教师的意见和建议，组织相关老师，对已出版的“职业教育改革创新示范教材”再次进行了全面修订，对个别不能完全适应学校教学的教材进行了重新整合，更新了教材内容，并对教材中的错漏之处进行了修正。

该套教材将先进的教学内容、教学方法与教学手段有效地结合起来，形成课本、课件(部分课程配)和数字资源(部分课程配)三位一体的立体教学模式。

《汽车机械基础》是其中一本，此次修订，对第2版中陈旧的内容、数据和车型进行了更新；根据课程特点，删除了第2版中可操作性较差的实训内容；更新了第2版中陈旧的法规、已经废止的技术标准；对第2版中的错漏之处和不严谨的文字表述进行了修改，使教材内容更加准确和精炼。配套的电子课件也进行了修订。在部分知识点处设置了二维码，通过扫码观看视频或动画，有助于学生更形象地理解相关内容。

本书由清远市职业技术学校何向东、汤洁齐担任主编，河源理工学校张水珍、清远市技师学院黄沃光担任副主编。参加编写的还有清远市职业技术学校胡琼、黄国莹，清远市清新区职业技术学校王锦帮和广州市增城区职业技术学校叶峻峰。

限于编者的经历和水平，书中难免有不妥或错误之处，敬请广大读者批评指正，提出修改意见和建议，以便重印或再版时改正。

职业教育改革创新教材编委会

2020 年 4 月

目录 CONTENTS

单元一
绪论

本章描述

汽车是人类用以代步、运输的工具。汽车机械的发展是自然科学进步的标志之一。机械是机器和机构的统称。了解汽车机械的组成以及摩擦、磨损、润滑与密封的含义,防止机器零件过早损坏,延长机器的使用寿命,是学习汽车机械的首要任务。本章还将结合所学专业,介绍汽车机械基础的学习任务和要求。

知识目标

1. 了解汽车机械基础的研究对象;
2. 了解汽车机械的组成;
3. 了解汽车机械的摩擦、磨损、润滑与密封的含义;
4. 知道汽车机械基础的学习任务和要求。

素养目标

1. 培养对本专业的学习兴趣;
2. 提高职业道德水平;
3. 培养严谨、敬业的工作作风。

建议学时

4 学时。

第一节　汽车机械基础的研究对象和内容

想一想

(1)汽车机械对人类有哪些好处?
(2)汽车机械基础的学习内容有哪些?

一 汽车机械基础的研究对象

汽车是人类重要的交通工具,汽车工业是机械工业乃至国民经济的重要组成部分。汽车机械基础的研究对象就是汽车机械。

典型轿车的总体构造如图1-1所示。由图可见,汽车一般由发动机、底盘、车身和电气设备四大部分组成。汽车是一个机械系统,通过这四大部分实现汽车安全行驶功能。

图1-1　典型轿车的总体构造

二 汽车机械基础的研究内容

《汽车机械基础》是汽车类各专业课程的基础,因此本课程务求为同学们提供一个夯实基础知识的平台。本课程各部分的主要内容如下:

绪论部分主要介绍本课程的研究对象和内容,认识汽车机械,介绍本课程的学习任务和要求。

汽车机械识图部分主要介绍汽车识图基本知识、投影基础、基本体的识读、零件图的识读、装配图的识读。

汽车常用材料部分主要介绍金属材料的力学性能、碳素钢、合金钢、铸铁、各种有色金属及其合金、汽车用汽油、汽车用轻柴油、汽车发动机油、汽车齿轮油、汽车液力传动油、其他汽车材料。

汽车常用机构部分主要介绍平面机构、平面四杆机构、凸轮机构。

汽车常用连接部分主要介绍键连接与销连接、螺纹连接、弹性连接、联轴器与离合器。

汽车支承零部件部分主要介绍轴、滑动轴承、滚动轴承。

汽车机械传动部分主要介绍带传动、链传动、齿轮传动、蜗杆传动、齿轮系。

汽车液压传动与气压传动部分主要介绍液压传动与气压传动的基本原理及其主要元件。

第二节 认识汽车机械

想一想

(1)汽车上哪些部位有相对运动?

(2)磨损对机器有什么影响?

一 机器

1 机器的共同特征

(1)机器都是人为的实物组合,由多种构件组成。

(2)机器的各构件之间有确定的相对运动。

(3)机器能做功或进行能量转换。

综合以上特征,机器是执行机械运动的装置,用来变换或传递能量、物料与信息,以代替或减轻人的劳动强度。

2 机器的组成部件

(1)零件:零件是机器中最小的制造单元,如螺钉、螺母(图1-2)。零件具有不可拆分性。

(2)部件:部件是一套协同工作且完成共同任务的零件组合,如滚动轴承(图1-3)。

(3)构件:构件是机器中作为一个整体运动的最小单元,如汽车轮胎(图1-4)。构件一般由若干个零件刚性连接而成,也可能是单一的零件。

图1-2 螺母

(4)机构:机构由多构件组成且各构件之间有确定的相对运动,如发动机的曲柄连杆机构(图1-5)。机构是机器的一部分,主要用来传递和变换运动。

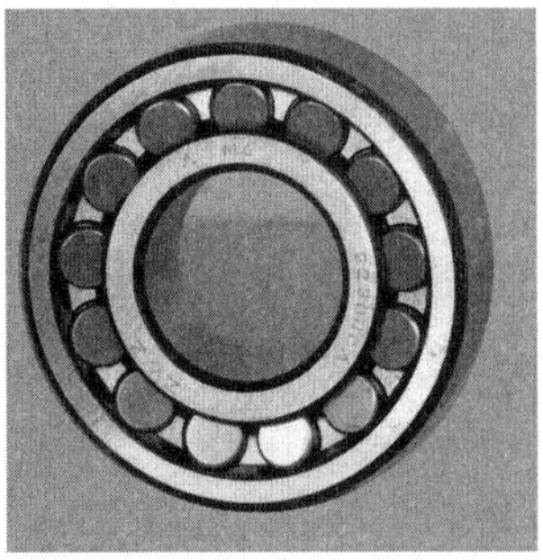

图1-3　滚动轴承

图1-4　汽车轮胎

图1-5　发动机曲柄连杆机构

3 机械

由机器的结构可见,机构的性能和零件的质量决定着机器的完善程度。无论是制造还是使用机器,都必须将机构和零件作为基础来学习。如果只从结构和运动的角度去分析,机构与机器之间并无区别,因此将机构和机器统称为机械。

二 机器的组成部分

由汽车(图1-1)这种典型的机器可见,机器通常由4个部分组成。

(1)原动机部分:原动机部分是机器工作的动力来源,可将其他形式的能量转化为机械能,如发动机、电动机等。

(2)执行部分:执行部分是直接完成机器预定工作任务的部分,如车轮等。

(3)传动部分:传动部分用于将动力部分的运动和动力传递给执行部分,如离合器、变速器、传动轴、差速器等。

(4)操作或控制部分:操作或控制部分用于监控机器的运行位置和状态,控制机器正常运行和工作,如转向盘、换挡杆、制动踏板、节气门等。

三 摩擦、磨损、润滑与密封

1 摩擦

摩擦是指相互接触的两物体有相对运动或相对运动趋势时，在接触处产生阻力的现象。摩擦是自然界普遍存在的正常现象，只要有相对运动或相对运动趋势的两物体，接触表面之间就会有摩擦存在。摩擦会带来能量损耗，使相对运动表面发热，机械效率降低，还会引起振动和噪声等；而在螺纹连接、摩擦传动和制动，以及车辆的驱动等方面则必须依赖摩擦。

根据摩擦副的运动形式，摩擦可分为滑动摩擦和滚动摩擦；根据摩擦副的摩擦状态，摩擦可分为干摩擦、边界摩擦、液体摩擦、混合摩擦，如图 1-6 所示。

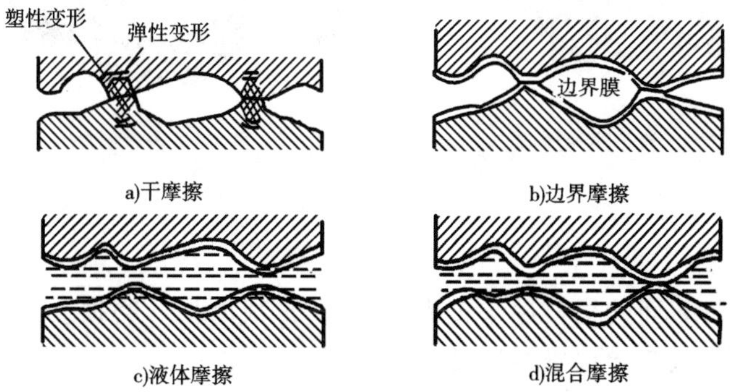

图 1-6　摩擦的 4 种状态

(1)干摩擦：摩擦表面之间没有润滑剂或保护膜的摩擦称为干摩擦。这种摩擦形式的动摩擦因数大，适用于有意利用摩擦的场合，如汽车离合器中压盘与摩擦片之间(图 1-7)、汽车盘式制动器中制动盘与摩擦片之间(图1-8)等。

图 1-7　汽车离合器

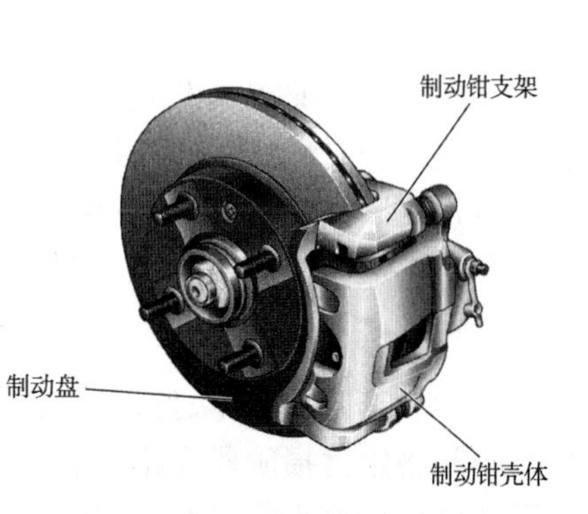

图 1-8　汽车盘式制动器

(2)边界摩擦：摩擦表面之间有一层极薄的润滑剂，且摩擦性质与润滑剂的黏度无关，而是取决于两表面的特性和润滑油油性，如汽车主减速器齿轮(图 1-9)。

(3)液体摩擦:摩擦表面之间被液体润滑膜完全隔离开,摩擦力的大小取决于液体分子的内部摩擦力。在机械传动中,两零件表面之间处于液体摩擦状态是最理想的状态,但是很难达到这种状态。

(4)混合摩擦:机械运动的接触表面,大多数处于以上3种摩擦状态的混合,称之为混合摩擦,如滑动轴承与轴之间的摩擦(图1-10)。

图1-9　汽车主减速器

图1-10　滑动轴承

2 磨损

摩擦将导致机件表面的材料逐渐丧失或转移,形成磨损。磨损会降低机器工作的可靠性,影响机器的精度,最终导致机器报废。

1 磨损类型

根据磨损机理,磨损主要分为粘着磨损、磨料磨损、疲劳磨损、腐蚀磨损等类型。

(1)粘着磨损:发生在重载状态、表面没有润滑的干磨损状态,当摩擦发热使金属的温度超过其熔点时,两运动表面产生熔化、粘着。由于粘着致使材料从一个表面转移到另一表面,形成胶粘划伤。

(2)磨料磨损:摩擦表面之间渗入硬颗粒或硬的微凸体并在较软的材料表面上犁刨出很多沟纹的微切削过程。

(3)疲劳磨损:当周期性工作达到一定期限之后,接触表面会产生疲劳裂纹,由于充足的润滑油渗入到裂纹中,接触表面短时间形成封闭裂纹,使裂纹内的油液压力急剧升高,超过材料的极限强度之后,表面材料出现脱落,形成麻坑。

(4)腐蚀磨损:在摩擦过程中表面材料与周围介质发生化学反应而引起磨损。

2 磨损过程

任何相对运动,即使润滑条件再好,也不可避免地会出现磨损。磨损过程大致分为3个阶段:磨合阶段、稳定磨损阶段和剧烈磨损阶段,如图1-11a)所示。经过机械加工后的表面,无论其表面粗糙度值多小,也达不到磨合后的标准,如图1-11b)所示。所以相对运动的表面必然要经过正常的磨合阶段。如新出厂汽车的磨合期为2000km,表明行驶2000km之后,各运动表面进入稳定磨损阶段,该阶段的长短决定着机器使用寿命的长短。机器的质量越高,其稳定磨损阶段越长,使用寿命也就越长。

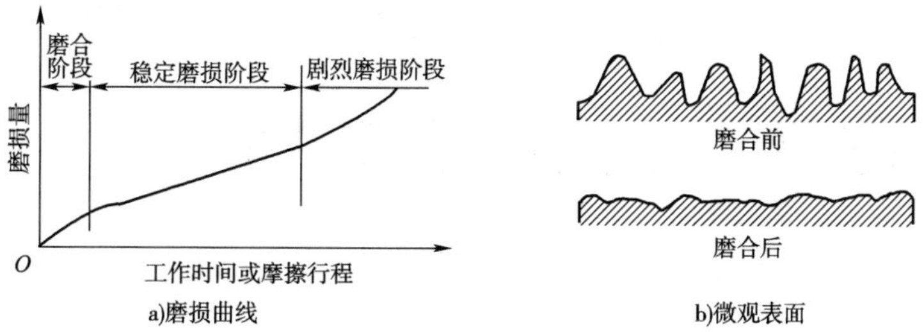

图 1-11 零件磨损曲线及微观表面

(1)磨合阶段:机件运转初期,摩擦副的接触面积较小,单位面积实际载荷较大,磨损速度较快。随着摩擦的进行,有效接触面积增大,磨损速度明显放慢,逐渐进入稳定磨损阶段。

(2)稳定磨损阶段:该阶段由于摩擦副的有效接触面积增大,单位面积实际载荷减小,磨损平稳而缓慢。

(3)剧烈磨损阶段:该阶段摩擦副的间隙不断增大,磨损加剧,直至零件或机器失效。

3 润滑

润滑是向相对运动的两摩擦表面之间注入润滑剂,以降低摩擦阻力和减缓磨损的技术措施。润滑在各种机械中的主要作用是:润滑材料被添加到相对运动机件的摩擦面上,改善摩擦副的摩擦状态,达到降低摩擦和减缓磨损的目的;随时将摩擦热量排出机件外;在流动过程中,润滑材料将摩擦面污物清洗排除;保护摩擦表面不受侵蚀;密封、减振和卸荷等。

(1)间歇润滑:靠手工或油泵定时加油、加脂的润滑方式,称为间歇润滑。

手工定时加油、加脂的润滑装置结构简单,但不可靠,适用于轻载、低速和不重要部位。

(2)连续润滑:连续供油的润滑方式,连续供油润滑比较可靠,有的还可以调节供油量。

实际应用中需要考虑的润滑问题,主要是选用何种润滑剂、如何供给润滑剂和采用何种供给装置。

4 密封

机械的密封是一个不可忽视的问题。漏油、漏水、漏气都会严重影响机械的正常运转、外观、工作效率及使用寿命,并会引起环境污染及资源浪费。因此,为保证机械设备能正常工作,必须采取可靠的密封。

按密封的零件表面之间有无相对运动,密封可分为静密封和动密封两大类。静密封又分为垫密封、密封胶密封、直接接触密封 3 种密封方式。动密封按密封件与其做相对运动的零部件是否接触,又分为接触式密封和非接触式密封。

(1)静密封:静密封是指两个静止面之间的密封,如管道连接、压力容器以及传动装置等的接合面间的密封。

(2)动密封:动密封是指有相对运动的两个零部件之间的密封,如发动机中活塞与汽缸体之间的密封。

第三节 汽车机械基础的学习任务和要求

想一想

(1)你知道汽车机械基础课程的作用吗?
(2)你准备如何学好这门课程?

一 学习任务

《汽车机械基础》是职业院校汽车类专业的一门专业基础课程。其学习任务是:

(1)使学生掌握必备的汽车机械基本知识和基本技能。

(2)培养学生具备分析问题和解决问题的能力,使其形成良好的学习习惯,具备继续学习专业理论和技能的能力。

(3)对学生进行职业意识培养和职业道德教育,使其形成严谨、敬业的工作作风,为今后解决生产实际问题和规划职业生涯的发展道路奠定基础。

二 学习要求

通过本课程的学习,应使学生达到下述基本要求:

(1)掌握汽车识图基本知识、公差与配合基本知识,会识读汽车零件图。

(2)了解汽车常用材料基本知识,会正确选用汽车常用材料。

(3)熟悉汽车常用机构的结构、特性及汽车常用连接零件。

(4)掌握汽车主要机械零部件的工作原理、结构和特点,初步掌握其选用的方法。

(5)具备对汽车机械的机构、支承零部件、机械传动等进行分析、使用和维护的能力。

(6)了解汽车液压传动与气压传动的原理和特点,熟悉各种元件的作用、结构,能读懂简单的液压、气压传动系统图。

《汽车机械基础》是从理论性、系统性很强的专业基础课向实践性较强的专业课过渡的一门重要课程,具有承上启下的作用。因此,学习本课程时,必须在学习方法上有所转变。学习本课程,要本着理论联系实际的原则,注重理解和运用,注意在实训中观察、思考问题,积累经验,不断提高分析问题、解决问题的能力。

思考与练习

一、选择题

1. 汽车发动机对于汽车而言是汽车的(　　)。

A. 动力装置　B. 传动装置　C. 执行装置　D. 控制装置

2. 汽车轮胎是汽车的一部分,它是汽车的一个(　　)。

A. 零件　B. 部件　C. 构件　D. 机构

3. 大多数的机器、机构都采用(　　)。

A. 干摩擦　B. 边界摩擦　C. 流体摩擦　D. 混合摩擦

二、填空题

1. 机械是________和________的统称。

2. 一部完整的机器一般由________、________、________和________4 个部分组成。

3. 零件是机器中最小的________;部件是一套协同工作且完成共同任务的________。

三、判断题

1. 机构与机器都是机械,也可以认为机构就是机器。(　　)

2. 部件是由多个零件所组成,机构也需要多个零件组成,对于机器而言,一个机构也是机器的一个部件。(　　)

3. 发动机是一台机器,放在汽车上则是汽车的动力装置。(　　)

4. 部件是构成机器的最小单元,而零件则是最小制造单元。(　　)

5. 传动装置是机器中介于原动机装置和执行装置之间,用来完成动力等转换与传递的组成部分。(　　)

四、问答题

1. 机器的共同特征有哪些?

2. 机器的磨损过程分为哪几个阶段?

3. 磨损有哪几种类型?各有什么特点?

单元二
汽车机械识图

本章描述

汽车机械识图是汽车类专业学生必须掌握的基本知识和基本技能。掌握基本的机械识图能力是学好后续专业课程的前提。本章的主要内容包括机械识图的基本知识与技能、投影基础、基本体的表达与识读、零件图的表达与识读等。对机械识图内容的学习，将有助于培养学生对汽车机械零件的空间想象能力；对极限与配合、形状和位置公差的学习，将使学生认识到汽车零件应有正确的偏差和公差，在使用零件时，必须确保形位精度，从而使零件运动平稳，提高耐磨性。

知识目标

1. 掌握相关国家标准的基本规定及制图的基本知识；
2. 掌握汽车识图的投影规律；
3. 熟悉剖视图、断面图的画法及其标注规定；
4. 知道极限与配合的术语及定义；
5. 知道、理解形状和位置公差的概念。

技能目标

1. 能识读机械零件的零件图；
2. 初步掌握配合制、公差等级及配合种类的选用；
3. 初步掌握形状公差、基准的选用；

4. 会正确使用常用测量量具；
5. 能正确测量汽车上孔类及轴类零件。

素养目标

1. 培养实事求是的态度、团队合作的精神；
2. 养成严谨的工作作风；
3. 培养空间想象和思维能力，激发学习兴趣。

建议学时

24 学时。

第一节　机械制图的基本知识与技能

想一想

(1) 机械图样是按照什么标准和原理绘制的？
(2) 常用绘图工具有哪些？如何使用？
(3) 如何才能学好汽车机械识图知识并提高汽车机械识图技能？

一 机械制图国家标准

轴测图浅显易懂，富有立体感，是表达一个物体形状最直接的图形。但这种表达方法不能反映物体的真实形状，也不能直接用于指导生产，所以在工程上常用图样来表达。

为了准确地表达机械的形状、结构和大小，根据投影原理、国家标准和有关规定画出的图，称为图样。图样是设计者表达设计意图，制造者组织和指导生产，职业院校汽车类专业学生了解、掌握汽车等机器结构、性能、操作和维护方法的重要依据。

国家标准对图样的绘制有一系列的规定，绘图时必须严格执行国家标准，才能绘制出合格的图样。合格的图样，图形要清晰、准确，图纸幅面、标题栏、明细栏、比例、字体、图线、尺寸标注等都要符合国家标准规定。

1 图纸幅面和格式

1 基本幅面

图纸的基本幅面（尺寸单位：mm）有：A0：1189 × 841；A1：841 × 594；A2：594 × 420；A3：

420×297;A4:297×210。零件图常用 A3、A4 幅面。

2 标题栏和明细栏

标题栏位于图幅右下角,明细栏位于标题栏的上方,如图 2-1 所示。

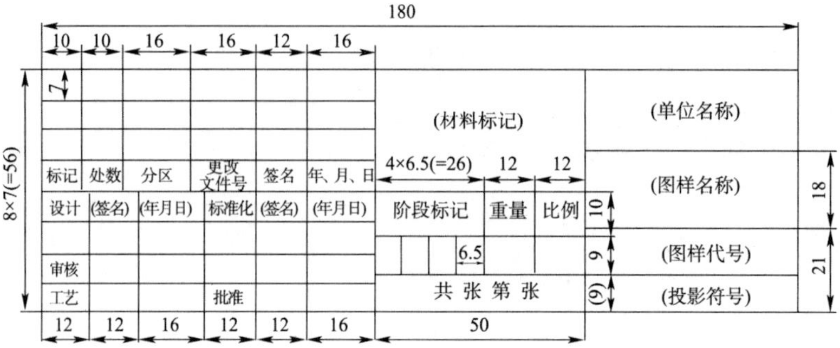

a)标题栏

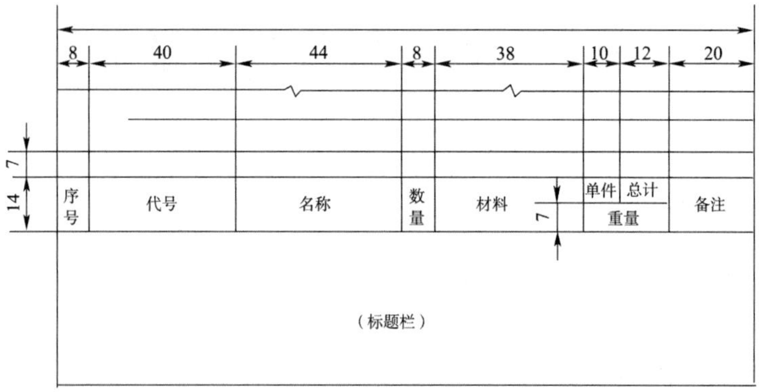

b)明细栏

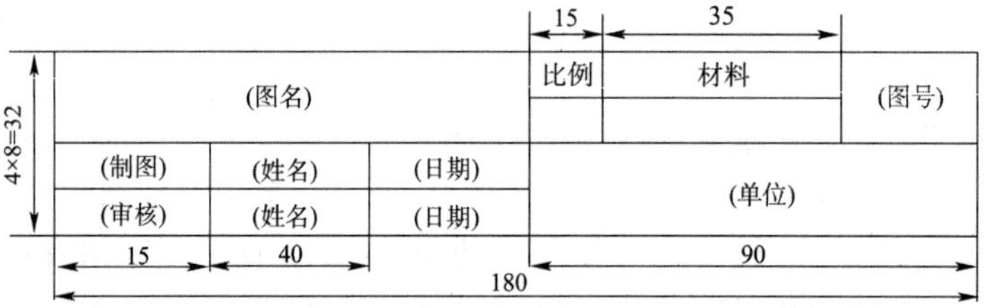

c)练习用标题栏

图 2-1 标题栏和明细栏格式(尺寸单位:mm)

2 比例

图样及技术文件中的比例是指图形与其实物相应要素的线性尺寸之比。

常用放大比例有 2∶1、5∶1 等,常用缩小比例有 1∶2、1∶5 等。一般应尽可能选用 1∶1 的比例。但无论选取放大比例,还是缩小比例,零件标注的尺寸要求是完工后的实际尺寸,如图 2-2 所示。

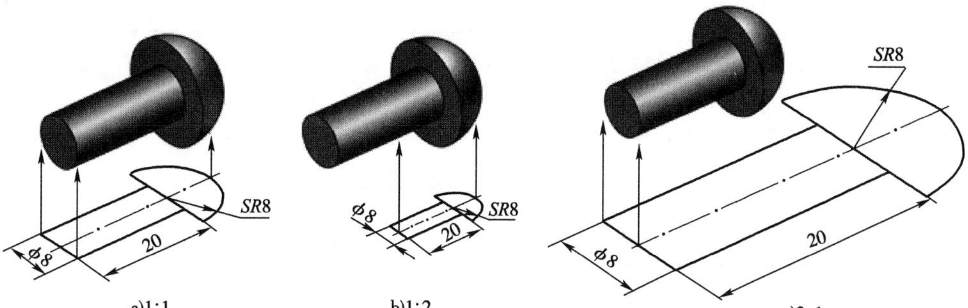

a)1∶1　　b)1∶2　　c)2∶1

图 2-2　采用不同比例绘制的同一物体的图形(尺寸单位:mm)

3 字体

图样中的字体包括汉字、数字和字母,汉字应写成长仿宋字。字体书写的基本要求是:字体工整、笔画清楚、间隔均匀、排列整齐。字体的高度分为 8 种,常用的字体高度有 5mm、7mm、10mm。字宽一般为字高的 $1/\sqrt{2}$。斜体字字头向右倾斜,与水平基准线约成 75°;用作注脚、极限偏差的数字等,一般应采用小一号的字体。

4 图线

1 线型

《技术制图　图线》(GB/T 17450—1998)、《机械制图　图样画法　图线》(GB/T4457.4—2002)规定了绘制机械图样的线型。常用粗实线的宽度为 0.7mm,细线的宽度为粗线的 1/2。表 2-1 所示为图线基本线型及应用。

图线基本线型及应用(尺寸单位:mm)　　表 2-1

图线名称	线　型	宽度	一般应用
粗实线	b	b	可见轮廓线;可见过渡线等
虚线	2~6　1~2	约 $b/3$	不可见轮廓线;不可见过渡线等
细实线		约 $b/3$	尺寸线、尺寸界线、剖面线、重合断面的轮廓线、指引线等
细点画线	10~25　2~3	约 $b/3$	轴线、对称中心线等
双点画线	10~20　3~4	约 $b/3$	极限位置的轮廓线、相邻辅助零件的轮廓线等

续上表

图线名称	线　型	宽度	一般应用
波浪线		约 $b/3$	断裂处的边界线等
粗点画线	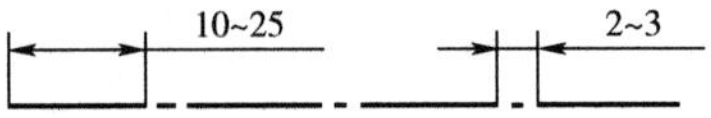	约 b	有特殊要求的线或表面的表示线等
双折线	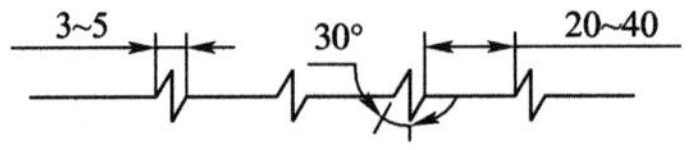	约 $b/3$	断裂处的边界线等

注:表中虚线、细点画线、双点画线的线段长度和间隔的数值可供参考。

2 图线线素的长度

通常虚线的短画长2~6mm,间隔为1mm;点画线的长画为15~20mm,间隔为3mm。

3 图线重叠

画线顺序:可见轮廓线→不可见轮廓线→轴线、对称中心线→双点画线。

5 尺寸注法

图样中的图形仅表达机件的形状,而其真实大小是以图样上标注的尺寸数值来确定的。尺寸是图样中的重要内容之一,也是图样中指令性最强的部分。绘图时,必须严格遵守《技术制图　简化表示法　第2部分:尺寸注法》(GB/T 16675.2—2012)、《机械制图　尺寸注法》(GB/T 4458.4—2003)的规定。

1 基本要求

正确、齐全、清晰。

2 基本规则

图样中所标注的尺寸是最后完工尺寸,否则应另加说明。形体的真实大小应以图样上所注的尺寸数值为依据,与图形的大小及绘图的准确度无关;尺寸是用特定长度或角度单位表示的数值,如30mm、50μm等。图样中的尺寸,以mm为单位时,不需标注计量单位的代号或名称;若图样中的尺寸和公差全部相同或某个尺寸和公差占多数时,可在图样空白处作总的说明,如"全部倒角 *C*1.6""其余圆角 *R*4"等;对于尺寸相同的重复要素,可仅在一个要素上注出其数量和尺寸;标注参考尺寸时加括号。

3 尺寸标注的三要素

一个完整的尺寸由尺寸数字、尺寸线和尺寸界线三要素组成,常用尺寸线终端结构为箭头,如图2-3所示。

4 常见的尺寸注法

(1)线性尺寸注法:线性尺寸的数字应按如图2-4a)所示的方向填写,避免在图示30°范围内标注,当无法避免时,应按如图2-4b)所示的形式标注。

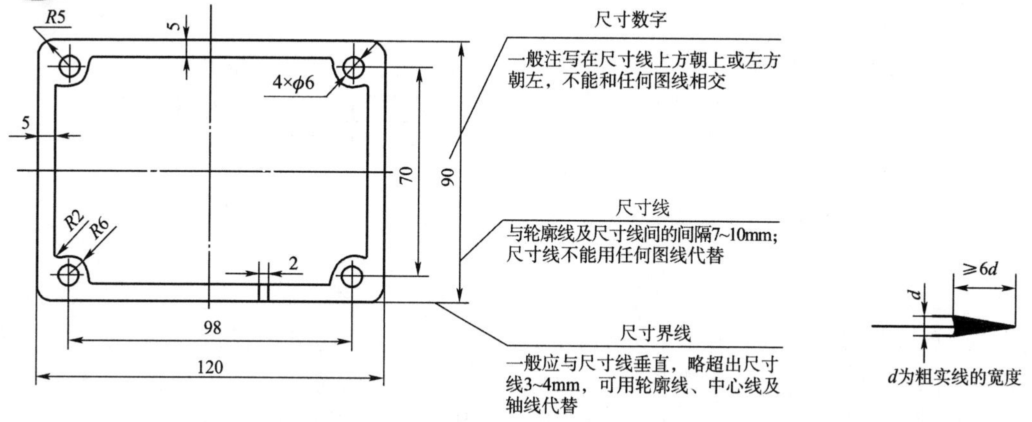

a)尺寸数字、尺寸线、尺寸界线　　b)尺寸线终端

图 2-3　尺寸数字、尺寸线、尺寸界线和尺寸线终端

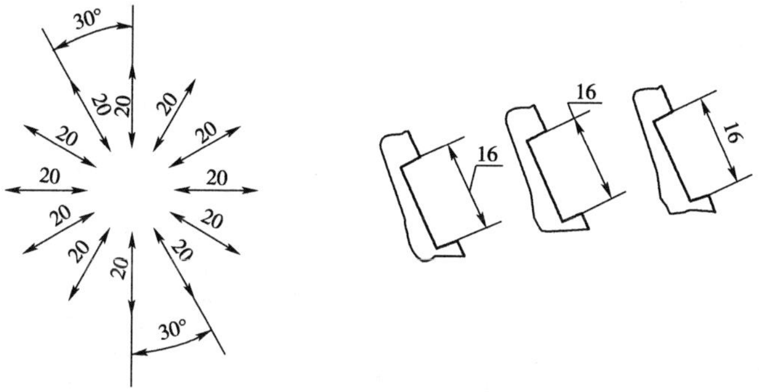

a)　　b)

图 2-4　线性尺寸数字的注写方向

(2)圆及圆弧的尺寸注法(图 2-5):大于半圆的圆弧标注直径,在尺寸数字前加注符号“ϕ”;小于和等于半圆的圆弧标注半径,在尺寸数字前加注符号“R”。

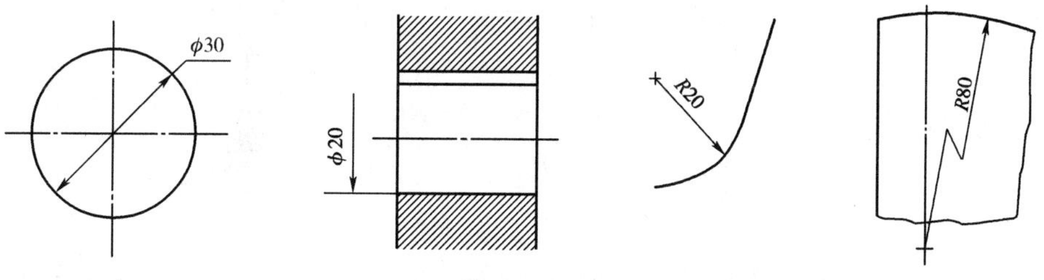

a)　　b)　　c)　　d)

图 2-5　圆及圆弧的尺寸注法

(3)球的尺寸注法(图 2-6):圆球在尺寸数字前加注符号“$S\phi$”;半球在尺寸数字前加注符号“SR”。

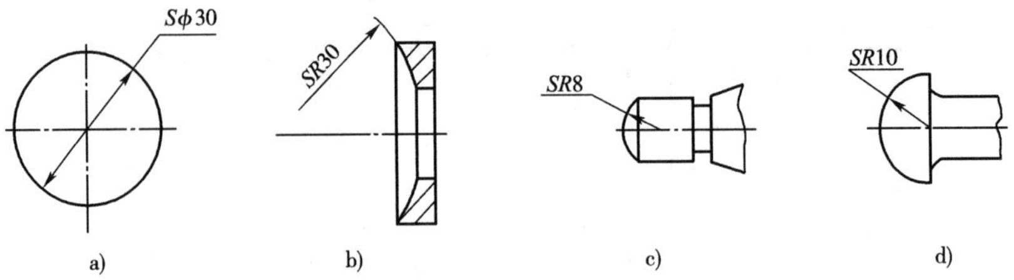

图2-6　球的尺寸注法

(4)角度的尺寸注法(图2-7):角度的尺寸界线应沿径向引出,尺寸线是以角的顶点为圆心画出的圆弧线;角度的数字应水平书写,一般注写在尺寸线的中断处,必要时也可写在尺寸线的上方或外侧;角度较小时也可以用指引线引出标注;角度尺寸必须注出单位。

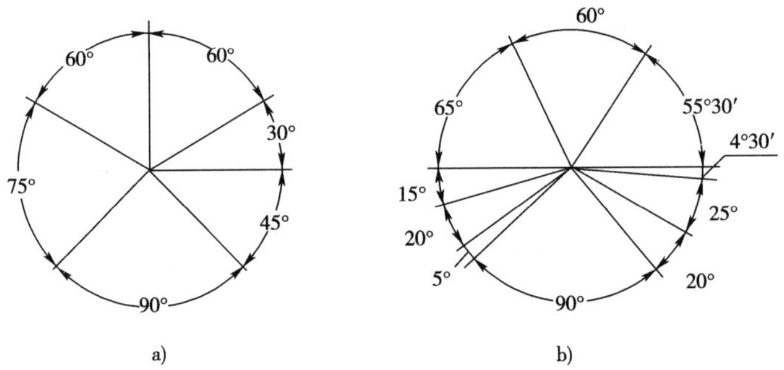

图2-7　角度的尺寸注法

(5)小尺寸的尺寸注法:当位置受限制时,灵活采用小尺寸标注法,如图2-8所示。

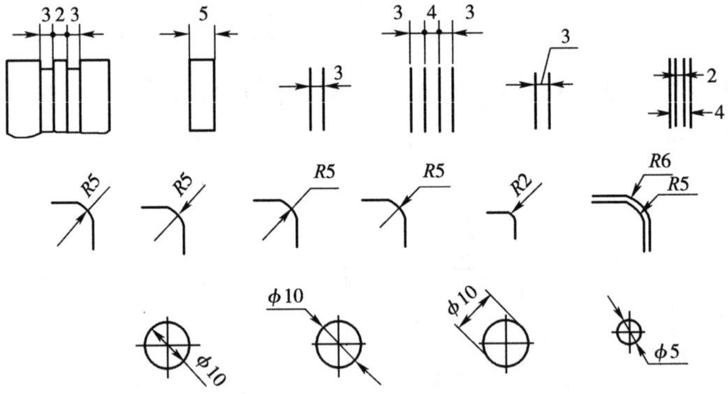

图2-8　小尺寸的尺寸注法

二 认识并使用绘图工具

手工绘图是学好汽车机械识图的基础。只有正确使用绘图工具,才能绘制出规范的图样。常用的绘图工具有:图板、丁字尺、三角板、圆规、分规、铅笔等。

1 图板、丁字尺与三角板

图板的导边应平直,表面应平整;图纸四周用胶带纸固定在图板上,如图2-9a)所示。丁字尺主要用于画水平线,使用时左手握住尺头,使尺头贴紧图板左侧的导边,上下移动,如图2-9b)所示。自左向右画水平线。三角板与丁字尺配合可画出15°、30°、45°、60°及75°等15°整数倍的倾斜线,如图2-10所示。

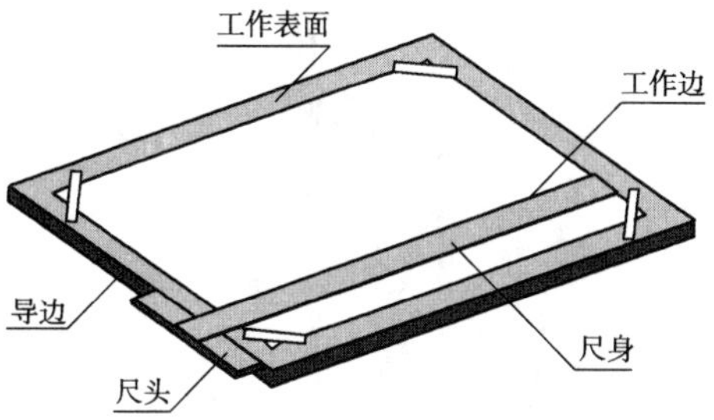

a) 图板

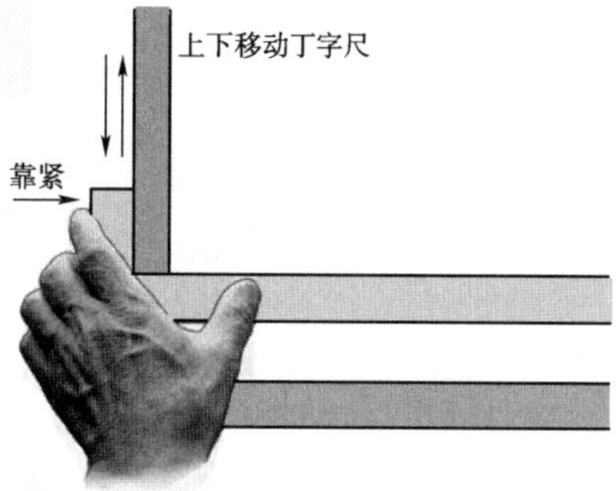

b)丁字尺

图2-9 图板与丁字尺

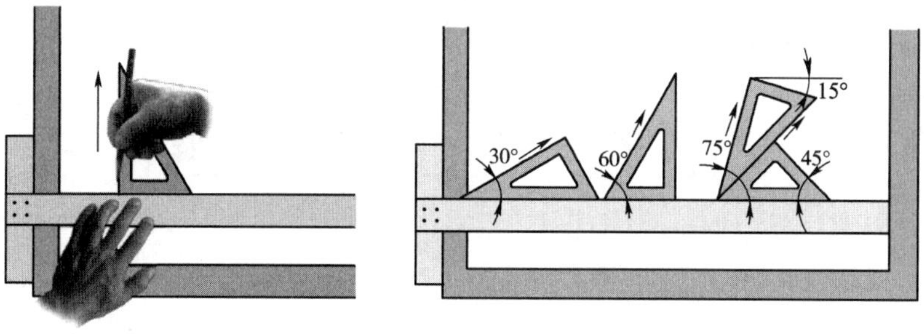

图2-10 三角板与丁字尺配合画垂直线和角度线

2 圆规和分规

圆规用来画圆和圆弧,分规用来量取线段和等分线段,如图2-11所示。

3 铅笔

铅笔是绘制机械图样的必备工具,铅笔上的“H”表示硬性铅笔,“B”表示软性铅笔。画细线或底线稿常用“H”或“HB”铅笔,画粗线常用“B”或“HB”铅笔。

4 其他绘图工具

绘图工具还有橡皮、小刀、擦图片、胶带纸、曲线板等。

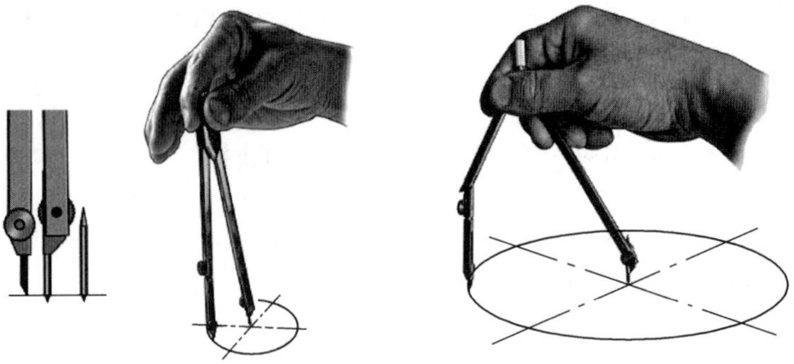

a)圆规

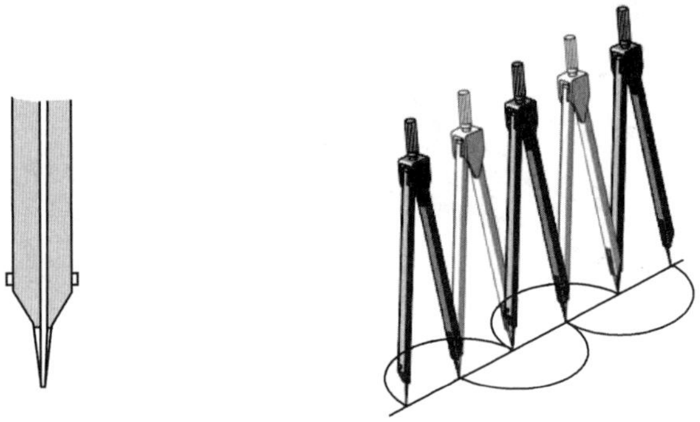

b)分规

图2-11　圆规和分规的使用方法

第二节　投影基础

想一想

(1)机械图样是利用什么原理绘制平面图形的?

(2)研究点、直线、平面的投影规律,投影对物与图、立体与平面之间的相互转换有何意义?

一 投影法

投射线互相平行的投影法称为平行投影法,有斜投影法和正投影法两种。

1 斜投影法

在平行投影法中,投射线与投影面倾斜的投影法称为斜投影法。按斜投影法得到的投影称为斜投影,如图 2-12 所示。

2 正投影法

在平行投影法中,投射线与投影面垂直的投影法称为正投影法。按正投影法得到的投影称为正投影,如图 2-13 所示。正投影能反映零件的真实形状和大小,在工程中普遍采用。

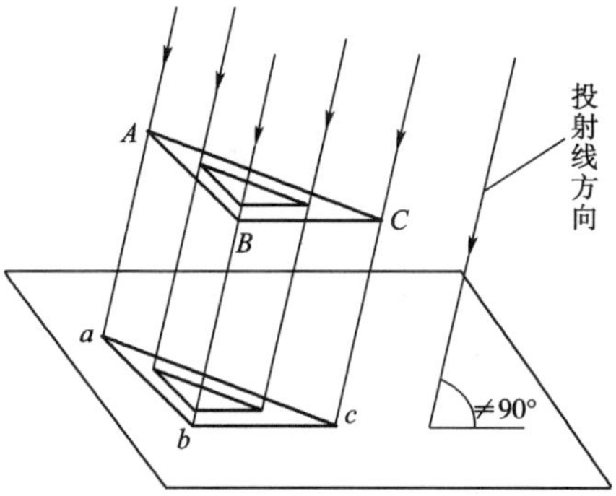

图 2-12　斜投影法

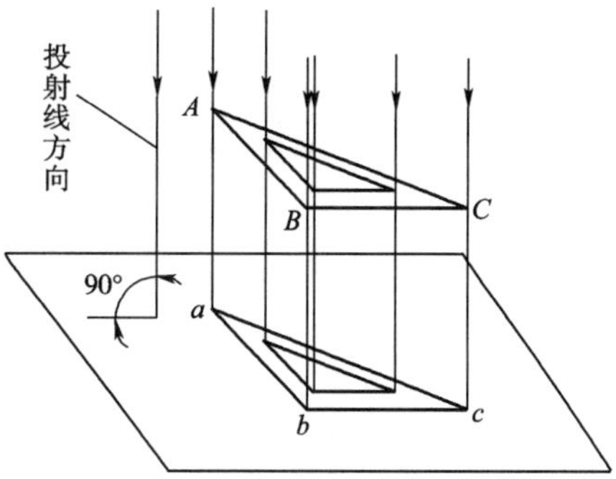

图 2-13　正投影法

二 三视图形成

1 三投影面体系

三投影面体系由三个互相垂直的投影面组成,相交轴用 X、Y、Z 表示,原点为 O,如图 2-14 所示。3 个投影面分别为:正投影面(用 V 表示)、水平投影面(用 H 表示)、侧投影面(用 W 表示)。

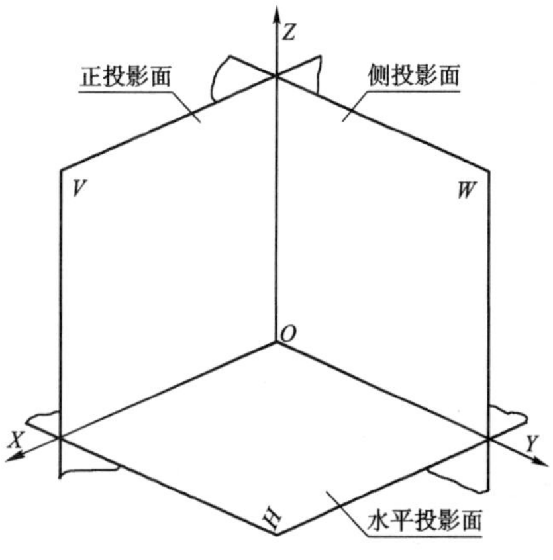

图 2-14　三投影面

2 三视图的形成

按正投影法并根据有关标准和规定画出物体的图形,称为视图。正面投影(由物体的前方向后方投射所得到的视图)称为主视图,水平面投影(由物体的上方向下方投射所得到的视图)称为俯视图,侧面投影(由物体的左方向右方投射所得到的视图)称为左视图,如图 2-15a)所示。

将左视图、俯视图分别绕 Z 轴、X 轴旋转 90°展开,使左视图、俯视图与主视图处在同一平面上,如图 2-15b)、图 2-15c)所示。

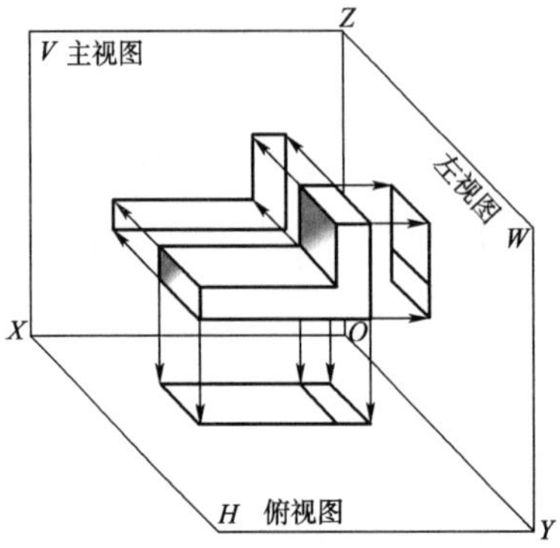

a)三投影面体系

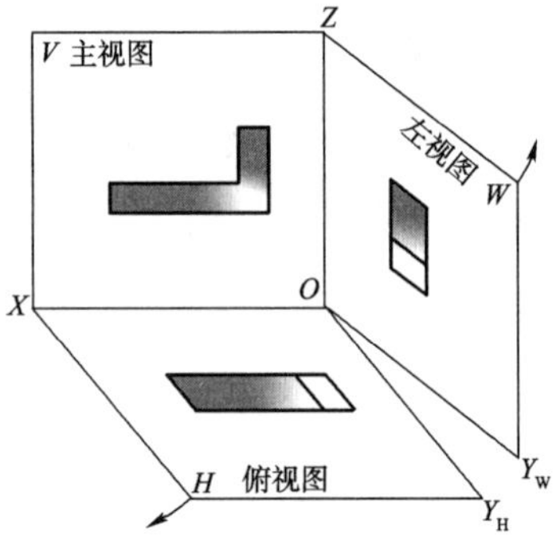

b)展开三投影面

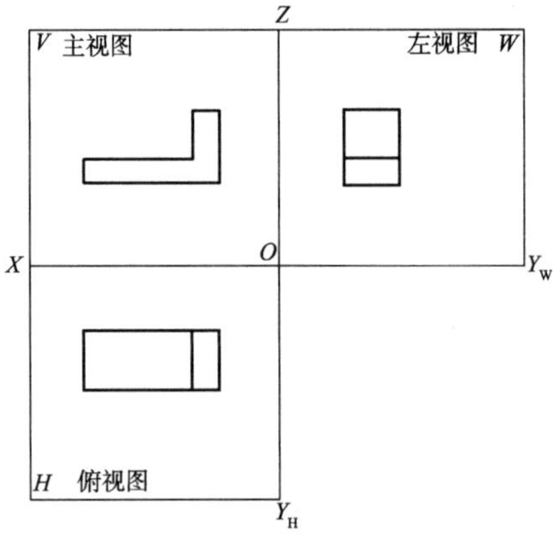

c)展开后的三视图

图 2-15 三视图的形成

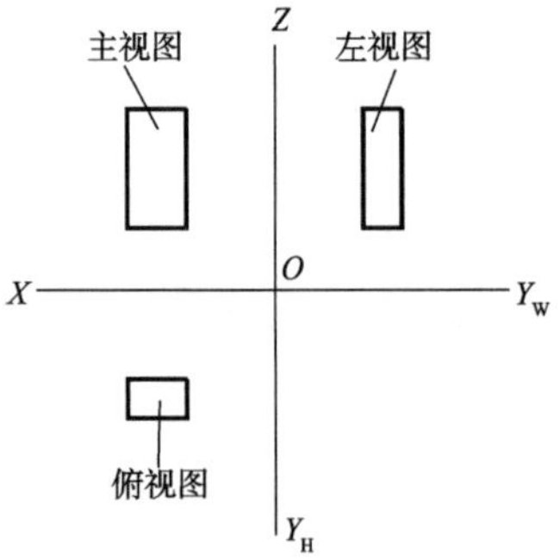

图 2-16 三视图的位置关系

3 三视图的关系

1 位置关系

主视图在上,俯视图在主视图之下,左视图在主视图之右,如图 2-16 所示。

2 投影关系

主视图反映物体的长度和高度,俯视图反映物体的长度和宽度,左视图反映物体的宽度和高度。三视图之间的对应关系为“长对正、高平齐、宽相等”的“三等”关系,如图 2-17所示。

3 方位关系

主视图反映物体的上、下、左、右方位,俯视图反映物体的前、后、左、右方位,左视图反映物体的上、下、前、后方位,如图 2-18 所示。

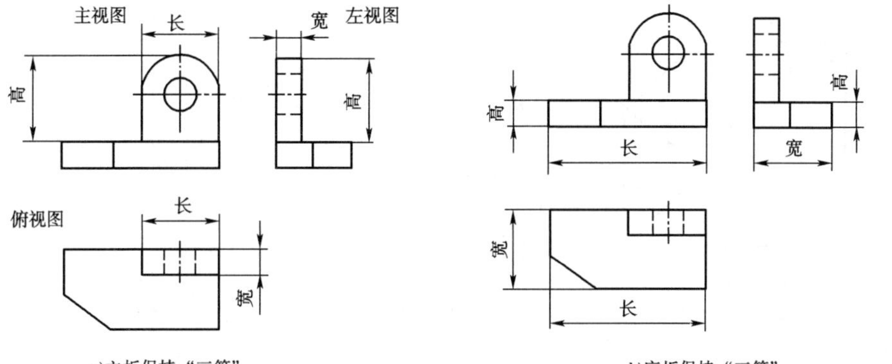

图 2-17　三视图的"三等"对应关系

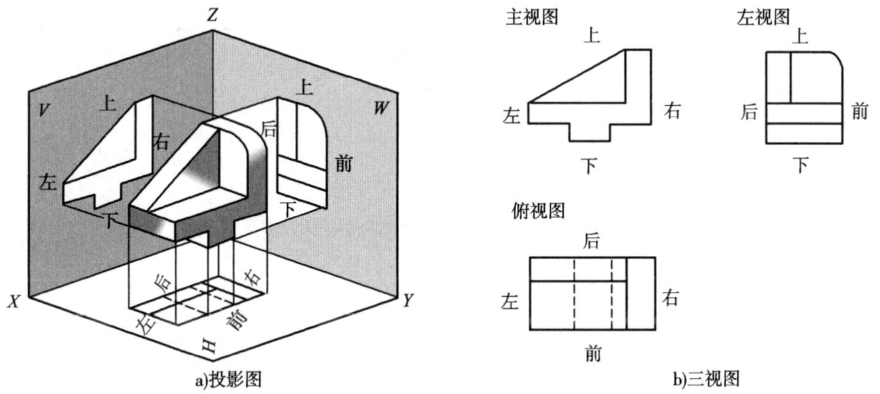

图 2-18　三视图反映物体 6 个方位的位置关系

三 点的投影

1 点的投影特性、投影标记和三面投影

点的投影永远是点。如图 2-19a) 所示,空间点 A 在 3 个投影面的投影即水平投影 a,正面投影为 a';侧面投影为 a''。图 2-19d)、e)、f) 分别表示根据"宽相等"求 a''的不同方法。

2 点的投影规律及坐标

如图 2-20 所示,点的坐标 A 为(x、y、z)。x:空间点 A 到 W 面的距离;y:空间点 A 到 V 面的距离;z:空间点 A 到 H 面的距离。

3 确定两点间的相对位置

如图 2-21 所示,根据两点 A、B 的坐标,可确定两点在空间的左右、高低、前后关系。

在主视图上,$x_A > x_B$,点 A 在点 B 之左;在俯视图上,$y_A < y_B$,点 A 在点 B 之后;在左视图上,$z_A < z_B$,点 A 在点 B 之下。总之,点 A 在点 B 的左、后、下方。

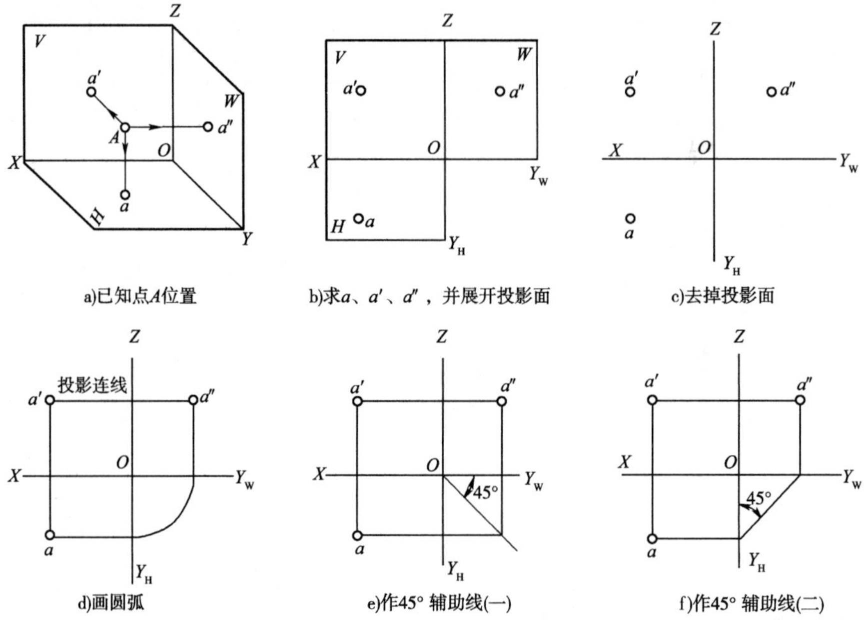

a)已知点A位置　b)求a、a′、a″，并展开投影面　c)去掉投影面
d)画圆弧　e)作45°辅助线(一)　f)作45°辅助线(二)

图2-19　点的三面投影

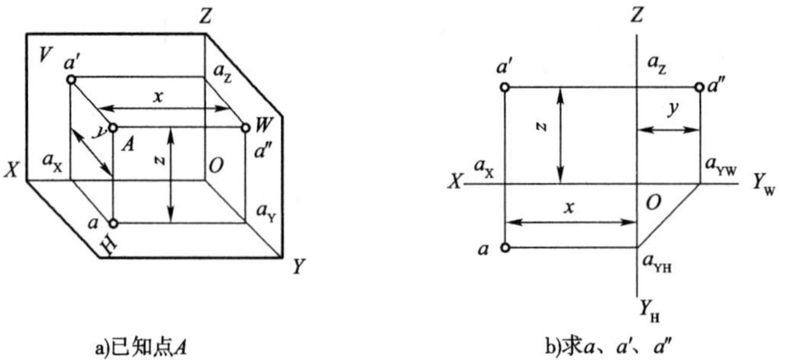
a)已知点A　b)求a、a′、a″

图2-20　点的坐标

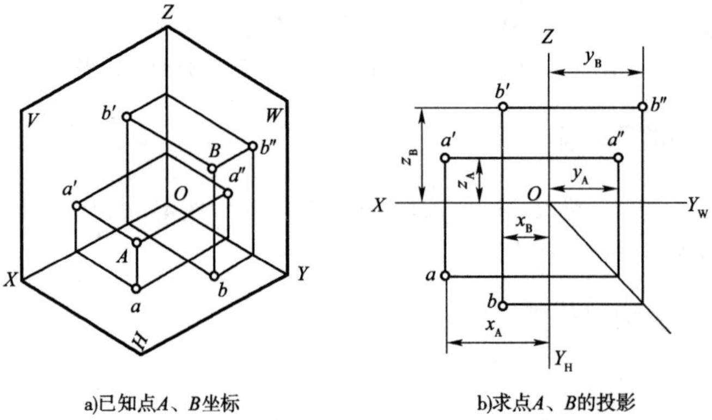
a)已知点A、B坐标　b)求点A、B的投影

图2-21　两点间的相对位置

4 重影点

当空间两点的某两个坐标值相同时，该两点处于某一投影面的同一投射线上，则这两点对该投影面的投影重合于一点，称为对该投影面的重影点。

如图 2-22 所示，两点 E、F 的 x、z 坐标值相同，它们的正面投影重合，点 E 在前，点 F 在后。F 的正面投影加括号，用 f' 表示。

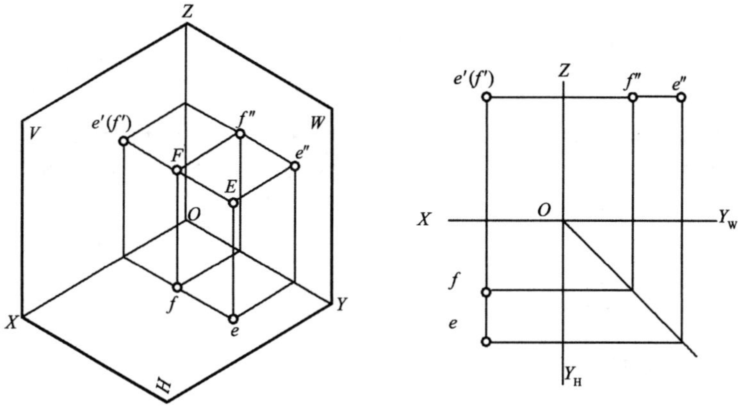

a)三投影面体系中的两点E、F　　b)点E、F的投影

图 2-22　重影点的投影

四 直线的投影

1 直线的三面投影

两点决定一直线，只要在投影面上找到属于该直线上的两点的投影，将两点连接起来，即可得到直线在该投影面上的投影。图 2-23 所示的是任意直线 AB 的投影。

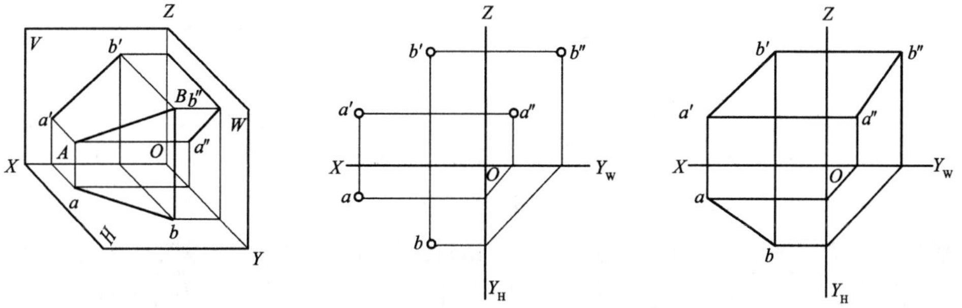

a)任意直线AB　　b)先求点A、B的投影　　c)连接A，B点的同面投影，得直线的投影

图 2-23　直线的三面投影

2 直线的投影特性

空间直线相对于一个投影面的位置有平行、垂直、倾斜三种。

(1)当直线与投影面倾斜时,直线的投影小于实长,具有收缩性,如图2-24a)所示。

(2)当直线与投影面平行时,直线的投影为实长,具有真实性,如图2-24b)所示。

(3)当直线与投影面垂直时,直线的投影积聚为一点,具有积聚性,如图2-24c)所示。

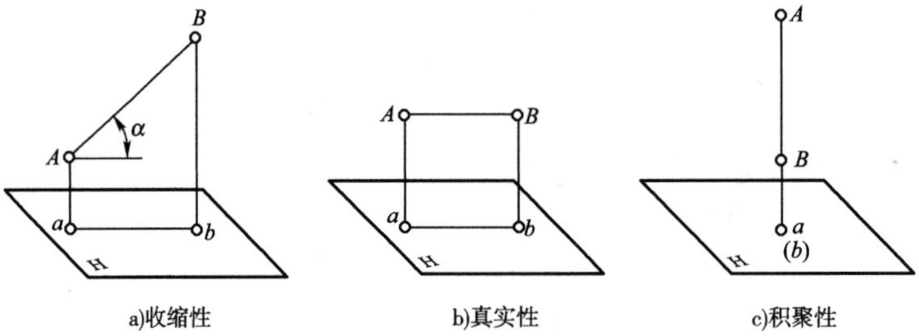

图2-24　直线的投影特性

3 直线在三投影面体系中的投影特性

1 一般位置直线在三投影面体系中的投影特性

如图2-25所示,*AB*是一般位置直线。其投影特性为:

(1)*ab*、*a′b′*、*a″b″*均小于实长。

(2)*ab*、*a′b′*、*a″b″*均倾斜于投影轴。

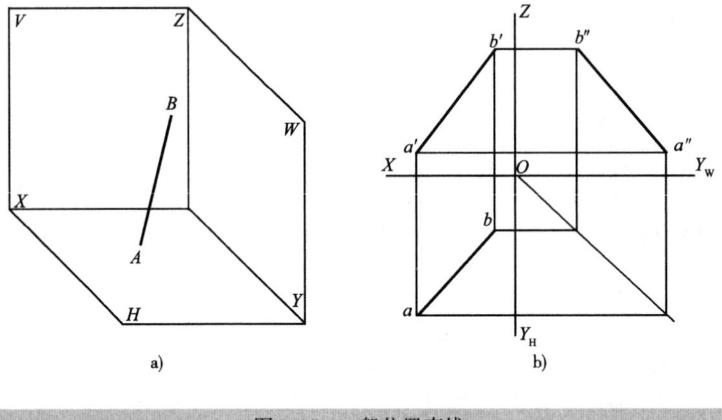

图2-25　一般位置直线

2 投影面平行线在三投影面体系中的投影特性

只平行于一个投影面,而与其他投影面倾斜的直线,称为投影面平行线。平行于*V*面的直线称为正平线;平行于*H*面的直线称为水平线;平行于*W*面的直线称为侧平线。表2-2所示为投影面平行线在三投影面体系中的投影。其投影特性为:

(1)在直线所平行的投影面上,其投影反映实长并倾斜于投影轴。

(2)其余两个投影分别平行于相应的投影轴,且小于实长。

投影面平行线　　表 2-2

名称	水平线 (平行于 *H* 面,倾斜于 *V*、*W* 面)	正平线 (平行于 *V* 面,倾斜于 *H*、*W* 面)	侧平线 (平行于 *W* 面,倾斜于 *H*、*V* 面)
直观图	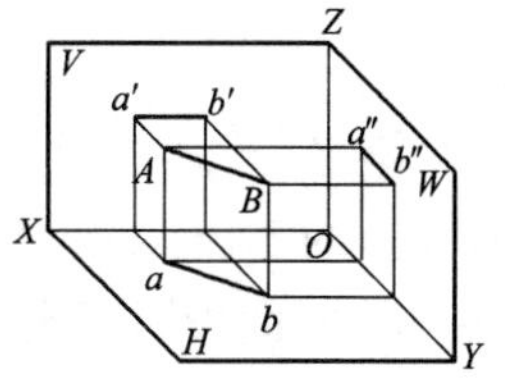	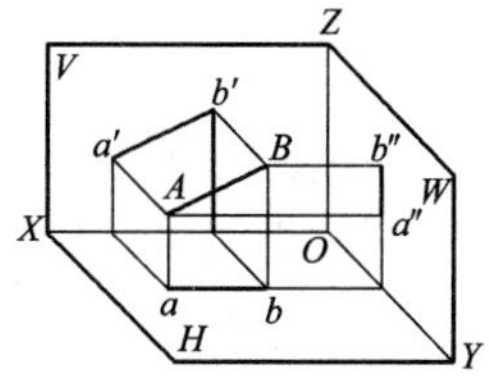	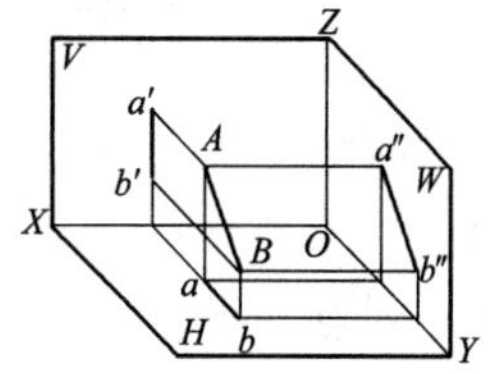
投影图	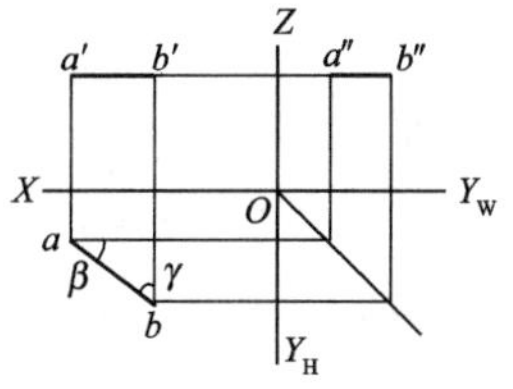	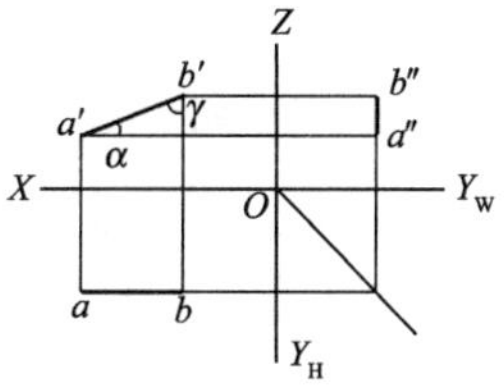	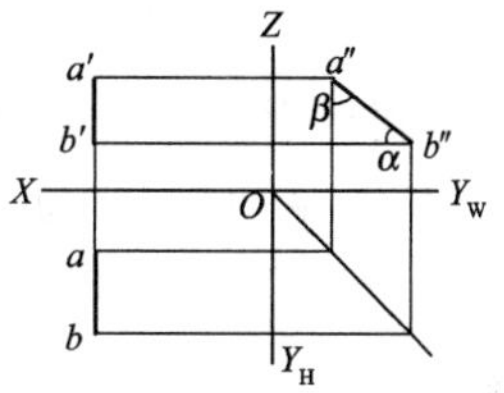

❸ 投影面垂直线在三投影面体系中的投影特性

垂直于一个投影面,而与另外两个投影面平行的直线称为投影面垂直线。垂直于 *V* 面的直线称为正垂线;垂直于 *H* 面的直线称为铅垂线;垂直于 *W* 面的直线称为侧垂线。表 2-3 所示为投影面垂直线在三投影面体系中的投影。其投影特性为:

(1)在直线所垂直的投影面上,其投影积聚成一点。

(2)另外两个投影分别垂直于相应的投影轴,且反映实长。

投影面垂直线　　表 2-3

名称	铅垂线 (垂直于 *H* 面,平行于 *V*、*W* 面)	正垂线 (垂直于 *V* 面,平行于 *H*、*W* 面)	侧垂线 (垂直于 *W* 面,平行于 *H*、*V* 面)
直观图	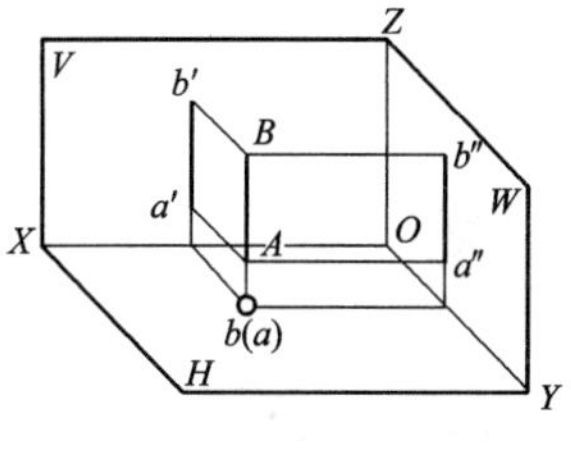	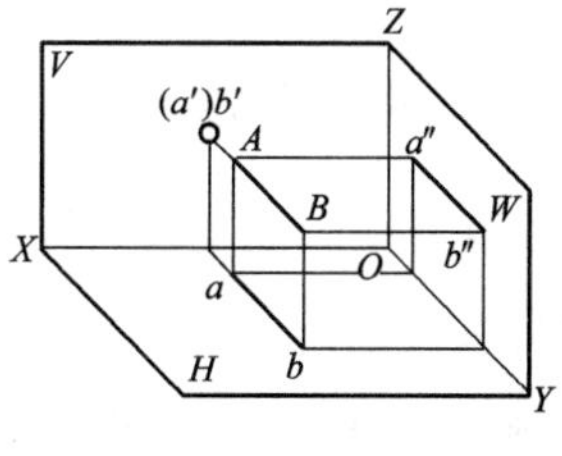	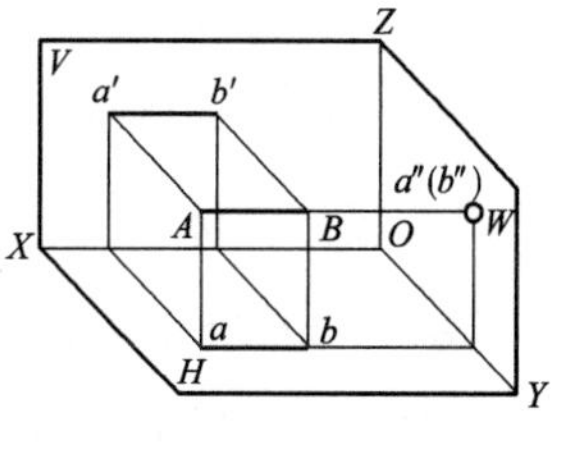
投影图	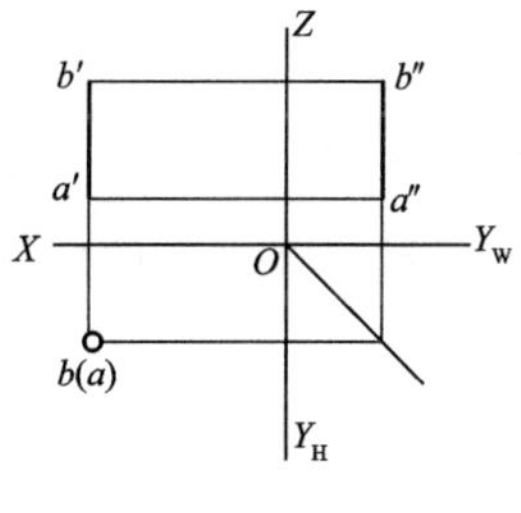	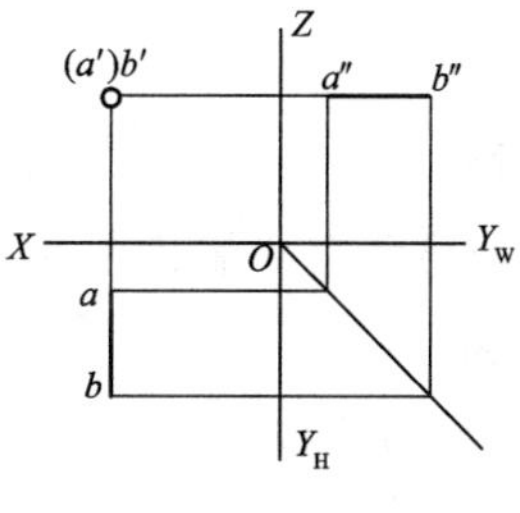	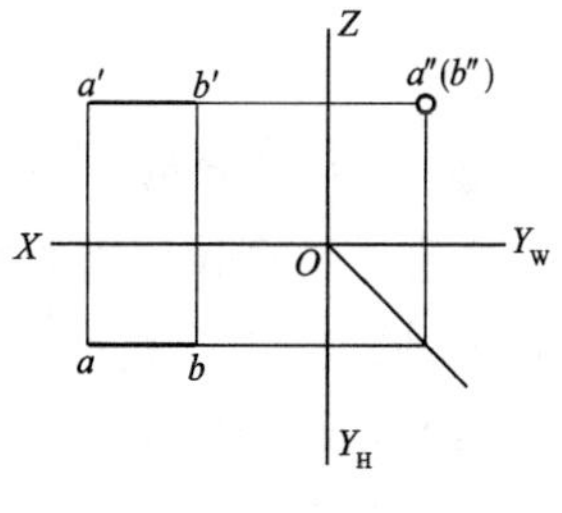

五 平面的投影

1 平面的三面投影

平面图形具有一定的形状、大小和位置，常见的有三角形、矩形、正多边形等直线轮廓的平面形。另外，还有一些由直线或曲线围成的平面形。平面投影的实质，就是求平面形轮廓上一系列点的投影(对于多边形而言则是其顶点)，然后将各点的同面投影依次连线。

2 平面的投影特性

空间平面相对于一个投影面的位置有平行、垂直、倾斜三种。

(1)当平面与投影面平行时，平面的投影为实形，具有真实性，如图2-26a)所示。

(2)当平面与投影面垂直时，平面的投影积聚成一条直线，具有积聚性，如图2-26b)所示。

(3)当平面与投影面倾斜时，平面的投影是小于平面实形的类似形，具有收缩性，如图2-26c)所示。

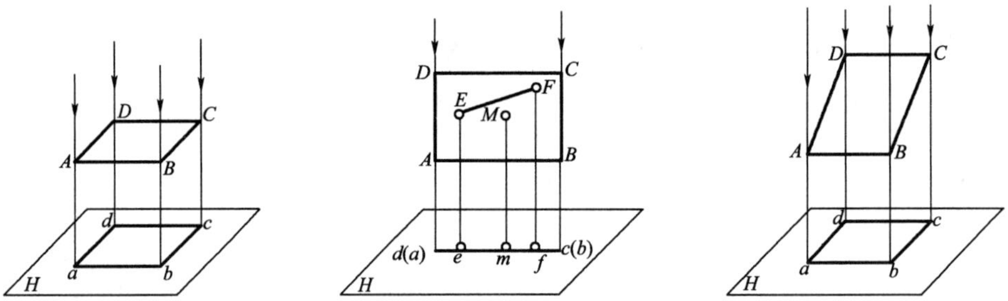

a)真实性　　b)积聚性　　c)收缩性

图2-26　平面的投影特性

3 平面在三投影面体系中的投影特性

在三投影面体系中，平面相对于投影面的位置可分为三类。

1 一般位置平面的投影特性

相对于3个投影面均处于倾斜位置的平面，叫作一般位置平面，如图2-27所示，$\triangle ABC$倾斜于V、H、W投影面，是一般位置平面。其投影特性：$\triangle abc$、$\triangle a'b'c'$、$\triangle a''b''c''$均为$\triangle ABC$的类似形。

2 投影面垂直面的投影特性

垂直于一个投影面而倾斜于另两个投影面的平面称为投影面的垂直面，投影面垂直面的投影，见表2-4。其投影特性为：

(1)在平面所垂直的投影面上，其投影积聚成一倾斜直线。

(2)其余两个投影均为缩小的类似形。

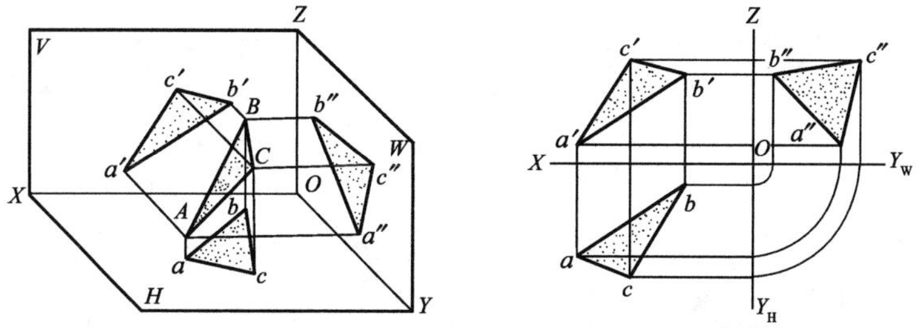

a)立体图　　b)投影图

图 2-27　一般位置平面的投影

投影面垂直面　　表 2-4

名称	正垂面	铅垂面	侧垂面
立体图	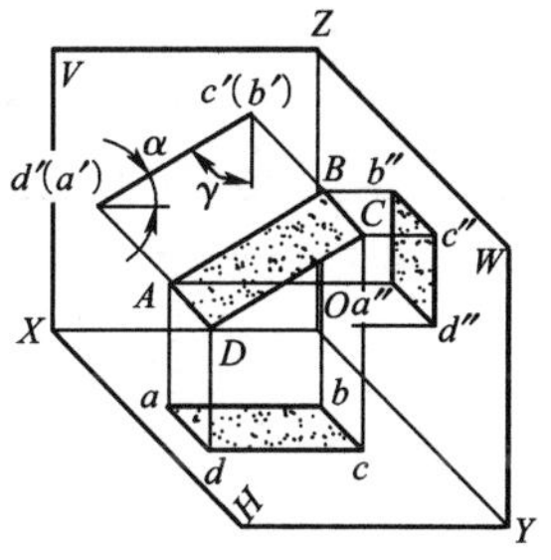	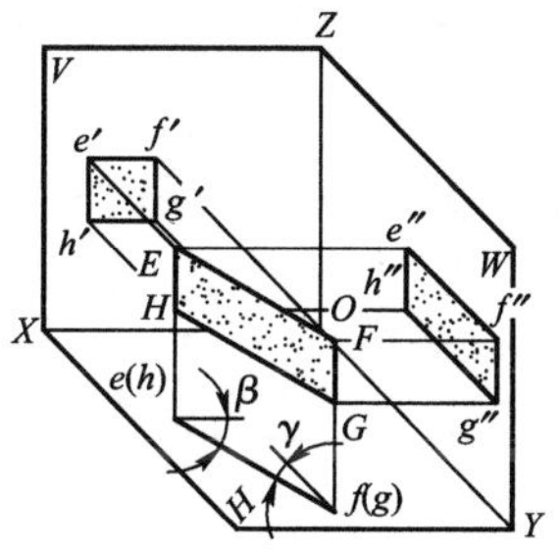	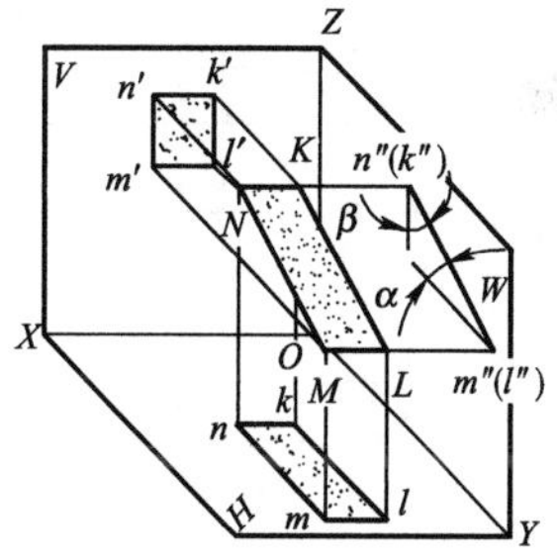
投影图	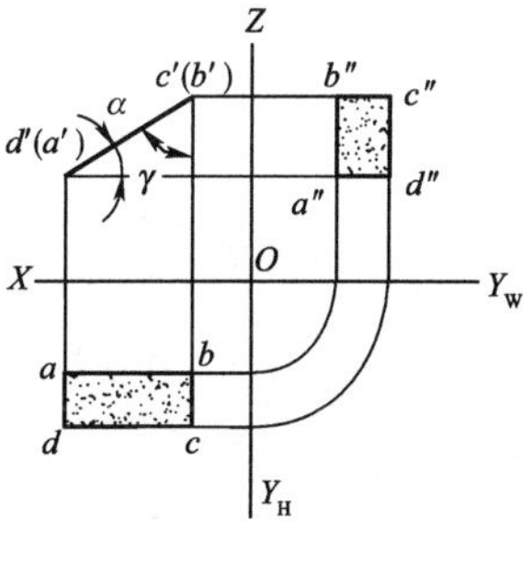	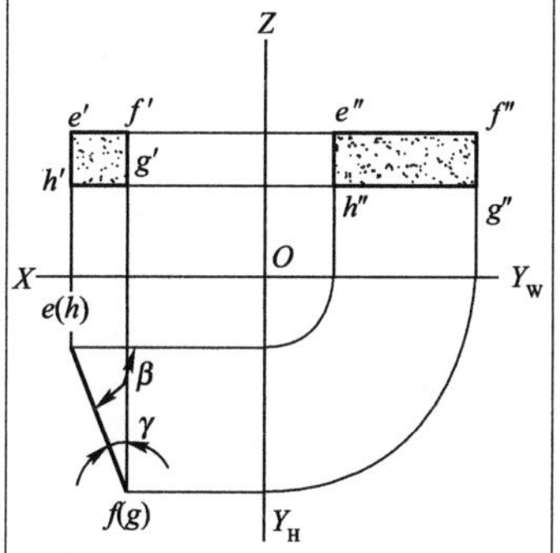	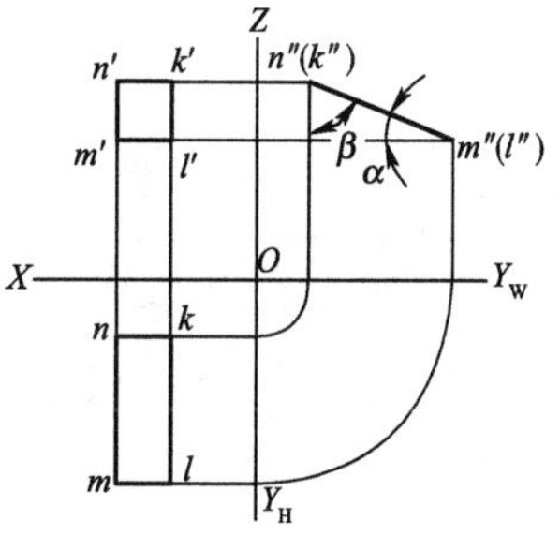

3 投影面平行面的投影特性

平行于一个投影面而垂直于另两个投影面的平面称为投影面的平行面。投影面平行面的投影，见表 2-5。其投影特性为：

(1)在平面所平行的投影面上，其投影反映实形。

(2)其余两个投影积聚成直线且分别平行于相应的投影轴。

投影面平行面 表2-5

名称	正平面	水平面	侧平面
立体图	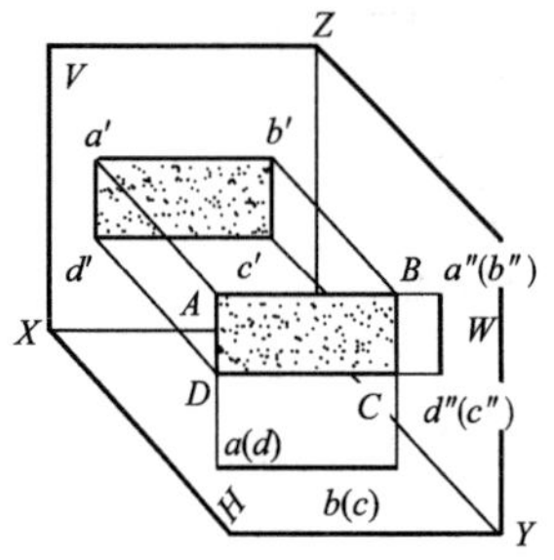	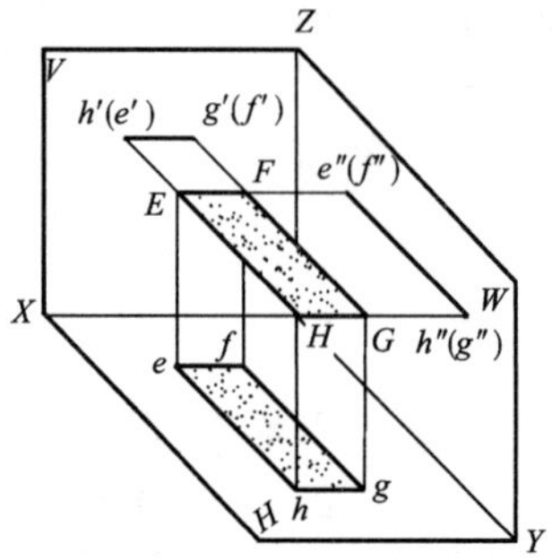	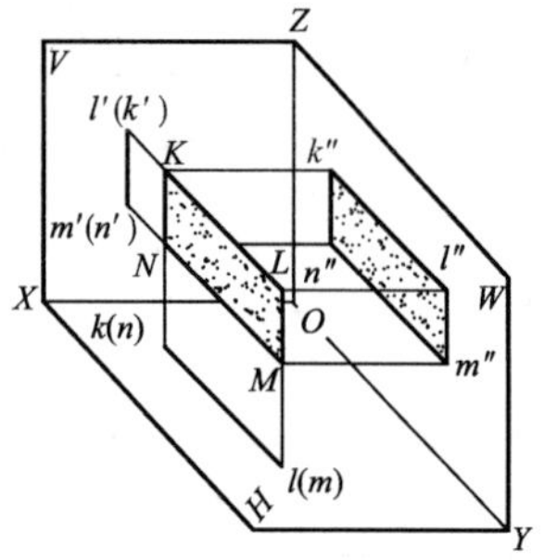
投影图	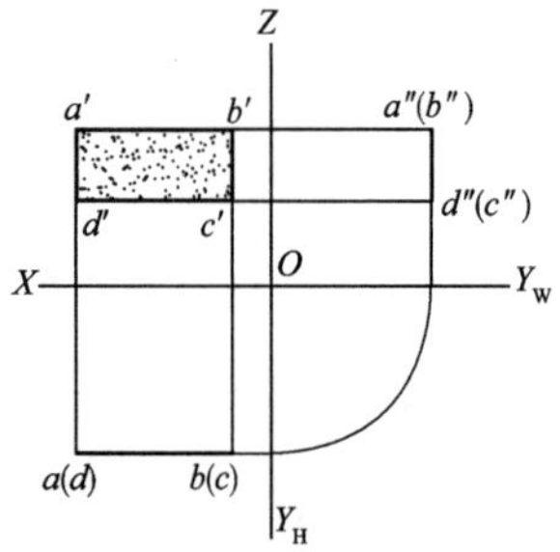	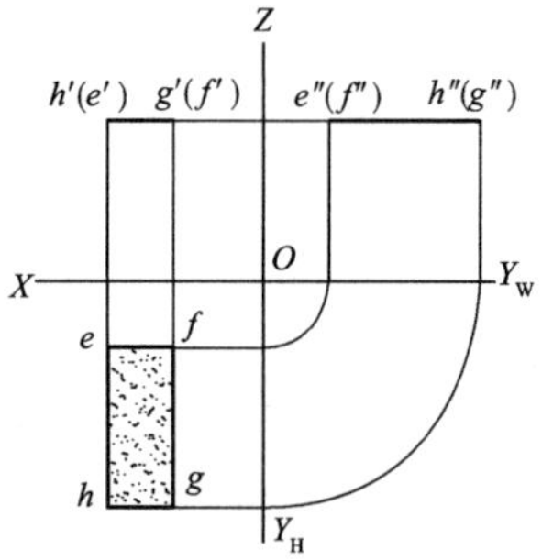	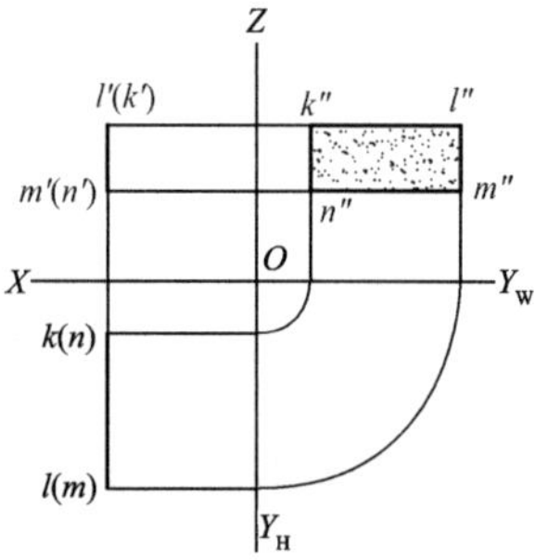

第三节 基本体的表达与识读

想一想

(1)何谓基本体,你见过哪些基本体?

(2)基本体与汽车上机械零件有何关系?

一 四棱柱的视图表达与识读

四棱柱又叫长方体,它是由6个平面围成的正棱柱。将四棱柱的底面置于三投影面体系中,使其棱边垂直于 H 面,得到其在各投影面的投影,如图2-28a)所示。

(1)俯视图:底面平行于 H 投影面,投影反映实形,顶面与底面的投影重合。

(2)主、左视图:主视图投影的前面和后面重合;左视图的左面和右面也重合,投影均反映实形,如图2-28b)所示。

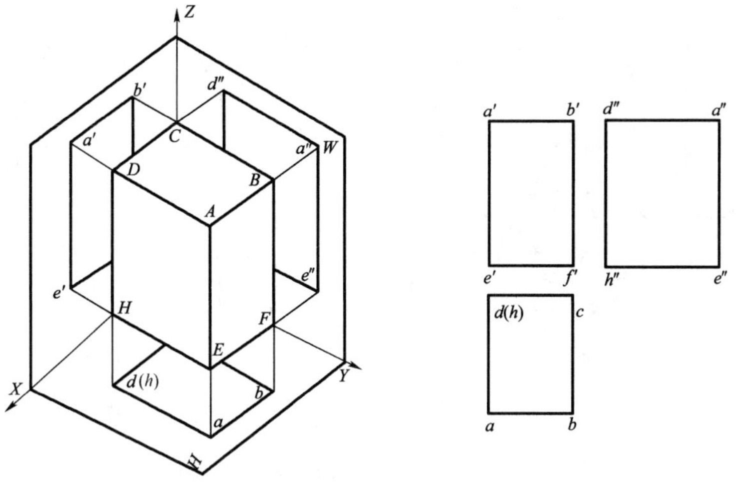

a)投影图　　b)三视图

图 2-28　四棱柱

二 六棱柱的视图表达与识读

正六棱柱的顶面和底面是相互平行的正六边形,6 个侧面都是相同的长方形,并与顶、底面垂直,如图 2-29 所示。

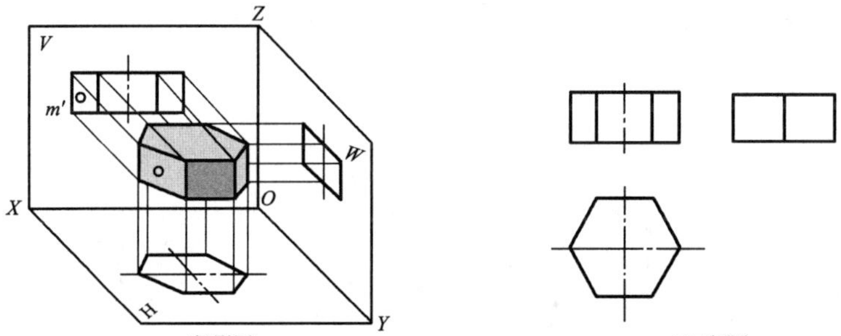

a)投影图　　b)三视图

图 2-29　正六棱柱

(1)俯视图:顶、底面平行于 H 投影面,投影为正六边形,底面与顶面的投影重合。

(2)主视图:由 3 个长方形线框组成,中间的长方形线框与 V 投影面平行,反映实形,另两个长方形线框为类似形。

(3)左视图:由两个长方形线框组成,都与 W 投影面不平行,投影不反映实形。

三 四棱锥的视图表达与识读

正四棱锥的底面是 1 个正方形,4 个侧面都是等腰三角形,棱线相交于锥顶点 S,如图 2-30 所示。

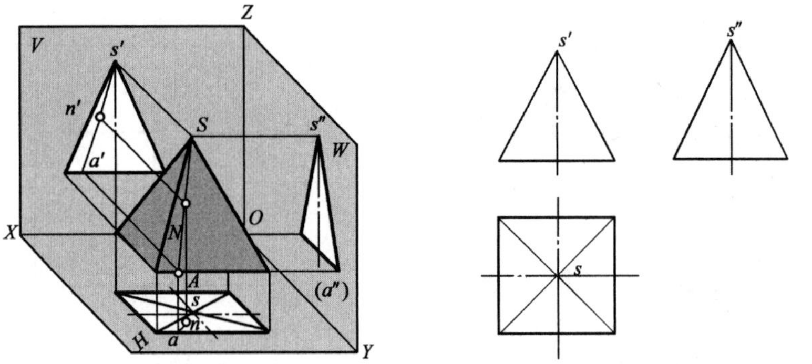

a)投影图　　b)三视图

图 2-30　正四棱锥

(1)俯视图:底面平行于 *H* 投影面,投影反映实形,对角线的交点为锥顶点 *S* 的投影。

(2)主、左视图:两个视图的投影完全一样,都是等腰三角形线框,均不反映实形,前与后、左与右的投影重合。

四 圆柱的视图表达与识读

1 圆柱的视图分析

圆柱体的上、下底为圆平面,侧面为圆柱面,圆柱面与底面垂直,如图 2-31a)所示。将圆柱置于三投影面体系中,使圆柱轴线垂直于 *H* 投影面,如图 2-31b)所示。其三视图如图 2-31c)所示。

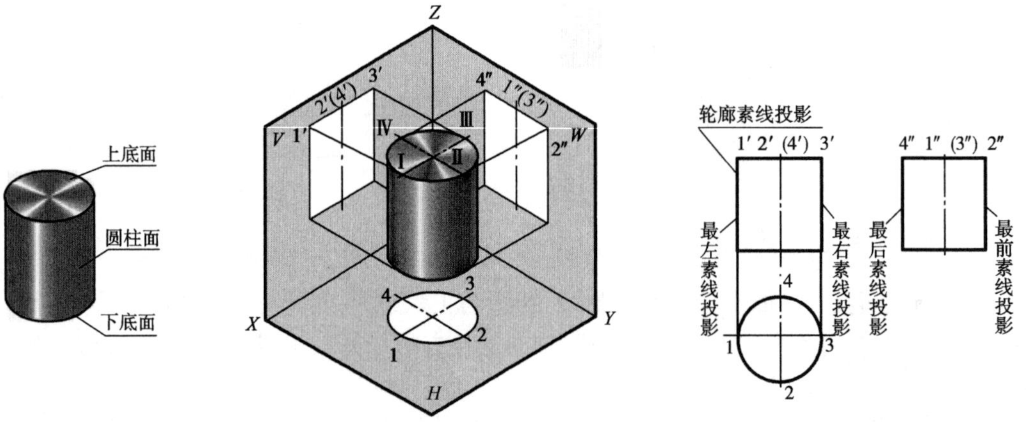

a)立体图　　b)投影图　　c)三视图

图 2-31　圆柱

(1)俯视图:上、下底面平行于 *H* 投影面,其投影为圆平面,反映实形。

(2)主、左视图:均为长方形线框,但投影方向不同,主要表现在最左最右、最前最后素线位置不同。

2 圆柱三视图的作图步骤

圆柱三视图的作图步骤如图 2-32 所示。

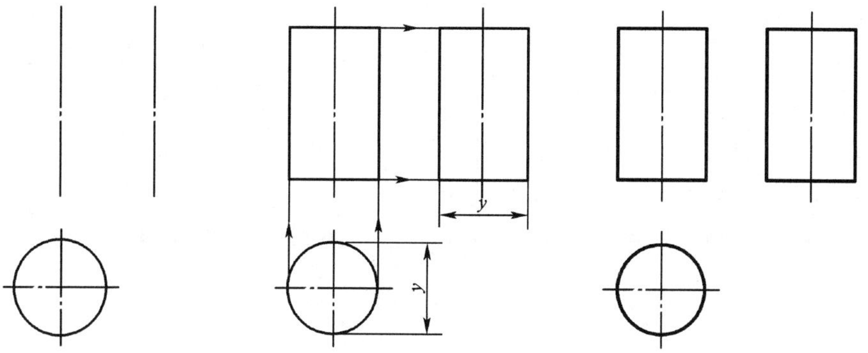

a)作回转轴投影，画底图　b)按“三等”关系作投影图　c)描深

图 2-32　圆柱三视图作图步骤

五 圆锥的视图表达与识读

1 圆锥的视图分析

圆锥体的表面由底圆平面和圆锥表面组成，圆锥轴线垂直于底面，如图 2-33a）所示。将圆锥置于三投影面体系中，使圆锥轴线垂直于 H 投影面，如图 2-33b）所示。其展开的三视图如图 2-33c）所示。

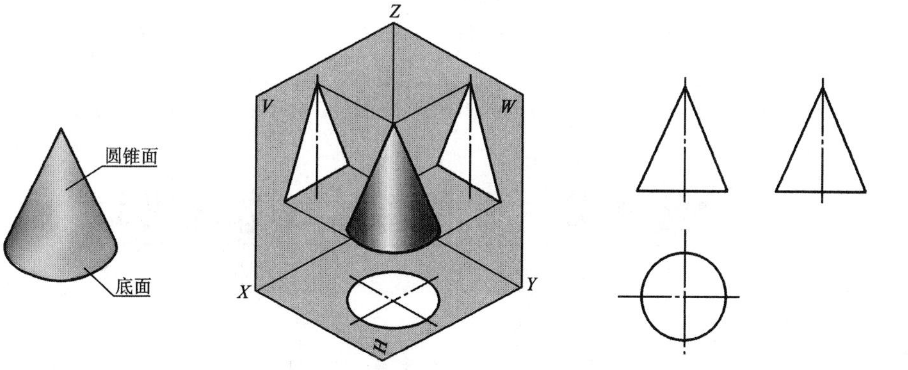

a)立体图　b)投影图　c)三视图

图 2-33　圆锥

（1）俯视图：底面平行于 H 投影面，投影反映实形。

（2）主、左视图：均为等腰三角形，但由于投影方向不同，其素线的投影位置也不同。

2 圆锥三视图的作图步骤

圆锥三视图的作图步骤如图2-34所示。

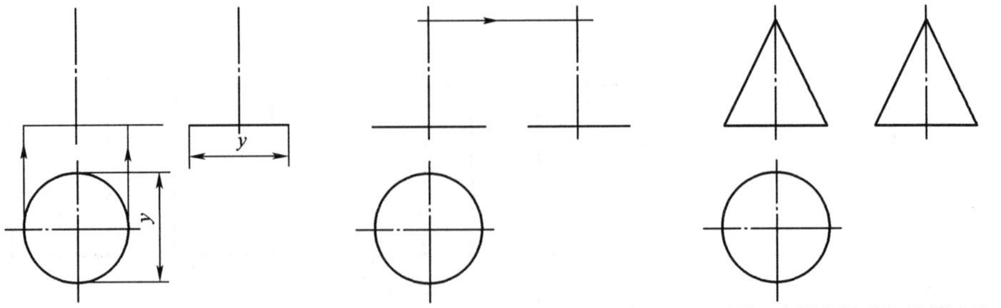

a)作回转轴投影，画底圆　　b)按“三等”关系作锥顶点的投影　　c)连接两侧轮廓线,并把线描清楚

图2-34　圆锥三视图的作图步骤

六 球的视图表达与识读

如图2-35b)所示,从任何方向投射球都得到直径与球径相等的圆。但图中1′、2、3″投影面的3个圆不是同一个圆,而是从不同方向投影的结果。

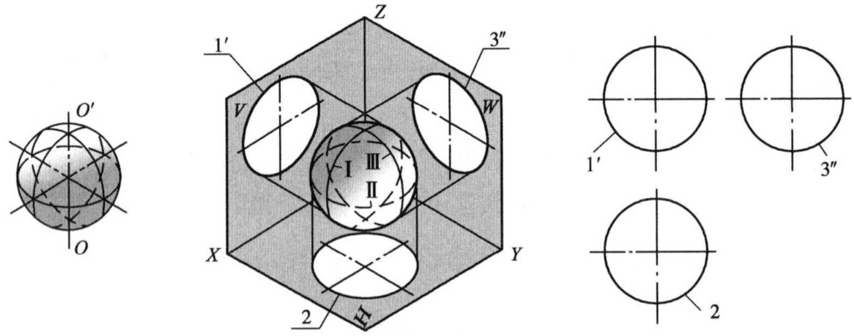

a)立体图　　b)投影图　　c)三视图

图2-35　球

第四节　零件图的表达与识读

想一想

(1)什么是零件图？零件图有什么作用？

(2)如何识读零件图？

一 零件图的内容及作用

1 零件图的内容

零件图必须包含制造和检验零件的全部技术资料。一张完整的零件图应包括：一组视图、完整的尺寸、技术要求、标题栏。图 2-36 为螺纹轴零件图。

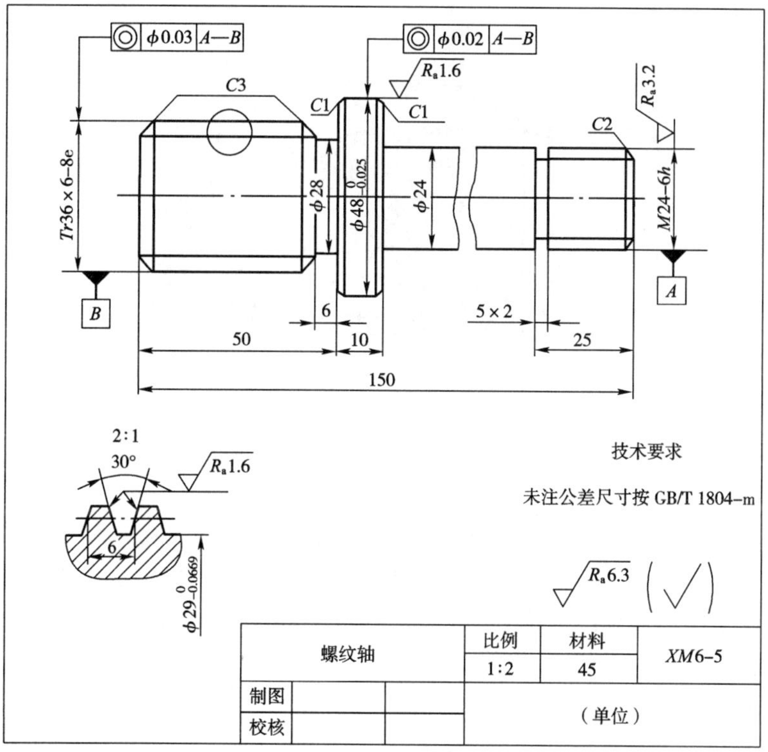

图 2-36　螺纹轴零件图

1 一组视图

能够正确、完整、清晰地表达零件各部分形状和结构的视图。

2 完整的尺寸

标注零件制造和检验所必需的全部尺寸。

3 技术要求

说明零件在制造、检验和装配过程中所应达到的各项技术指标。

4 标题栏

说明零件的名称、材料、图号和比例等。

2 零件图的作用

表达零件的形状、大小及技术要求，是制造和检验零件的主要依据。

二 基本视图

对于形状比较复杂的零件,用两个或3个视图不能完整、清楚地表达它们的内外形状时,可以在原有3个投影面的基础上,再增加3个投影面,组成一个正六面体。这6个投影面称为基本投影面,如图2-37所示。

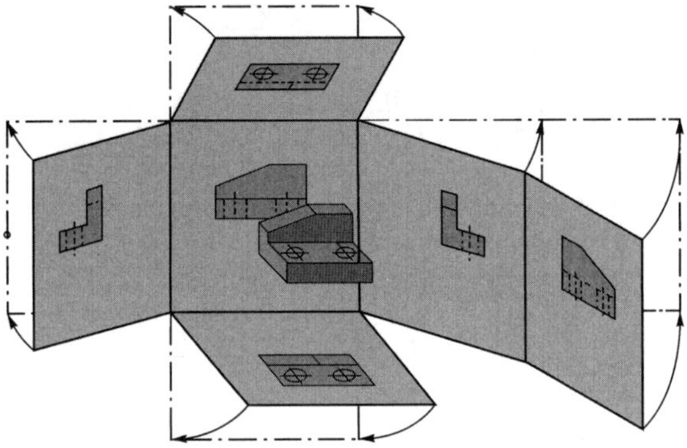

图2-37 基本投影面

零件向基本投影面投射所得到的视图称为基本视图,基本视图的配置关系如图2-38所示。除了主视图、俯视图和左视图外,还有右视图、后视图和仰视图。六个视图仍然保持"长对正、高平齐、宽相等"的"三等"投影关系。从图2-38中还可以看出,左视图和右视图的形状左右颠倒,俯视图和仰视图形状上下颠倒,主视图和后视图也是左右颠倒。从视图中还可以看出零件前后、左右、上下的方位关系。

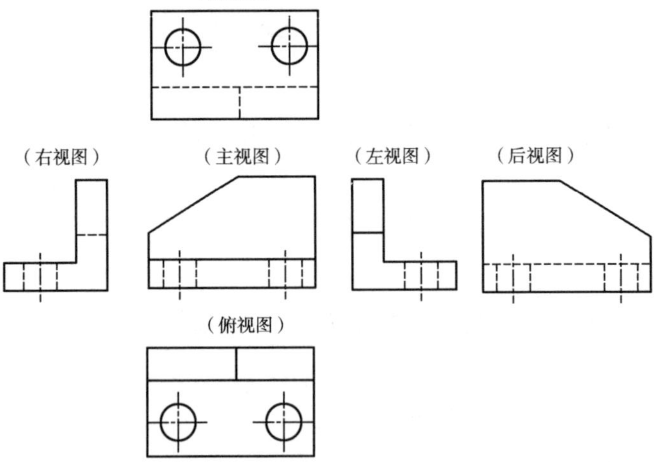

图2-38 基本视图的配置

三 零件图的尺寸标注

1 零件图的尺寸标注要求

对于零件图的尺寸标注除了要满足正确、完整、清晰的要求外，还要注意标注尺寸的合理性，即符合设计、加工、检验和装配的要求。

2 零件图的尺寸基准

确定尺寸位置的几何元素称为尺寸基准。零件的长、宽和高每个方向至少有一个基准，常以几何中心、回转轴线、装配面或支承面作为基准，如图 2-39 所示。

a) 轴承座立体图

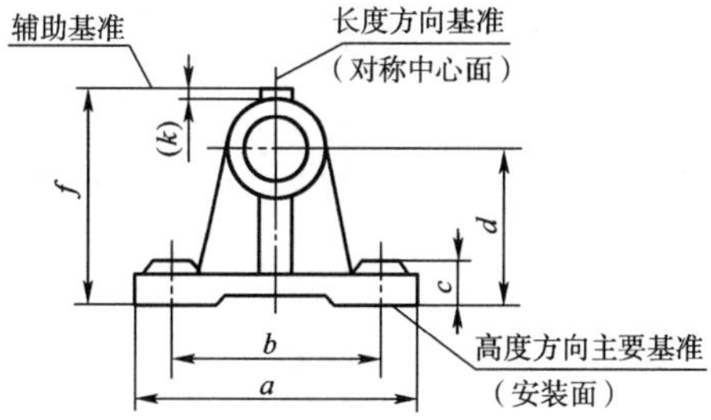

b) 轴承座主视图

图 2-39 基准（以轴承座为例）

3 标注尺寸的一般原则

(1) 主要尺寸要直接标出。主要尺寸指影响零件在机器中的工作性能和位置关系的尺寸。
(2) 避免出现封闭尺寸链。
(3) 要符合加工顺序和方便测量。

四 零件图上的技术要求

在零件图上，用一些规定的符号、代号和文字，简明、准确地给出零件在制造、检验和使用时应达到的技术要求，如尺寸公差、形位公差、表面粗糙度、材料和热处理以及其他特殊要求等。

1 互换性

在相同规格的一批零件或部件中，任取一零件，无须选择和修配就能装配使用，达到规定的性能要求，零件的这种性质就称为互换性。

2 孔和轴

孔通常指工件上各种形状的内表面，包括圆柱形内表面和其他由单一尺寸形成的非圆柱形包容面,如活塞销座孔。

轴通常指工件上各种形状的外表面,包括圆柱形外表面和其他由单一尺寸形成的非圆柱形被包容面,如曲轴。

3 极限的基本概念

极限的相关概念如图2-40所示。

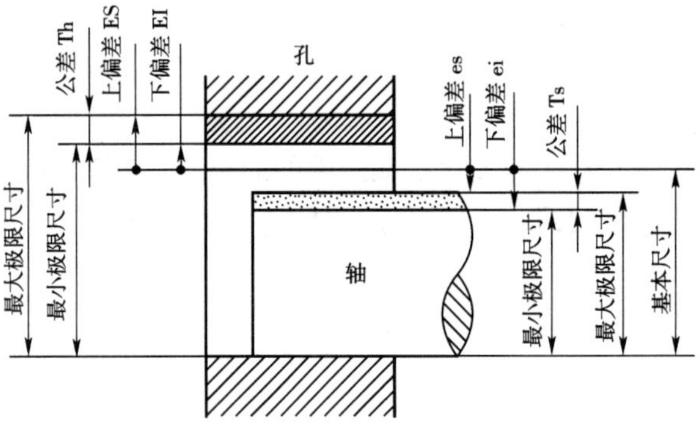

图2-40　极限与配合示意图

1 基本尺寸

设计给定的尺寸称为基本尺寸。孔的基本尺寸用“D”表示,轴的基本尺寸用“d”表示。

2 实际尺寸

通过测量获得的尺寸称为实际尺寸。孔以“D_a”表示,轴以“d_a”表示。由于测量误差是客观存在的,所以实际尺寸不是真值。

3 极限尺寸

允许的尺寸变化有两个界限值,称为极限尺寸。孔或轴允许的最大尺寸称为最大极限尺寸,孔以“D_{max}”表示、轴以“d_{max}”表示。孔或轴允许的最小尺寸称为最小极限尺寸,孔以“D_{min}”表示、轴以“d_{min}”表示。

4 偏差

偏差是某一尺寸(实际尺寸、极限尺寸)减其基本尺寸所得的代数差。最大极限尺寸减去基本尺寸所得到的代数差,称为上偏差,用符号ES或es表示(孔用大写字母,轴用小写字母)。最小极限尺寸减去基本尺寸所得的代数差,称为下偏差,用符号EI或ei表示(孔用大写字母,轴用小写字母)。

5 尺寸公差

尺寸公差简称公差,指允许尺寸的变动量,即最大极限尺寸减去最小极限尺寸之差,或上偏差减去下偏差之差。

6 极限偏差

上极限偏差指加工时允许的最大尺寸(称为最大极限尺寸)与设计的公称尺寸之差。

同理,下极限偏差指加工时允许的最小尺寸(称为最小极限尺寸)与设计的公称尺寸之差。

7 公差等级与基本偏差

上极限偏差和下极限偏差的值受到零件的公称尺寸、公差值大小和上、下极限偏差位置3个因素的影响。用两条直线表示上、下极限偏差所限定的区域称为公差带。在相同的直径时,其公差带受到公差等级和相对零线位置的影响,国家标准在基本尺寸大于0、小于等于500mm内规定了IT01、IT0、IT1…IT18共20个等级。从IT01至IT18,等级依次降低,IT后边的数字表示公差等级。

公差带相对零线的位置由基本偏差确定(靠近零线的上极限偏差或下极限偏差称为基本偏差),国标对孔和轴将基本偏差分成A~ZC(a~zc)28种,分别用拉丁字母表示,大写字母表示孔,小写字母表示轴,常用F、H、JS、J、K、M、N、P、R、S。基本偏差是两个极限偏差(上偏差、下偏差)中的一个,原则上是指靠近零线的那个极限偏差,如图2-41所示。

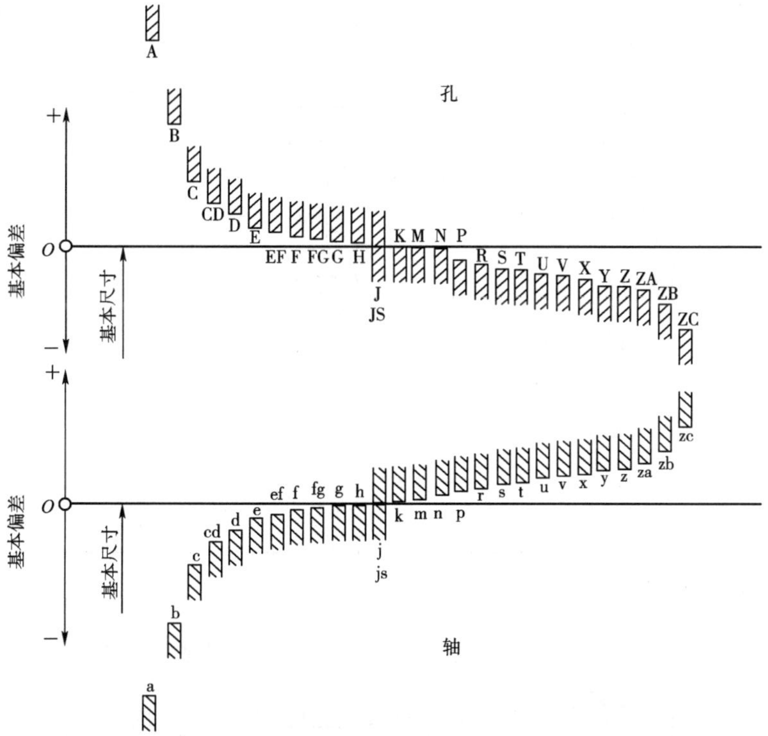

图2-41　基本偏差系列

4 形位公差含义及标注

形状误差是指实际表面和理想表面的差异;位置误差是指相关联的两个几何要素的实际位置相对于理想位置的差异。形状误差和位置误差的允许变动量分别称为形状公差和位置公差(统称为形位公差)。

形位公差表示对零件的形状和位置公差的要求。形位公差项目共有14项,其中形状公差6项,位置公差8项。常见形位公差的名称和符号见表2-6。

形位公差的项目及其符号 表2-6

公　差	特征项目	符　号	基准要求
形状	直线度	⏤	无
	平面度	⏥	无
	圆度	○	无
	圆柱度	⌭	无
	线轮廓度	⌒	有或无
	面轮廓度	⌓	有或无
位置	平行度	//	有
	垂直度	⊥	有
	倾斜度	∠	有
	位置度	⌖	有或无
	同轴(同心)度	◎	有
	对称度	⌯	有
	圆跳动	↗	有
	全跳动	⌰	有

形位公差标注示例如图2-42所示。

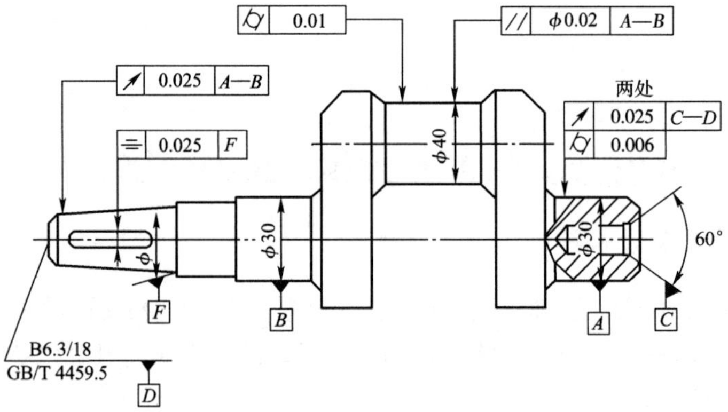

图2-42　形位公差标注综合示例

标注及识读注意：

(1)被测要素“看箭头”(箭头所指为被测要素)。

(2)基准要素“找方框”(方框样的符号所指要素为基准要素)。

(3)错开尺寸“指表面”(箭头或基准符号与尺寸线不对齐,则被测要素、基准要素为表面要素)。

(4)对齐尺寸“指中心”(箭头或基准符号与尺寸线对齐,则被测要素、基准要素为尺寸确定几何体的中心线或对称平面)。

以图 2-42 为例：

[⌭ | 0.01]——ϕ40 的外圆柱面的圆柱度公差为 0.01mm。

[↗ | 0.025 | C—D]
[⌭ | 0.006]——ϕ30 的外圆表面对公共基准线 C—D 的径向圆跳动公差为 0.025mm；圆柱度公差为 0.006mm。

[⌯ | 0.025 | F]——键槽中心平面对基准 F(左端圆锥台部分的轴线)的对称度公差为 0.025mm。

[// | ϕ 0.02 | A—B]——ϕ40 的轴线对公共基准线 A—B 的平行度公差为 0.02mm。

从上例可以看出,凡是方框由两格组成,为形状公差;而方框由三格组成,为位置公差,第三格方框表示位置公差的基准。

5 形状和位置误差的检测

1 形状误差的检测

(1)直线度的检测:对较短的被测直线,可用刀形尺、平尺、精密短导轨作标准件;对较长的被测直线,可用光轴、拉紧的优质钢丝等作标准件。

用刀形尺检测短小工件时,将刀口放在被测工件表面上,如图 2-43 所示。刀形尺与被测表面的最大间隙就是被测实际线的直线度误差,可以用厚薄规测出间隙值的大小。

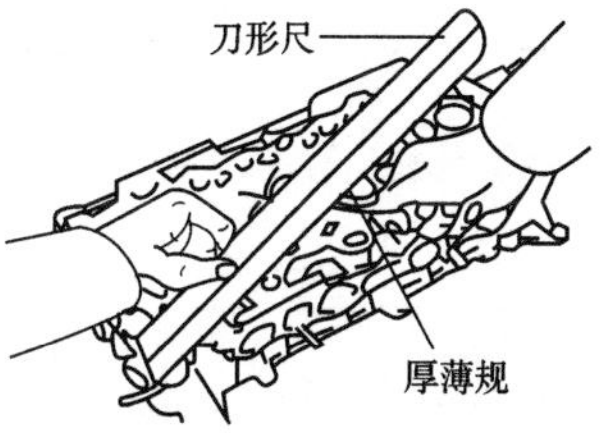

图 2-43　刀形尺和厚薄规的使用

(2)圆度和圆柱度的检测:对于内圆柱表面,可以利用内径百分表分不同方向和几个平面测量出直径的大小,如图 2-44 所示。通过计算得出圆度值和圆柱度值的大小。对于外圆柱面可以利用外径千分尺分不同方向和几个平面测量出直径的大小。通过计算得出圆度值和圆柱度值的大小。

圆度 =(同一平面最大直径 - 最小直径)/2

圆柱度 =(任意平面最大直径 - 最小直径)/2

2 位置误差的检测

(1)垂直度的检测:图 2-45 所示为气门弹簧的垂直度检测,将气门弹簧一端水平放置在检验平台上,再用直角尺一端放在平台上向弹簧方向推,当直角尺与气门弹簧一端外缘接触时,用厚薄规检测另一端到直角尺的距离即为气门弹簧的垂直度误差。

(2)圆跳动的检测:将 V 型块和磁性表座放置在检验平台上,凸轮轴两端支承在 V 型块上,百分表触杆作用在凸轮轴中间的轴颈上,并有 1 ~ 2mm 的压缩量,然后将百分表调零,转动凸轮轴一周,百分表上读数即为凸轮轴的径向圆跳动(凸轮轴弯曲度)。

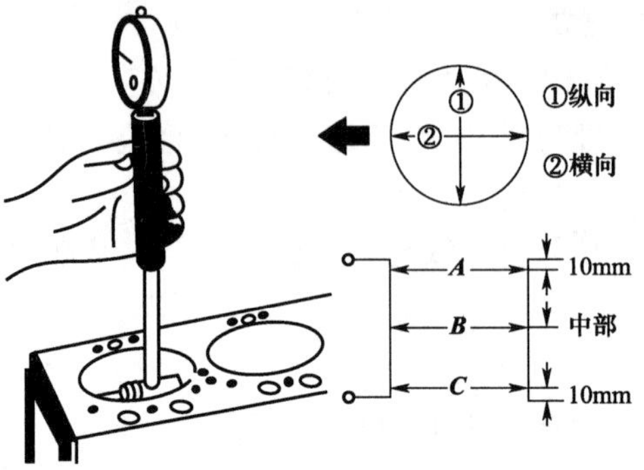

图2-44　汽缸磨损的检测

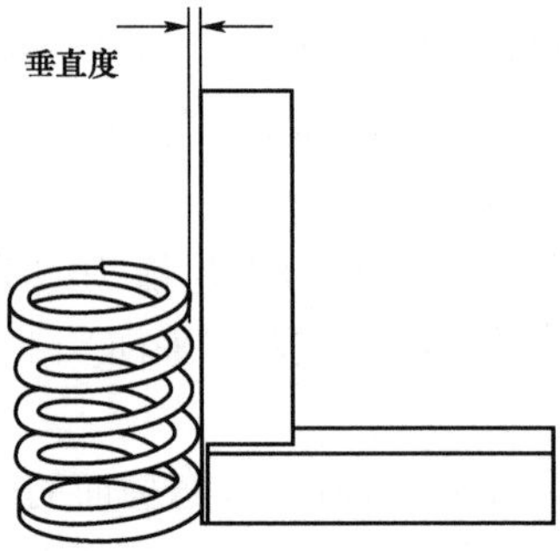

图2-45　气门弹簧垂直度检测

6 表面粗糙度的含义及标注

1 表面粗糙度

表面粗糙度是指加工时零件表面具有的较小间距和峰谷组成的微观几何平面度,如图2-46所示。表面粗糙度是评定零件表面质量的重要指标之一,对零件的使用寿命、零件之间的配合以及外观质量等都有一定的影响。

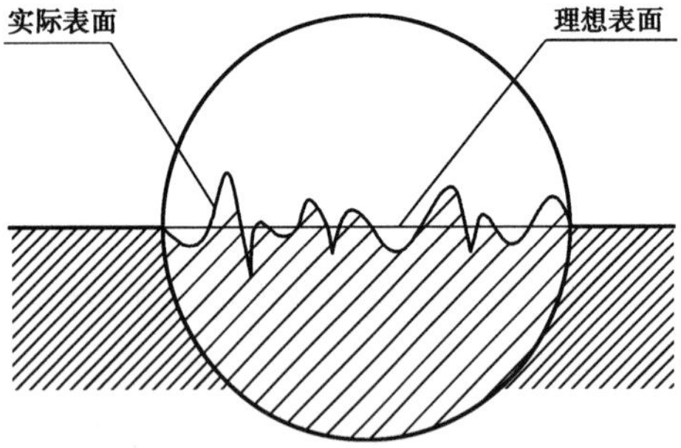

图2-46　表面粗糙度

2 表面粗糙度的一般标注

表面粗糙度的评定参数有轮廓算术平均偏差 R_a 和轮廓的最大高度 R_z 两种,R_a 较为常用。《产品几何技术规范(GPS)　技术产品文件中表面结构的表示法》(GB/T 131—2006)规定:表面粗糙度代号由规定的符号和有关参数值组成,见表2-7。

轮廓算术平均偏差 R_a 值的标注示例及其意义　　表2-7

代　号	意　义
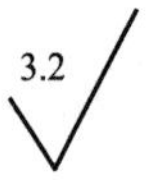	用任何方法获得的表面,R_a 的上限值为3.2μm
	用不去除材料的方法获得的表面,R_a 的上限值为3.2μm
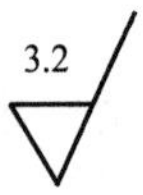	用去除材料的方法获得的表面,R_a 的上限值为3.2μm
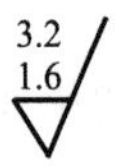	用去除材料的方法获得的表面,R_a 的上限值为3.2μm,R_a 的下限值为1.6μm

续上表

代　号	意　义
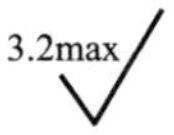	用任何方法获得的表面，R_a 的最大值为 3.2μm
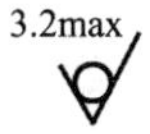	用不去除材料的方法获得的表面，R_a 的最大值为 3.2μm
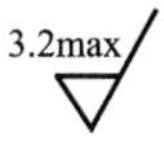	用去除材料的方法获得的表面，R_a 的最大值为3.2μm
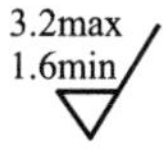	用去除材料的方法获得的表面，R_a 的最大值为3.2μm，R_a 的最小值为 1.6μm

表面结构用表面结构符号、评定参数和具体数值表示。表面结构的注写和识读方向与尺寸的注写和识读方向一致。每一表面的表面结构一般只注一次，并尽可能注在相应的尺寸及其公差的同一视图上。表面结构可以标注在轮廓线上，其符号尖端应从材料外指向材料并与表面接触，也可用带箭头或黑点的指引线引出标注，如图 2-47a）所示；还可以标注在给定的尺寸线上，如图 2-47b）所示。

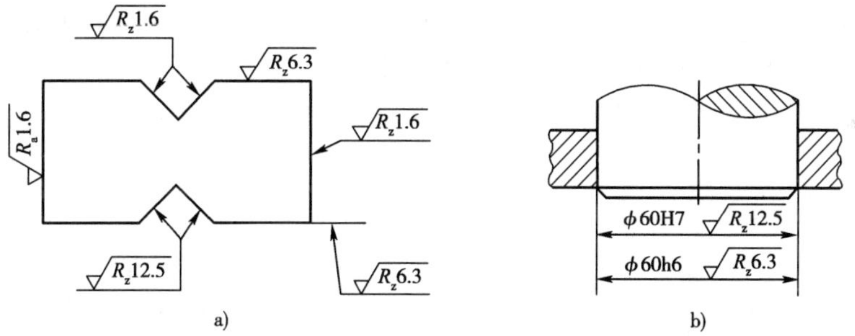

图 2-47　表面粗糙度要求的一般标注

五 剖视图

1 剖视图的形成

假想用剖切面剖开零件，将处在观察者与剖切面之间的部分移去，把剩余部分向投影面投射所得到的图形，称为剖视图。

2 剖视图的画法及标注

（1）首先，选择适当的剖切位置，使剖切平面尽量通过较多的内部结构（孔、槽等）的轴线或对称平面，并平行于投影面。

(2)其次,画齐内外轮廓。处在剖切面之后的所有可见轮廓线都应画齐,不能遗漏。

(3)最后,画上剖面符号。剖切符号指表示剖切面起、迄和转折位置(用粗短画表示)及投射方向(用箭头或粗短画表示)的符号。为了区分机件被剖切到的实体部分和未被剖切到的部分,在被剖切到的部分应画上剖面符号。

画相邻零件的剖面线必须以不同的方向或不同的间隔画出,一般剖面线与轮廓线或中心线成45°、30°或60°,如图2-48所示。

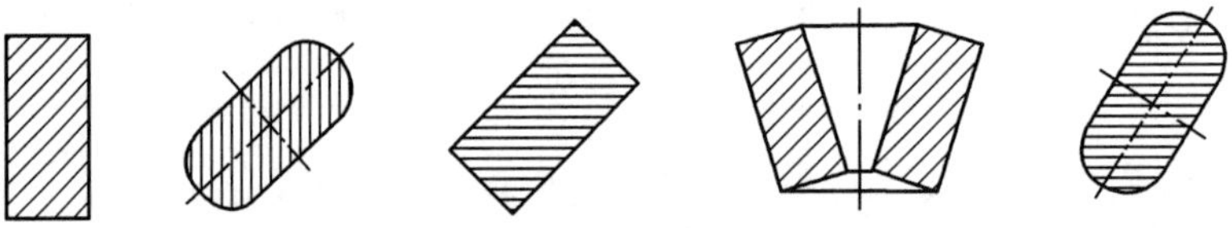

图2-48 通用剖面线的绘制

一般应在剖视图的上方标注剖视图的名称"×—×"(×为大写拉丁字母或阿拉伯数字)。在相应的视图上用剖切符号表示剖切位置和投射方向(用箭头表示),并标注相同的字母。

3 剖视图的分类

剖视图可分为全剖视图、半剖视图和局部剖视图三种。剖切面可以是单一剖切面、几个平行的剖切平面或几个相交的剖切面。

1 全剖视图的画法及标注

用剖切平面完全地剖开机件所得的剖视图,称为全剖视图,如图2-49所示。全剖视图主要用于表达内部结构复杂、外形比较简单的机件。

全剖视图有单一剖切面的全剖视图、两平行剖切面的全剖视图、两相交剖切面的全剖视图。

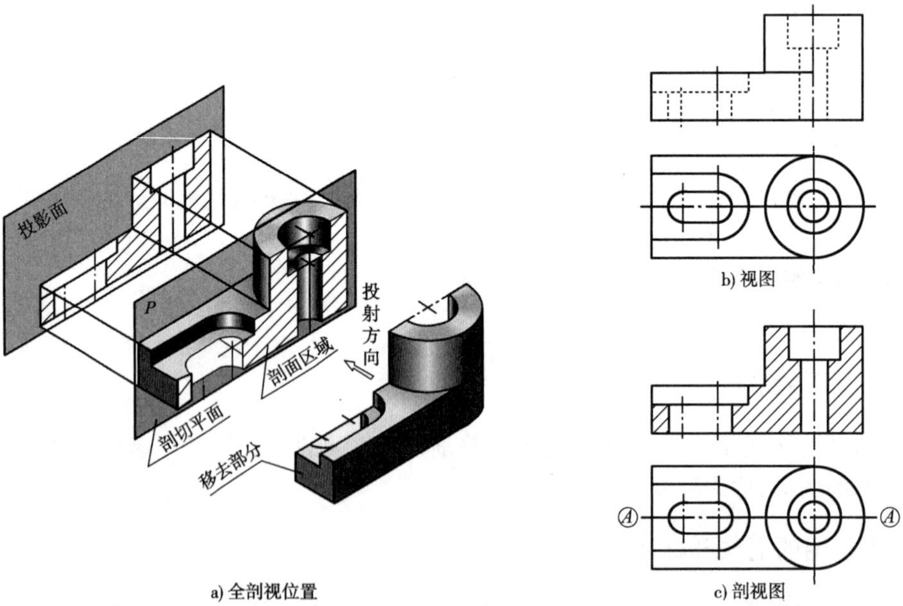

a)全剖视位置 b)视图 c)剖视图

图2-49 全剖视图

② 半剖视图的画法及标注

零件具有对称平面，以对称平面为界，用剖切面剖开零件的一半所得的剖视图称为半剖视图，如图 2-50 所示的零件，因左右对称，则主视图右半部分按剖视图画，左半部分仍按视图绘制，这样，既表达了外部形状，又表达了内部结构。*A—A* 剖视图也选用了半剖视图。

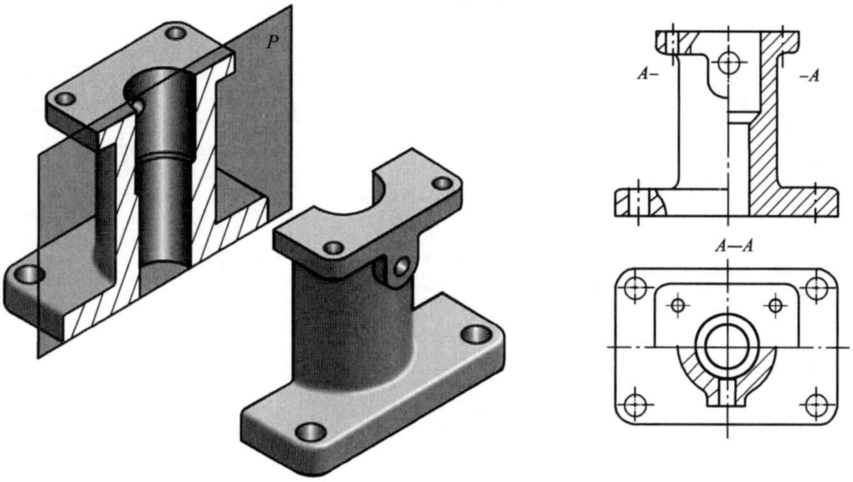

a) 剖切位置　　b) 剖视图

图 2-50　半剖视图

③ 局部剖视图的画法

用剖切面局部剖开零件所得的剖视图称为局部剖视图，用波浪线或折断线将局部剖开位置与未剖位置分开，如图 2-51 所示。局部剖视图灵活，可根据需要选择位置和范围大小剖开。

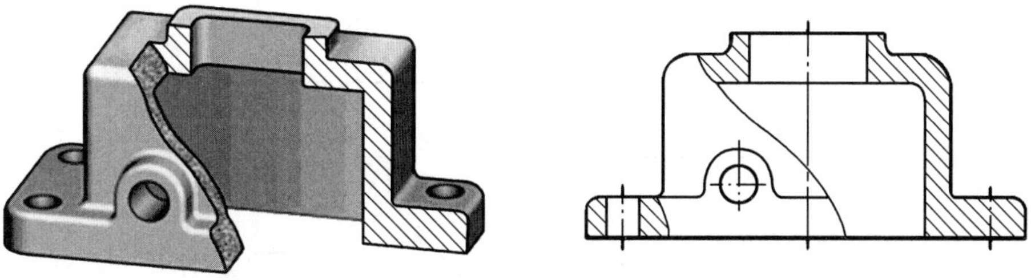

a) 局部剖切　　b) 局部剖视图

图 2-51　局部剖视图

六 断面图

假想用剖切面将零件的某处切断，仅画出剖切面与零件接触部分的图形，称为断面图。

断面图只画出零件被剖切处的断面形状;剖视图不仅要画出断面形状,还要画出断面后可见部分的投影。剖视图与断面图之间的区别如图2-52所示。

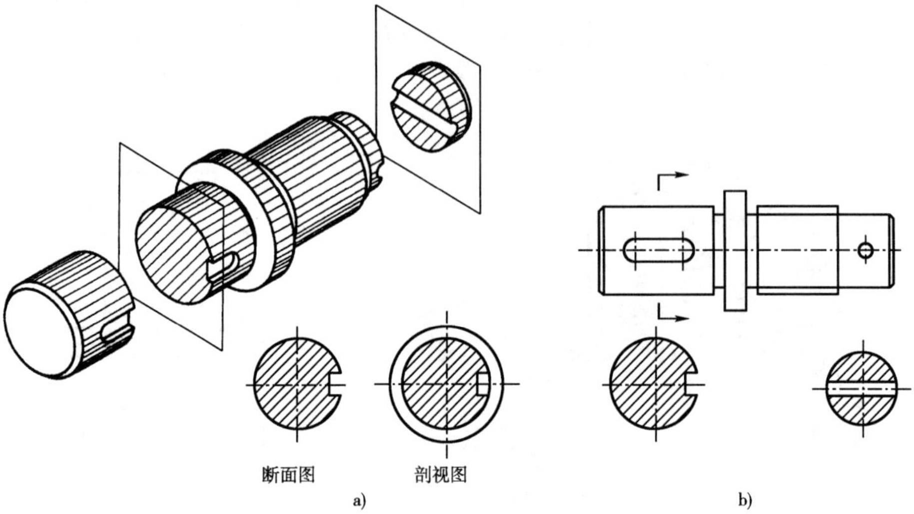

图2-52 断面图与剖视图的区别

七 局部放大图

采用大于原图所采用的比例画出视图中细小结构的方法称为局部放大图。放大图一般要标注放大比例,并放在适当位置,如图2-53所示。局部放大图可任选视图、剖视、断面图等表达方法。

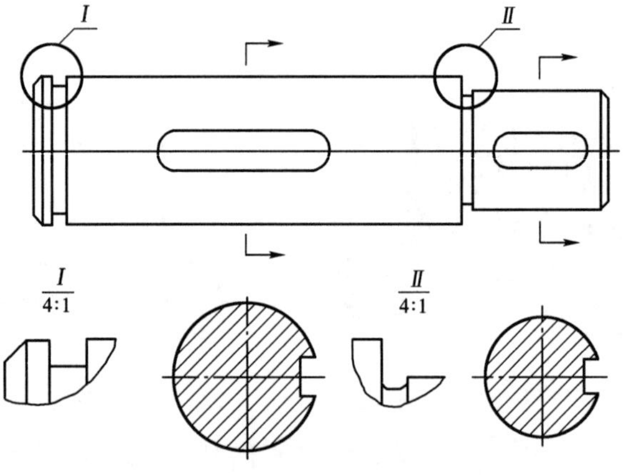

图2-53 局部放大图

八 识读零件图的步骤

识读零件图的步骤一般为:

(1)看标题栏,了解大概。
(2)看各视图,想整体形状。
(3)看尺寸标注,知结构大小。
(4)看技术要求,掌握质量指标。

第五节　装配图的识读

想一想

(1)什么是装配图?
(2)装配图与零件图的区别有哪些?

一 装配图的内容

装配图是表达机器或部件的图样,是设计零件,制定装配工艺流程,进行装配、检验、安装及维修的技术文件,也是表达设计思想、指导生产和交流技术的重要技术文件。在使用时,要由装配图了解产品的结构、性能、零件相互间的装配关系、传动路线、工作原理及维修的方法。

图 2-54 是活塞连杆总成装配图。

一张完整的装配图具备的内容有以下几部分。

1 一组图形

装配图中由一组图形和各种表达方法,将装配体的工作原理、零件的装配关系、零件的连接和传动情况,以及各零件的主要结构形状表达清楚。因此在视图的选择和画法上与零件图有所区别。

1 视图选择

(1)主视图应反映装配体的工作位置、总体结构特征和装配关系。
(2)视图应尽量反映主要零件的结构,清晰表达零件的种类。

2 视图规定画法

(1)相邻零件的画法。接触面、配合面只画一条轮廓线;非配合面即使间隙很小,也要画出两条线。

(2)剖面线画法。相邻两金属零件的剖面线方向应相反,或方向一致但间隔不相等;各视图上同一零件的剖面线方向和间隔应相同;厚度小于 2mm 的图形可用涂黑代替剖面符号。

(3)简化画法。若干个相同的零件组,只画一处,其余用细点画线表示其位置。

(4)实心零件的画法。纵向剖切,且剖切面经过零件对称平面或轴线时,可不画剖面线;但作局部剖视时可画剖面线。

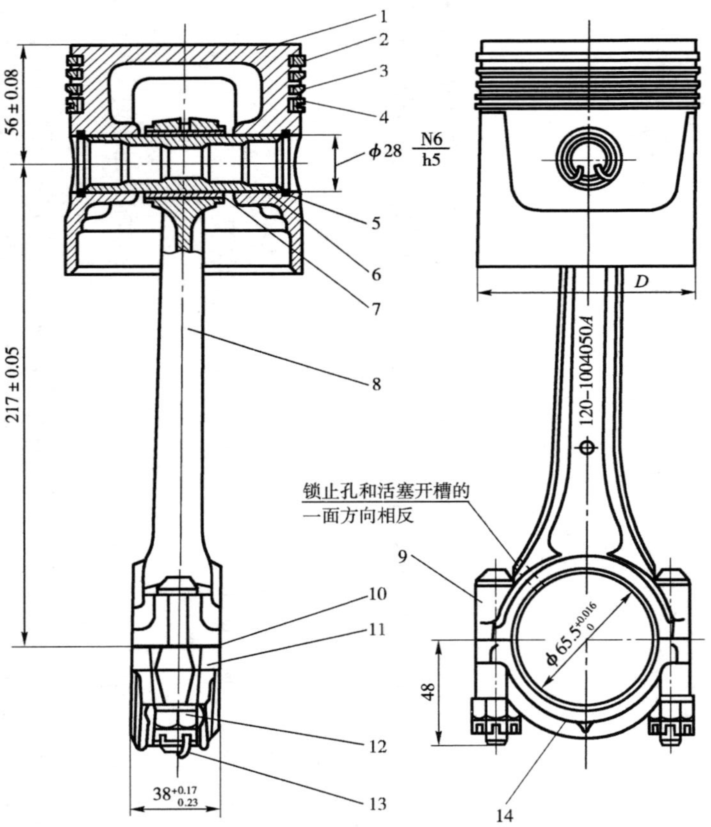

技术要求：按说明书No.120-3902122进行装配。

序号	名称	数量	材料	备注
14	连杆轴承	2	巴氏合金	
13	开口销	2	45	GB/T 91—2000
12	连杆螺母	2	35	GB/T 6178—1986
11	连杆盖	1	40	
10	调整垫片		08	数量视需要
9	连杆螺栓	2	40Cr	
8	连杆	1	40	
7	连杆衬套	1	QSn4-4-2.5	
6	活塞销	1	45Cr	渗碳
5	锁环	2	65Mn	
4	油环	1	合金铸铁	
3	中活塞环	2	合金铸铁	
2	上活塞环	1	合金铸铁	
1	活塞	1	铝合金	
活塞连杆总成			比例	1:1
			件数	6

图 2-54　活塞连杆总成装配图

(5)夸大画法。当图形的厚度或间隙过小时,允许不按规定比例,可将该部分夸大画出。

(6)假想画法。用细双点画线表示某些零件的极限位置或运动范围,也可用细双点画线表示不属于该装配体的有关相邻部件。

(7)拆卸画法。假想沿零件结合面剖切或假想将某些零件拆卸后绘制图形,可清楚表达被遮住的部分,并在一旁注上"拆去××"等。

(8)单个零件画法。可以在装配图中单独画出某一零件的视图,但必须标注清楚投射方向和名称,并在所画视图上注上相同字母。

2 必要的尺寸

装配图上有表明装配体的规格(性能)、装配、安装、检验、总体大小等方面的尺寸。

规格性能尺寸是设计产品的依据;总体尺寸表示装配体所占空间尺寸的大小;装配尺寸表示装配体装配时需要保证的零件间较重要的距离尺寸和间隙尺寸。

3 技术要求

用文字说明或标注标记、代号指明该装配体在装配、检验、调试、运输和安装等方面所需要达到的技术要求。

4 标题栏、明细栏、零件序号

在图纸的右下角是标题栏,表明装配体的名称、图号、比例和责任者签字等,明细栏中填写有组成零件的序号、名称、材料、数量、标准件的规格和代号以及热处理要求等。

每个零件都要给一个顺序号,依相邻位置按一定的顺序方向标注。顺序号的下方用一细实线标注或用圆圈圈出,指引线用细实线,如图2-55所示。

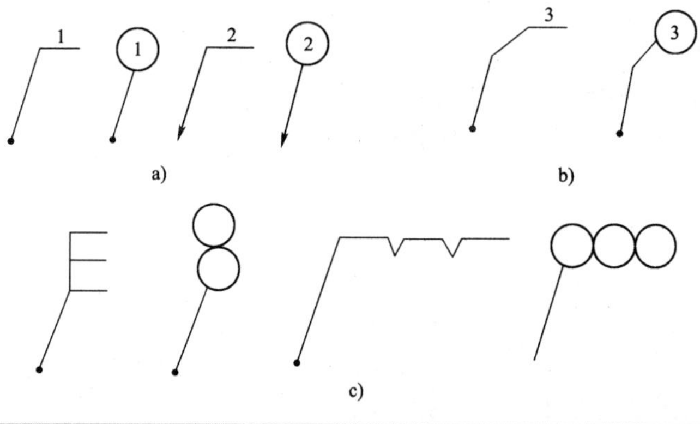

图2-55　序号标注方法

二 识读装配图的方法和步骤

1 概括了解

了解标题栏、读明细栏、初步看视图。

2 了解工作原理和装配关系

在一般了解的基础上,结合有关说明书仔细分析机器的工作原理和装配关系,这是看装配图的一个重要环节。分析各装配干线,弄清零件相互的配合、定位、连接方式。此外,对运动零件的润滑、密封形式等,也要有所了解。

3 分析视图,看懂零件的结构形状

分析视图,了解各视图、剖视图、断面图等投影干线及表达意图。了解各零件的主要作用,可帮助看懂零件结构。分析零件时,应从主要视图中的主要零件开始,可按"先简单、后复杂"的顺序进行。有些零件在装配图上不一定表达完全清楚,可配合零件图来读装配图,这是读装配图极其重要的方法。

4 分析尺寸和技术要求

分析尺寸是指找出装配图中的性能(规格)尺寸、装配尺寸、安装尺寸、总体尺寸和其他重要尺寸。

技术要求一般是指对装配体提出的装配要求、检验要求和使用要求等。

综上所述,只有按步骤对装配体进行全面了解、分析和总结全部资料,认真归纳,才能准确无误地看懂装配图。

三 配合

1 配合的种类

基本尺寸相同的相互结合的孔轴公差带之间的关系称为配合。

根据相配合的孔和轴之间配合的松紧程度不同,国家标准将配合分为间隙配合、过盈配合和过渡配合3种。

1 间隙配合

具有间隙(包括最小间隙为零)的配合。

2 过盈配合

具有过盈(包括最小过盈等于零)的配合。

3 过渡配合

可能具有间隙或过盈的配合称为过渡配合。

2 公差带与配合的代号及标注

1 在零件图上的标注形式

公差带代号:孔 H7、G6、F8 等;轴 h7、g6、f8 等。

公差带代号标注有以下 3 种：

(1)直接用代号，如图 2-56a)所示。

(2)直接标上下偏差，如图 2-56b)所示。

(3)标公差带代号的同时后面括弧里面加上上下偏差，如图 2-56c)所示。

2 在装配图上的标注形式

采用组合标注法：在基本尺寸后面用分式表示，分子为孔的公差代号；分母为轴的公差代号，如图 2-57 所示。

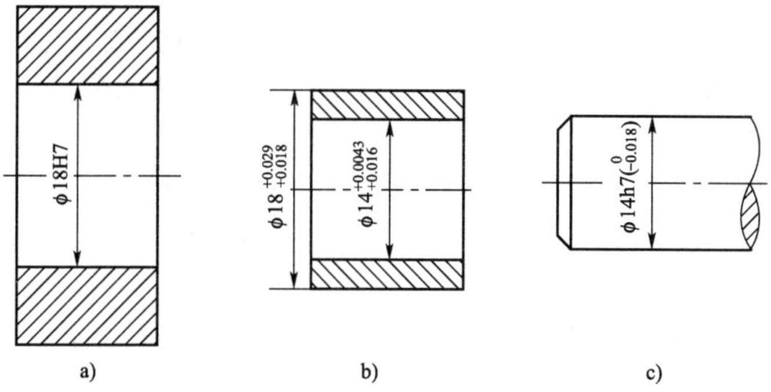

图 2-56　零件图上的公差带代号标注

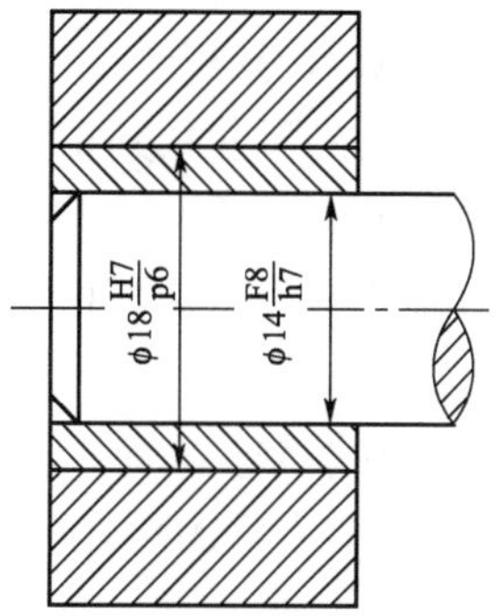

图 2-57　公差带代号标注

思考与练习

一、选择题

1. 机件向不平行于任何基本投影面的平面投射，所得到的视图称为(　　)。

A. 基本视图　　B. 斜视图　　C. 局部视图　　D. 旋转视图

2. 设计给定的尺寸称为(　　)。

A. 基本尺寸　　B. 实际尺寸　　C. 极限尺寸　　D. 作用尺寸

3. 零件图的标题栏应包括零件的名称、材料、数量、图号和(　　)等内容。

A. 公差　　B. 比例　　C. 热处理　　D. 表面粗糙度

4. 图样是技术性文件，它能表达(　　)的意图。

A. 生产者　　B. 设计者　　C. 使用者　　D. 参观者

5. 零件的左视图反映了零件的(　　)。

A. 长度和宽度　　B. 宽度和高度

C. 长度和高度　　D. 长度、宽度和高度

6. 间隙配合时，孔和轴公差带之间的关系是(　　)。

A. 孔的公差带在轴的公差带之上　　B. 孔的公差带在轴的公差带之下

C. 轴的公差带在孔的公差带之上　　D. 孔的公差带和轴的公差带相互交叠

7. 无论位置公差基准代号的方向如何，其字面必须(　　)填写。

A. 水平　　B. 垂直　　C. 水平或垂直　　D. 任意

8. 国家标准规定,图样中的线性尺寸大小均以(　　)为单位,在尺寸数字后面不必加注计量单位名称。

A. mm　　B. cm　　C. dm　　D. m

9. 在三视图中,主视图和左视图(　　)。

A. 圆相反　　B. 高平齐　　C. 长对正　　D. 宽相等

10. 通过测量获得的尺寸称为(　　)。

A. 尺寸　　B. 基本尺寸　　C. 实际尺寸　　D. 极限尺寸

11. 通常零线表示(　　)。

A. 尺寸　　B. 基本尺寸　　C. 实际尺寸　　D. 极限尺寸

12. 孔的尺寸减其相配合的轴的尺寸为所得代数差,此差值为(　　)称为间隙。

A. >0　　B. ≤0　　C. ≥0　　D. =0

13. 孔的尺寸减其相配合轴的尺寸为所得代数差,此差值为(　　)称为过盈。

A. >0　　B. ≤0　　C. ≥0　　D. =0

二、判断题

1. 一个完整的尺寸应包括尺寸界线、尺寸线、尺寸数字和箭头等4个基本要素。(　　)

2. 偏差是某一尺寸(实际尺寸、极限尺寸)减其基本尺寸所得的代数差。(　　)

3. 孔和轴配合时,孔的最小极限尺寸总是大于或等于轴的最大极限尺寸的配合称为过盈配合。(　　)

4. 装配图上的配合尺寸,除了要标出尺寸数字以外,还要标注配合代号。(　　)

5. 刀形尺和厚薄规配合使用主要用来检测零件的圆度和圆柱度。(　　)

三、按要求做题

1. 在三视图中填写视图名称,并填空。

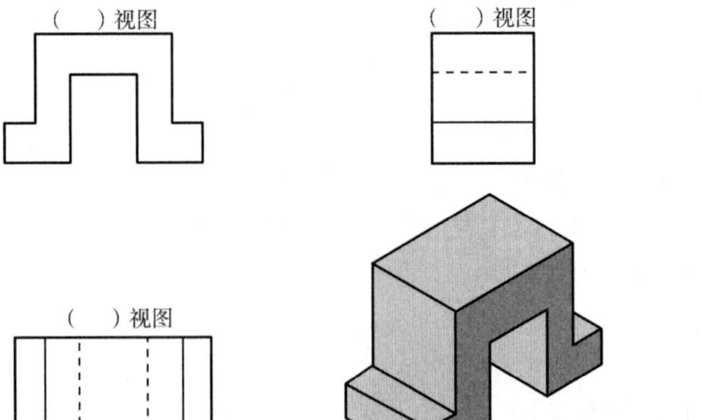

三视图是观察者

由___到____、由____到____、由____到____观察物体所获得的正投影

2. 点的投影。

(1)已知点的两面投影，求作第三投影

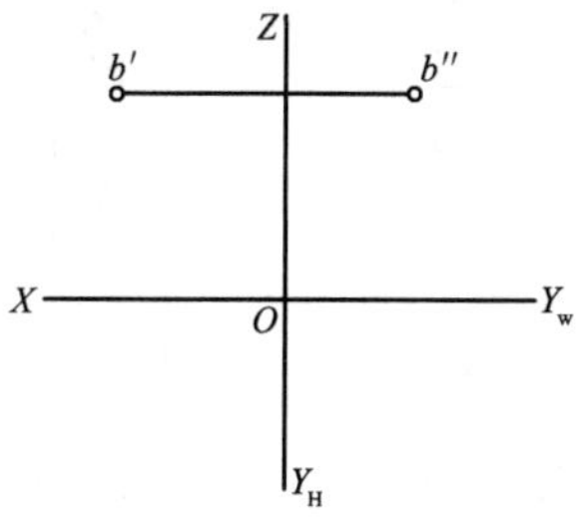

(2)参照立体图，在三视图中标出 A、B 两点在 H、W 投影面上的投影，并填空

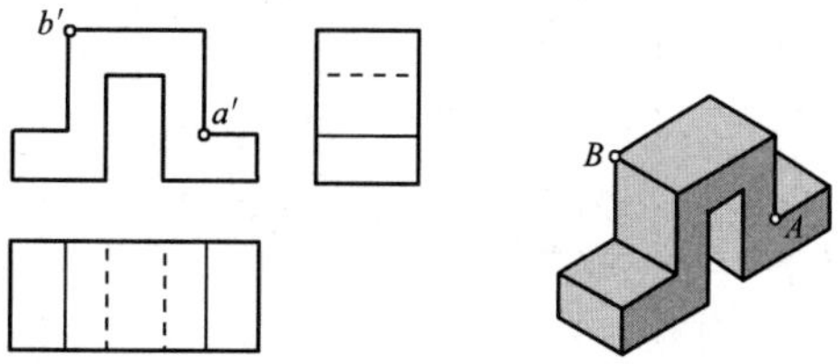

点A在点B之______（上、下），

点A在点B之______（前、后），

点A在点B之______（左、右）

3. 直线的投影。

(1)已知线段两端点 A(20,10,8)和 B(6,6,20)，求作 AB 的三面投影

(2)在三视图中标出直线 AB、BC、BE、DE 的三面投影，并填写直线的名称

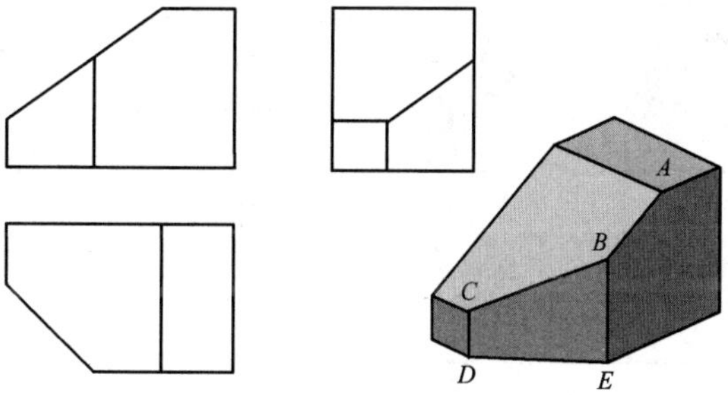

AB是____线，BC是____线，BE是____线，DE是____线

4. 平面的投影。

(1)

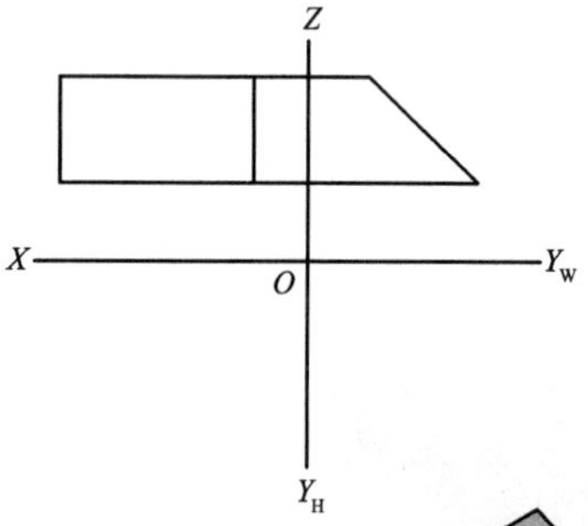

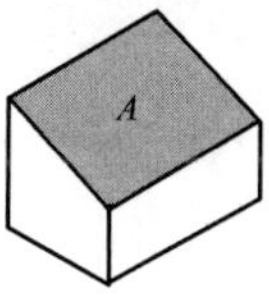

A面与V面______，

A面与H面______，

A面与W面______，

A面是______面，

A面的三面投影中______实形

(2)

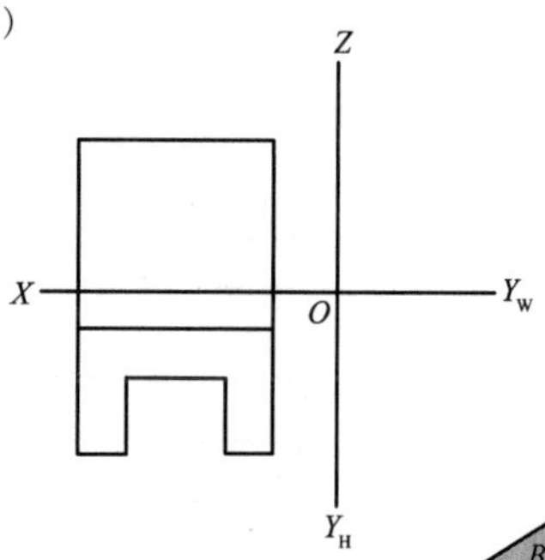

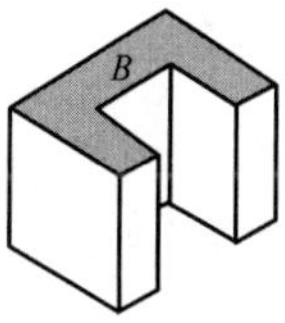

B 面与 V 面________，

B 面与 H 面________，

B 面与 W 面________，

B 面是________面，

B 面的三面投影中________实形

5. 根据三视图,选择正确的立体图。

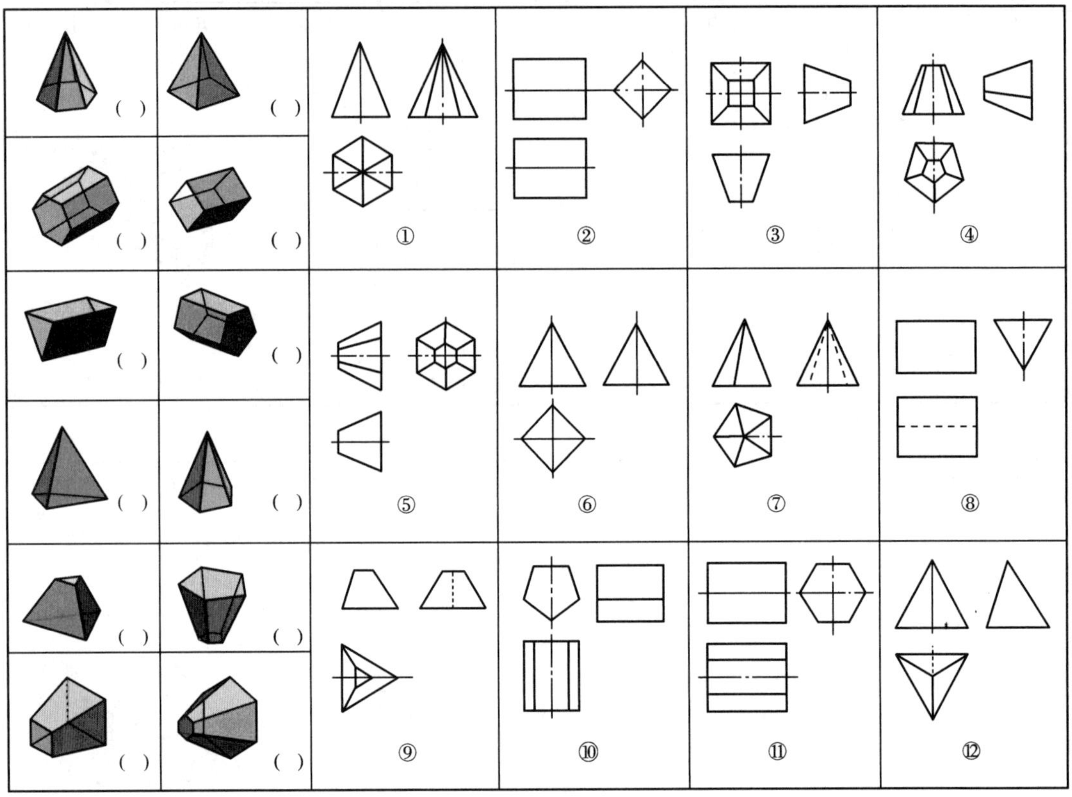

6. 根据主、俯视图,补全基本视图。

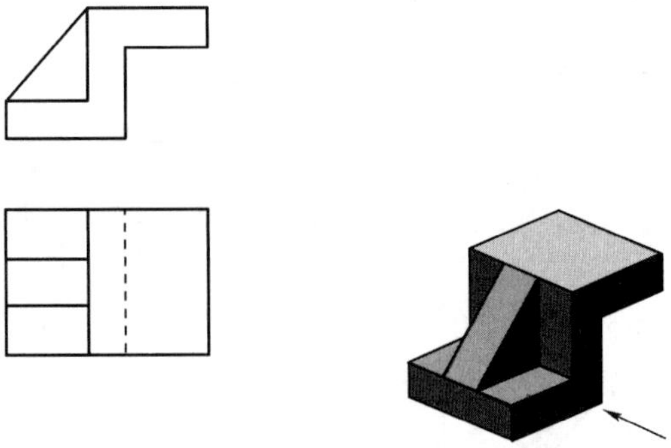

7. 极限尺寸的注法。

(1)已知轴承孔公称尺寸为 ϕ60mm，最大极限尺寸为60.056mm，最小极限尺寸为60mm，求孔的上、下极限偏差，并将其标注在图上 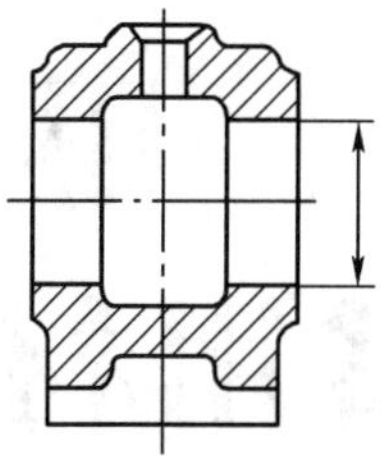	(2)已知轴的公称尺寸为 ϕ40mm，上极限偏差为 -0.022mm，下极限偏差 -0.044mm，试求其最大极限尺寸，最小极限尺寸及公差，并在图上标注 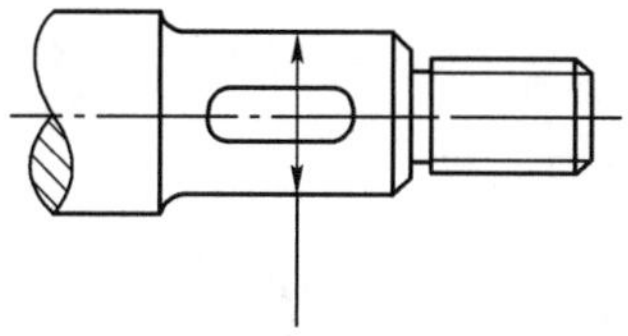 上极限尺寸______；下极限尺寸______；公差______

8. 将主视图画成剖视图。

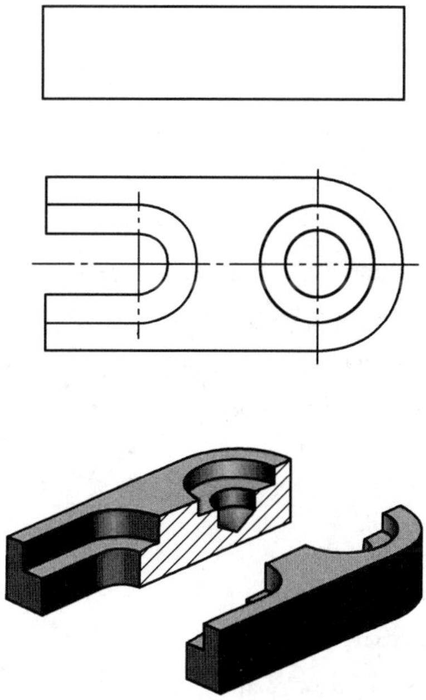

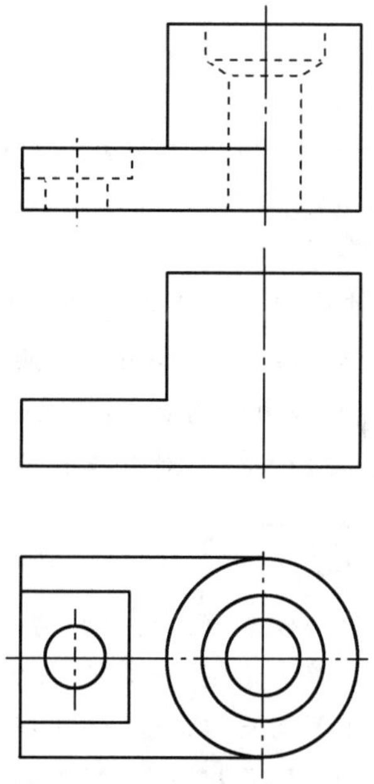

四、问答题

1. 尺寸注法的要求是什么？尺寸标注的三要素指的是什么？
2. 什么是正投影，有何特点？
3. 三视图的投影规律是什么？
4. 什么叫零件图？一张零件图应包括哪些内容？

单元三
汽车常用材料

本章描述

汽车常用材料主要包括碳素钢、合金钢、铸铁、各种有色金属及合金等金属材料，以及汽车用汽油、汽车用轻柴油、汽车用发动机油、车辆齿轮油、汽车润滑脂、汽车制动液、汽车液力传动油、汽车发动机冷却液等汽车运行材料。合理选用和使用金属材料及汽车运行材料，对汽车的正常运行及使用寿命有极大的影响。

知识目标

1. 熟悉碳素钢、合金钢、铸铁的分类及牌号；
2. 知道碳素钢、合金钢、铸铁在汽车上的应用；
3. 了解铝及铝合金、铜及铜合金、轴承合金的特性；
4. 知道铝及铝合金、铜及铜合金、轴承合金在汽车上的应用；
5. 了解汽车用汽油、轻柴油的牌号类别；
6. 了解车辆齿轮油的作用；
7. 了解液力传动油的分类，熟悉汽车液力传动油的主要功能及液力传动油的使用注意事项；
8. 熟悉汽车制动液、发动机冷却液的使用性能、更换及选用注意事项。

技能目标

1. 能识别汽车上使用的碳素钢件、合金钢件及铸铁件；
2. 能识别汽车上使用的有色金属及合金件、轴承合金件；

3. 会进行汽车用汽油、轻柴油的合理选择和使用；
4. 会进行汽车发动机油的选用；
5. 会进行车辆齿轮油的选用；
6. 会进行汽车制动液的更换；
7. 会进行汽车液力传动油的检查及更换。

素养目标

1. 培养实事求是态度、团队合作精神；
2. 提高环境保护意识。

建议学时

20 学时。

第一节　金属材料的力学性能

想一想

(1)你认为金属零件一般应具备哪些力学性能？
(2)联系本专业特点，你认为汽车金属零件应具有哪些力学性能？

一　金属材料及力学性能

零件的材料将影响机器的性能。以汽车为例，80% 为金属材料。从汽车设计、选材、制造，到汽车维护、修理，掌握金属材料知识都十分重要。

金属是指具有良好的导电性和导热性，有一定的强度和塑性，并具有特殊金属光泽的物质。金属材料是指由金属元素或以金属元素为主要材料构成的，并具有金属特性的工程材料，它一般包括纯金属和合金两类。

纯金属在工业生成中虽然具有一定的用途，但是由于它的强度、硬度一般都较低，而且冶炼技术复杂，价格较高，因此在使用上受到很大的限制。目前在汽车工业生产中广泛使用的是合金状态的金属材料。

合金是指两种或两种以上的金属元素或金属与非金属元素组成的金属材料。与纯金属相比,合金除具有良好的力学性能外,还可以通过调整组成元素之间的比例,获得一系列性能各不相同的合金,从而满足不同的性能要求。

力学性能是指金属材料在力的作用下所显示的性能,主要包括强度、塑性、硬度、韧性和疲劳强度等。物体受外力作用后导致物体内部之间产生的相互作用的力称为内力,而单位面积上的内力则称为应力 σ(N/mm^2 或 MPa)。应变是指由外力所引起的物体原始尺寸或形状的相对变化。

金属材料的力学性能是评定金属材料质量的主要依据。

二 金属材料的强度、塑性、硬度

1 强度

强度是金属材料抵抗永久变形和断裂的能力。金属材料的强度指标可以通过拉伸试验测得,如图3-1所示。拉伸试验是指用静(缓慢)拉伸力对试样进行轴向拉伸,通过测量拉伸力和伸长量来测定试样强度、塑性变形等力学性能的试验。在进行拉伸试验时,拉伸力(F)和试样伸长量$\Delta(l\text{-}l_0)$之间的关系曲线,称为力—伸长曲线,如图3-2所示。从图3-2中曲线可以看出,试样从开始拉伸到断裂要经过弹性变形阶段、屈服阶段、变形强化阶段、颈缩与断裂阶段。金属材料抵抗拉伸力的强度指标主要有屈服强度(或规定残余伸长应力)和抗拉强度等。

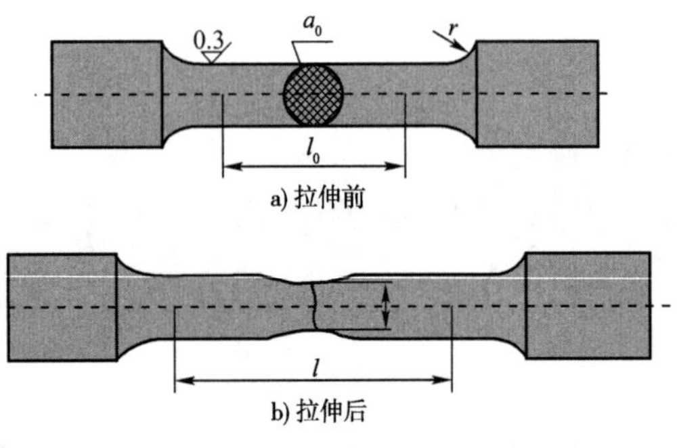

图3-1 圆柱形拉伸试样

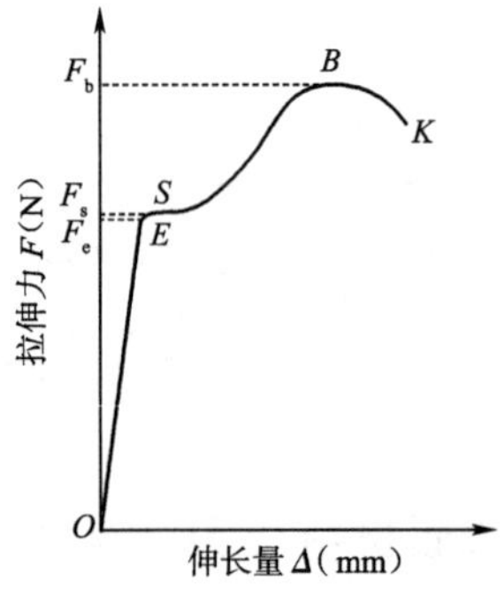

图3-2 金属的拉伸力—伸长曲线

1 屈服强度和规定残余伸长应力

屈服强度是指在拉伸试验过程中拉力(或载荷)不增加(保持恒定)的情况下,拉伸试样仍然能继续伸长(变形)时的应力。

工业上使用的部分金属材料(如高碳钢、铸铁等)在进行拉伸试验时,没有明显的屈服现象,也不会产生颈缩现象,这就需要规定一个相当于屈服强度的指标,即规定残余伸长应力。规定残余伸长应力是指拉伸试样在卸除拉伸力后,其标距部分的残余伸长与原始标距比值达到规定的百分比时的应力。

② 抗拉强度

抗拉强度是表征金属材料由均匀塑性变形向局部集中塑性变形过渡的临界值,也是表征金属材料在静拉伸条件下的最大承载能力。对于塑性较好的金属材料来说,拉伸试样在承受最大拉应力之前,变形是均匀一致的;但超过抗拉强度后,金属材料便开始出现颈缩现象,即产生集中塑性变形。

2 塑性

塑性是金属材料在断裂前发生不可逆永久变形的能力。金属材料的塑性可以用拉伸试样断裂时的最大相对变形量来表示,如断后伸长率和断面收缩率。它们是表征材料塑性优劣的主要力学性能指标。

金属材料的塑性对零件的加工和使用具有重要的意义,塑性好的金属材料容易进行锻压、轧制等成形加工。所以,大多数机械零件除要求具有较高的强度外,还要求有一定的塑性。

3 硬度

硬度是指金属材料抵抗局部变形,特别是塑性变形、压痕或划痕的能力。它是衡量金属材料软硬程度的一种性能指标。硬度对于机械零件的耐磨性有直接影响,金属材料的硬度值越高,其耐磨性也越高。

三 金属材料的韧性和疲劳强度

1 韧性

汽车上的部分零件是在冲击载荷作用下工作的,如连杆、气门等。这些零件除要求具备足够的强度、塑性、硬度以外,还应有足够的韧性。韧性是金属材料在断裂前吸收变形能量的能力。

2 疲劳强度

载荷的形式不仅有静载荷(或静应力)、冲击载荷(或冲击应力),还有循环载荷(或循环应力)。汽车上部分机械零件,如轴、齿轮、弹簧等,是在循环载荷(循环应力、循环应变)作用下工作的。零件在低于其金属材料的屈服强度或规定残余伸长应力的循环应力作用下,经过一定工作时间后会突然发生断裂,这种现象称为金属材料的疲劳。

金属材料在循环应力作用下能经受无限多次循环而不断裂的最大应力值称为金属材料的疲劳强度。

由于大部分机械零件的损坏是由疲劳造成的,因此消除和减少疲劳失效对于提高零件使用寿命有着重要意义。

第二节 碳素钢

想一想

(1)如何对碳素钢进行分类?
(2)汽车上有哪些零件采用了碳素钢?

一 碳素钢的分类

碳素钢简称碳钢,如图3-3所示。碳素钢通常指含碳量小于2.11%的铁碳合金。实际使用的碳素钢的含碳量一般不超过1.4%。碳素钢冶炼方便、加工容易、价格便宜,性能可以满足一般工程使用要求,所以成为汽车工业用材的主体,占汽车用材总量的3/4左右。

图3-3 碳素钢零件

碳素钢的分类如下:

1 按含碳量(C)分类

低碳钢($C \leq 0.25\%$);
中碳钢($0.25\% < C \leq 0.60\%$);
高碳钢($C > 0.60\%$)。

2 按材质[主要根据含硫量(S)、含磷量(P)]分类

普通钢($S < 0.055\%, P < 0.045\%$);
优质钢($S < 0.040\%, P < 0.040\%$);
高级优质钢($S < 0.030\%, P < 0.035\%$);
特级优质钢($S < 0.025\%, P < 0.030\%$)。

3 按用途分类

碳素结构钢:用于制造各种机械零件和工程结构件,多为低碳钢和中碳钢;

碳素工具钢:用于制造各种刀具、量具和模具,多为高碳钢。

4 按炼钢的脱氧程度分类

碳素钢还可根据脱氧程度分为沸腾钢、镇静钢和特殊镇静钢。

二 汽车常用碳素钢

1 普通碳素结构钢

普通碳素结构钢主要保证力学性能,故其牌号体现其力学性能。

普通碳素结构钢的牌号用"Q+数字"表示,其中"Q"为屈服点"屈"字的汉语拼音首字母,数字表示屈服强度的数值。例如,Q275表示屈服强度为275MPa。若牌号后面标注字母A、B、C、D,则表示钢材质量等级不同,即含硫量、含磷量不同。其中A级钢的含硫量、含磷量最高,D级钢最低。若在牌号后面标注字母"F"则为沸腾钢,标注"b"为半镇静钢,不标注"F"或"b"者为镇静钢,"TZ"为特殊镇静钢,例如,Q235-AF表示屈服强度为235MPa的A级沸腾钢。Q235-C表示屈服强度为235MPa的C级镇静钢。

普通碳素结构钢在汽车上的应用举例:百叶窗联动杠杆,传动轴中间轴承支架,发动机前后支架,后视镜支杆,油底壳加强板,离心机油滤清器凸缘,固定发电机用连接板,前钢板弹簧夹箍,后视镜支架,三、四、五挡同步器锥盘,差速器螺栓锁片,车轮轮辐、轮辋,驻车制动操纵杆棘爪与齿板,消声器,百叶窗叶片等。

2 优质碳素结构钢

优质碳素结构钢必须保证钢的化学成分和力学性能。优质碳素钢中所含的有害杂质元素(硫、磷等)和非金属夹杂物较少,力学性能和钢材的表面质量较好,其组织也较均匀。

优质碳素结构钢的牌号用两位数字来表示,这两位数字表示该钢平均含碳量的万分数。例如,35表示平均含碳量为0.35%的优质碳素结构钢;08表示平均含碳量为0.08%的优质碳素结构钢。含锰量较高(0.7%~1.2%)的钢,在两位数字后面写"Mn",如60Mn钢。

优质碳素结构钢在汽车上的应用举例:油底壳、油箱、离合器、驾驶室、轮胎螺母和螺栓、离合器调整螺栓、曲轴箱螺栓、风扇叶片、驻车制动杆、曲轴正时齿轮、变速杆、凸轮轴、气门弹簧等。

3 碳素工具钢

碳素工具钢表面可得到较高的硬度和耐磨性,芯部有较好的韧性。

碳素工具钢的牌号用"T+数字"表示,其数字表示钢中平均含碳量的千分数。例如,T9表示平均含碳量为0.90%的碳素工具钢。若为高级优质碳素工具钢,则在其牌号后面标以字母A。

碳素工具钢用于制造各种工具和量具,如螺丝刀、游标卡尺等。

4 碳素铸钢

铸钢能制造形状复杂的零件,而锻造件则无法做到,所以汽车上许多零件是用铸钢铸造而成的。

铸钢的牌号由"ZG"和两组数字组成,其中"ZG"为铸钢的代号,代号后面的两组数字分别表示屈服强度和抗拉强度。例如,ZG270-500 表示屈服强度为 270MPa、抗拉强度为 500MPa 的铸钢。

铸钢在汽车上的应用举例:变速叉、起动爪、减振器下支架、齿轮、棘轮等。

第三节 合 金 钢

想一想

(1)合金元素对钢的力学性能有什么影响?

(2)汽车上有哪些零件采用了合金钢?

一 合金元素对钢性能的影响

合金钢,是在碳素钢的基础上,有目的地加入一种或多种合金元素冶炼而成的钢,如图3-4所示。加入的合金元素常用的有硅(Si)、锰(Mn)、铬(Cr)、镍(Ni)、钼(Mo)、钨(W)、钒(V)、钛(Ti)、硼(B)、铝(Al)、锆(Zr)及稀土元素(Re)等。

图3-4 合金钢零件

在含碳量低的钢中加入铬,能提高其强度和硬度。含镍在6%以下时能使钢具有高强度和高韧性。合金结构钢中含锰量在2%以下时,就能使钢的强度得到显著提高,而且具有一定的韧性。硅能提高钢的强度、硬度、疲劳强度、耐蚀性和抗氧化性,含硅量为2.5%~4.4%的钢是很好的软磁材料,可制作变压器或电动机线圈的铁芯。钨能提高钢的强度及耐磨性,使钢具有良好的热硬性。钒能使钢的强度和韧性同时提高，并提高钢的耐磨性和回火稳定性。铝能提高钢的抗氧化性能。铝与氮形成化合物，还能提高钢的硬度和耐磨性。钛能提高钢的强度、硬度和耐磨性，对塑性影响较小。稀土元素对冶炼和铸造有良好的作用，还能提高钢的塑性和韧性，改善钢的特殊性能（耐热、耐蚀、抗氧化等）。

二 合金钢的分类

1 按主要用途分

合金结构钢：用来制造各种机械零件及工程结构；
合金工具钢：用来制造各种重要的工具和量具、刀具等；
特殊性能钢：用来制造有特殊性能要求的结构件和机器零件等。

2 按合金元素的含量分

低合金钢：合金元素总含量小于5%；
中合金钢：合金元素的总含量为5%～10%；
高合金钢：合金元素的总含量大于10%。

三 汽车常用合金钢

合金结构钢主要是在优质或高级优质碳素结构钢的基础上加入适量合金元素冶炼而成的钢，具有良好的力学性能和加工工艺性能。它主要用于制造各种重要的机械零件和受力工程结构。

合金钢牌号表示方法：合金结构钢的牌号采用两位数字加元素符号加数字表示。前面的两位数字表示钢的平均碳含量的万分数，元素符号表示钢中所含的合金元素，而后面数字表示该元素平均含量的质量分数。当合金元素含量小于1.5%时，牌号中只标明元素符号，而不标明含量；如果含量大于1.5%、2.5%、3.5%等，则相应地在元素符号后面标出2、3、4等。例如60Si2Mn，表示平均碳含量为0.6%、含硅量约为2%、含锰量小于1.5%。

1 低合金结构钢

低合金结构钢碳的质量分数为0.1%～0.25%，所加入的合金元素不大于3%。低合金结构钢的成分特点为低碳、低合金，所加入的合金元素主要有锰、钒、钛等。这类钢具有良好的塑性、韧性、焊接性及良好的耐磨性及耐蚀性，主要用于制造工程结构，如汽车大梁及各种焊接构件。低合金结构钢一般在热轧空冷状态下使用。

低合金结构钢在汽车上的应用举例：水箱固定架底板、风扇叶片、横梁、纵梁前加强板、保险杠、汽油箱托架等。

2 合金渗碳钢

汽车上有许多零件，如汽车的变速齿轮、十字轴以及内燃机凸轮轴等，是在高速、重载、较强烈的冲击和受磨损条件下工作的,要求零件的表面具有高硬度、高耐磨性,而芯部有足够的韧性。为了满足这样的性能要求,可采用合金渗碳钢。

合金渗碳钢的含碳量为0.1%~0.25%。合金渗碳钢是在渗碳钢的基础上,加入一定量的合金元素而形成的。这些合金元素的加入,可以提高零件抵抗冲击载荷的能力,使工件在渗碳后可直接淬火,还能提高耐磨性。与碳钢渗碳件相比,合金渗碳钢具有工艺性能好、使用性能高的特点。20CrMnTi是应用最广泛的合金渗碳钢。

常用合金渗碳钢在汽车上的应用举例:活塞销、气门弹簧座、气门挺杆、变速器中间轴、变速器齿轮、半轴齿轮、万向节和差速器十字轴、钢板弹簧中心螺栓等。

3 合金调质钢

合金调质钢一般指经过调质处理(淬火后高温回火)后使用的合金结构钢。这种钢经调质处理后具有高强度和高韧性相结合的良好综合力学性能。

合金调质钢碳的质量分数为0.25%~0.50%。合金调质钢是在调质钢中加入一定量的合金元素而形成的。合金元素改善了钢的热处理工艺性,并具有强韧性作用,从而保证合金调质钢零件具有高而均匀的综合力学性能。合金调质钢主要用于在重载荷、受冲击条件下工作的零件,如汽车后桥半轴、连杆等。40Cr钢是合金调质钢中最常用的一种,其强度比40钢高20%,并有良好的韧性。

合金调质钢在汽车上的应用举例:螺栓、连杆、连杆盖、半轴、水泵轴、传动轴花键、万向节叉、转向节、进气门、离合器从动盘等。

4 合金弹簧钢

合金弹簧钢是用于制造各种弹簧的专用合金结构钢。弹簧是汽车上的重要零件。它是利用在工作时产生弹性变形,在各种机械中起缓和冲击和吸收振动的作用,并可利用其储存能量,使机件完成规定动作。弹簧一般是在动载荷下工作,要求合金弹簧钢具有高的弹性极限、高疲劳强度、足够的塑性和韧性、良好的表面质量。因此,合金弹簧钢具有合理的化学成分,并进行适当的热处理。

合金弹簧钢的含碳量比合金调质钢高,一般为0.46%~0.70%。在弹簧钢中加入合金元素即形成了合金弹簧钢,从而使其零件弹性、钢的淬透性、弹性极限等都得到提高。通常一辆汽车上装有50~60种共100多件弹簧。

合金弹簧钢在汽车上的应用举例:钢板弹簧、气门弹簧、制动气室复位弹簧、真空助力泵复位弹簧、摇臂轴定位弹簧、离合器压紧弹簧等。

5 滚动轴承钢

滚动轴承钢是用来制造滚动轴承的滚动体和内外圈的专用钢。滚动体和内外圈在工作时,承受着高而集中的交变应力,还有强烈的摩擦,因此其材料必须具有高的硬度和耐磨性、高的弹性极限和接触疲劳强度、足够的韧性和抗蚀性。轴承钢的含碳量较高,为0.95%~1.15%。目前应用最广的是高碳铬钢。

第四节　铸　　铁

想一想

(1)铸铁材料的力学性能如何?
(2)汽车上有哪些零件采用了铸铁材料?

一 铸铁及应用

含碳量为2.11% ~6.69%的铁碳合金称为铸铁,如图3-5所示。汽车上有50% ~70%的金属材料为铸铁。如汽缸体、汽缸盖、活塞环(图3-6)、变速器外壳、后桥壳和其他许多零件所用的材料都是铸铁。

图3-5　铸铁零件

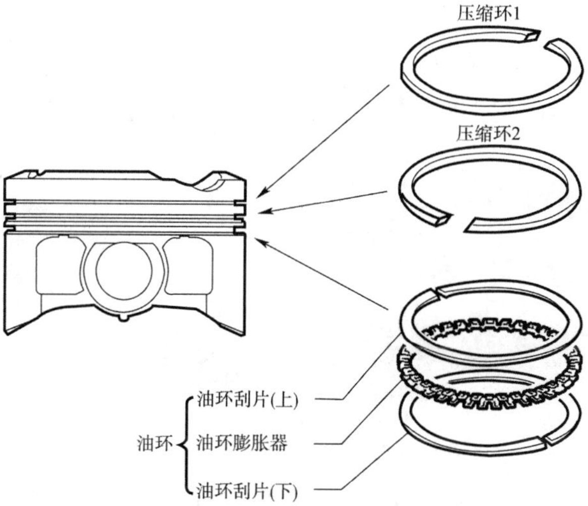

图3-6　活塞环

二 铸铁的特性及分类

铸铁的抗拉强度、塑性和韧性等力学性能远不如钢。当铸铁承受压缩载荷时,具有较高的抗压强度。石墨的存在虽然降低了铸铁的某些力学性能,但给铸铁带来了一系列良好的其他性能,如优良的铸造性能、良好的切削加工性、较好的耐磨性和减振性、较低的缺口敏感性。

铸铁中的碳主要以渗碳体和石墨两种形式存在。根据碳的存在形式不同,铸铁可以分为灰口铸铁、白口铸铁、球墨铸铁和可锻铸铁。另外还有一种合金铸铁,又称为特殊性能铸铁,是向灰铸铁或球墨铸铁中加入一定量的合金元素(如铬、镍、钒等),使其具有一些特定性能的铸铁,如耐磨铸铁、耐热铸铁、耐蚀铸铁等。白口铸铁主要以渗碳体形式存在,断口为银白色,性能既硬又脆,很难切削加工,所以很少直接使用。

三 汽车常用铸铁

1 灰口铸铁

灰口铸铁具有良好的切削加工性,较高的耐磨性、减振性,低的缺口敏感性,且价格低廉,常用于制造汽车飞轮(图3-7)、飞轮壳、变速器壳及盖、离合器壳及压板、进排气歧管、制动鼓以及液压制动主缸和制动轮缸的缸体,不镶缸套的整体缸体、缸盖等零件。

灰口铸铁的牌号由“HT”和一组数字组成。其中,“HT”为灰口铸铁的代号,代号后面的数字表示其抗拉强度值(MPa),如HT150表示抗拉强度为150MPa的灰口铸铁。

2 球墨铸铁

球墨铸铁的力学性能较高,在抗拉强度、屈服强度、疲劳强度等方面都可以与钢媲美(冲击韧度则不如钢)。同时,球墨铸铁具有灰口铸铁的许多优点,如良好的减振性、良好的耐磨性、低的缺口敏感性等,这都是钢所不及的。此外,球墨铸铁价格比钢便宜,所以常用来代替部分铸钢和锻钢制造曲轴(图3-8)、汽车底盘零件以及齿轮、阀体等。

图3-7 飞轮

图3-8 曲轴

球墨铸铁的牌号由“QT”和两组数字组成,其中“QT”为球墨铸铁的代号,代号后面的两组数字分别表示抗拉强度值(MPa)和伸长率(%)。例如,QT450-10表示抗拉强度为

450MPa,伸长率为10%的球墨铸铁。

3 可锻铸铁

可锻铸铁是由白口铸铁经过长时间的高温石墨化退火而得到的。它是一种具有团絮状石墨的高温铸铁,因其塑性和韧性优于灰口铸铁而得名,实际上并不能进行锻造加工,常用于制造汽车减速器壳、差速器壳、后桥壳(图3-9)、轮毂、车轮制动蹄摩擦片、驻车制动蹄摩擦片等。

可锻铸铁的牌号是由"KTH"(或"KTZ""KTB")和两组数字组成。其中,"KT"是可锻铸铁的代号,"H"表示黑芯可锻铸铁,"Z"表示珠光体可锻铸铁,"B"表示白芯可锻铸铁;代号后面的两组数字分别表示抗拉强度值(MPa)和伸长率(%)。例如,KTH370-12表示抗拉强度为370MPa,伸长率为12%的黑芯可锻铸铁。

图3-9　后桥壳

4 蠕墨铸铁

蠕墨铸铁是在灰口铸铁的基础上加入蠕化剂(镁钛合金等)和孕育剂(硅铁)进行蠕化—孕育处理后,得到具有蠕虫状石墨的铸铁。蠕墨铸铁的性质介于灰口铸铁和球墨铸铁之间。用蠕墨铸铁制造的制动鼓的使用寿命比灰口铸铁的高3倍多。发动机排气管、汽缸盖常用蠕墨铸铁制造。

蠕墨铸铁的牌号是由"RuT"和一组数字组成,其中"RuT"为蠕墨铸铁的代号,代号后面的一组数字表示抗拉强度值(MPa)。例如,RuT300表示抗拉强度300MPa的蠕墨铸铁。

5 合金铸铁

近年来,随着发动机转速和功率的提高,为了提高缸体的耐磨性,合金铸铁的应用越来越普遍。在灰口铸铁或球墨铸铁中加入一定量的合金元素的铸铁称为合金铸铁。加入合金元素后可使铸铁具有耐热、耐酸或耐磨等特殊性能。由于合金铸铁加工工艺较简单、成本较低,具有良好的使用性能,所以应用广泛,常用来铸造活塞环、汽缸套、汽缸盖等零件。

第五节　各种有色金属及其合金

想一想

(1)汽车上有哪些零件采用了有色金属?
(2)汽车上的有色金属是指哪些金属?

一 铝和铝合金

铝、铝合金是汽车的重要材料之一。铝及铝合金的特性有：密度小、抗腐蚀性好、塑性好、能进行表面处理、导热导电性能好、强度高、低温性能好等。活塞是汽车发动机的重要零件(图3-10)，它是由铝合金制造的。另外，某些汽车发动机的汽缸体(图3-11)、汽缸盖(图3-12)也是用铝合金制成的。

图3-10　发动机活塞

图3-11　发动机汽缸体

图3-12　发动机汽缸盖

1 纯铝

纯铝中含有铁、硅、铜、锌等杂质元素，使其性能略微降低。按纯度可将纯铝分为三类：高纯铝、工业高纯铝、工业纯铝。纯铝因其强度低、切削加工性差、可焊性差等特点，在汽车工业中使用得较少。

2 铝合金

铝合金是在纯铝中加入适量的硅、铜、镁、锌、锰等元素后组成的合金，其力学性能比纯铝有所提高，而且仍保持了密度小、耐腐蚀的优点。铝合金按加工特点和化学成分的不同分变形铝合金和铸造铝合金两类。

1 变形铝合金

变形铝合金的特点是塑性好，可进行冷热状态下的压力加工。按性能及用途又分为防锈铝、硬铝、超硬铝、锻铝等几种。

变形铝合金在汽车上的应用举例：油箱、油管、铆钉、叶片等。

2 铸造铝合金

铸造铝合金简称铸铝，与变形铝合金相比，其力学性能较差，但铸造性能好，可进行各种铸造，以制造形状复杂的零件，在汽车上应用得较多。

铸造铝合金在汽车上的应用举例：风扇、离合器壳体、汽缸盖盖罩、挺杆室盖板、离心式机油滤清器、发动机活塞等。

二 铜和铜合金

1 纯铜

纯铜具有优良的导电、导热、塑性、耐蚀和焊接性能，又有一定的强度。工业用纯铜的含铜量高于99.5%，通常呈紫红色，故又称紫铜(图3-13)。

图3-13　铜零件

纯铜广泛用于导电、导热和耐蚀器件。在汽车上一般用厚度为0.2～2mm的纯铜板制汽缸垫、进排气管道垫和轴承垫片；用铜棒制作各种管接头；用纯铜管制作制动管、散热管、油管和电器接头等。

2 铜合金

铜合金按所加入元素的不同，可分为黄铜、青铜和白铜。在机械生产中普遍使用的铜合金是黄铜和青铜。

1 黄铜

由铜和锌组成的合金称为黄铜，常用于制作汽车上的散热器、分水管、汽油滤清器芯、管接头、水箱本体、冷却管、行星齿轮及半轴齿轮支承垫圈等。

2 青铜

青铜原指铜锡合金，现在把黄铜和白铜(铜镍合金)以外的铜合金统称为青铜，常用于制作汽车上的活塞销衬套、发动机摇臂衬套、离心式机油滤清器上下轴承、水箱盖出水阀弹簧、空气压缩机松压阀阀套、车门铰链衬套、曲轴轴承及曲轴止推垫圈等。

三 轴承合金

轴承是重要的机械零件，主要有滚动轴承和滑动轴承两类。在滑动轴承中，用于制造轴承及内衬的合金材料称为滑动轴承合金或轴承合金。汽车发动机中曲轴轴承、连杆轴承、凸

轮轴轴承等都采用滑动轴承,如图 3-14 所示。轴承合金必须符合以下要求:

(1)有较高的挤压强度和抗疲劳强度,并有较低的摩擦因数。

(2)能很好地储存润滑油,使接触表面形成油膜。

(3)有良好的导热性、耐蚀性和较小的膨胀系数。

为此,轴承合金的理想组织应该是软基体中有硬质点或硬基体中有软质点。软基体硬质点的材料在工作一段时间后,基体磨损形成凹坑,可储存润滑油,可起良好的润滑作用;而硬质点凸起后可支承轴的压力,一旦负载增大,硬质点被压入软基体中,可避免轴的擦伤。硬基体软质点的材料在工作中的作用原理基本同前,区别是软质点磨损后储存润滑油比硬质点材料储存得少些,但由于有面积比例较大的硬基体,工作中易形成一定厚度的油膜,所以它的耐磨性好,抗疲劳强度高,一般用在重载、高速的发动机上。

常用的轴承合金有:锡基轴承合金、铅基轴承合金、铜基轴承合金和铝基轴承合金四类。

四 粉末冶金材料

粉末冶金是用压制、烧结金属粉末直接制成零件的方法。它可以直接制成具有某种特性的零件,是节约材料的少切削或无切削的工艺方法。

粉末冶金的原料为具有一定纯度的金属粉末、辅助材料(石墨、二硫化铝、合金元素)以及润滑剂(机油)等。粉末冶金产品内部结构是海绵状的多孔结构,微小的空洞起到吸收和储存机油的作用。粉末冶金产品具有耐磨性好、硬度高的特点。与一般零件的生产方法相比,它具有生产率高、材料利用率高等优点。

用粉末冶金的方法可以生产多种具有特殊性能的金属材料,如硬质合金、难熔金属材料、耐热材料、减磨材料、摩擦材料、磁性材料等,也可以制造许多机械零件,如齿轮、凸轮、轴套、衬套、摩擦片(图 3-15)、含油轴承等。

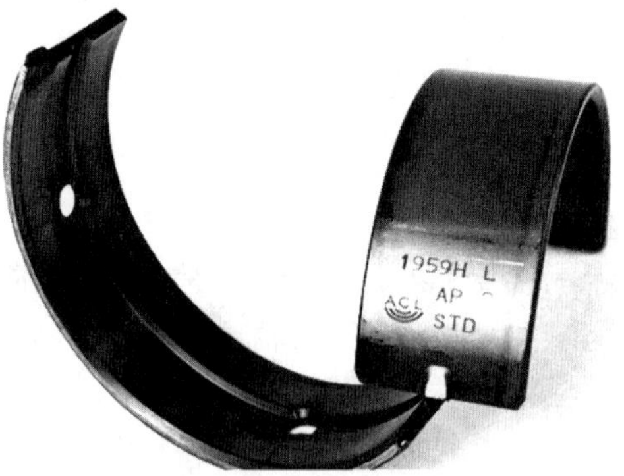

图 3-14 轴承

图 3-15 摩擦片

粉末冶金零件在汽车上的使用越来越多,在使用时应注意:维修过程中不能用热碱水或汽油清洗;粉末冶金件直接装配使用,一般不进行切削加工;装配时不能用榔头锤击,以免开裂。

第六节　汽车用汽油

想一想

(1)汽车用汽油应有哪些要求?
(2)如何选用汽车用汽油?

一 汽车用汽油概述

汽油是从石油中提炼得到的液体燃料,自燃点为415～530℃,在汽油机工作时,汽油应能在很短的时间内形成良好的可燃混合气,保证汽油机在各种条件下平稳起步、平稳运转、正常燃烧,充分发挥汽油机的使用性能,如图3-16所示。随着轿车采用电控多点喷射燃料供给系统以及采用三元催化转换器(图3-17)等汽车排放污染物净化装置,并采用闭环控制,对汽油的使用性能要求越来越多,越来越严格。

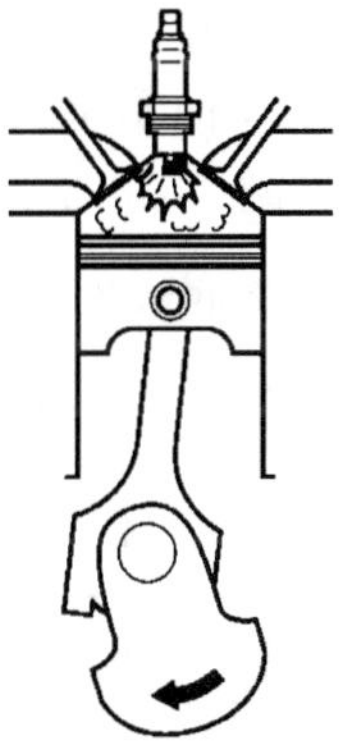

图3-16　汽油的燃烧

图3-17　三元催化转换器

汽油的使用性能主要有:蒸发性、抗爆性、氧化安定性、腐蚀性及清洁性。

二 汽车用汽油的牌号、选用及使用

1 车用汽油的牌号

随着人们低碳生活的愿望日益强烈及新的汽车排放控制标准的实施,对汽车燃料的品质要求发生了很大的变化。我国从2000年1月起汽车用汽油均采用无铅汽油。

汽油的牌号是根据它的辛烷值来编制的,如92号汽油,它的辛烷值就是92。辛烷值越大的汽油,其抗爆性就越好。

国家市场监督管理总局和国家标准化管理委员会于2016年12月23日发布并实施了《车用汽油》(GB 17930—2016)。该标准自发布之日起在全国范围内实施,并实行逐步引入的过渡期要求。从2017年1月1日起,我国已全面使用国Ⅴ标准汽油,停供国Ⅳ标准汽油。国Ⅴ标准汽油的执行期限是从2017年1月1日起到2018年12月31日止。自2019年1月1日起到2022年12月31日止,我国将实行国Ⅵ汽油标准。考虑到国内某些地区环保的特殊需求,各地方政府可依据其环保治理要求,与相关油品供应部门协商一致后,可提前实施相应阶段的车用汽油技术要求。目前,国内多地已提前实行国Ⅵ汽油标准。

车用汽油(Ⅳ)按研究性辛烷值分为90号、93号和97号3个牌号,车用汽油(Ⅴ)、车用汽油(Ⅵ A)和车用汽油(Ⅵ B)按研究法辛烷值分为89号、92号、95号和98号4个牌号。

向用户销售的符合《车用汽油》(GB 17930—2016)标准要求的车用汽油所使用的加油机都应明确标示产品的名称、牌号和等级。如:“89号汽油(Ⅴ)”“92号汽油(Ⅴ)”“95号汽油(Ⅴ)”等,并应标识在消费者可以看见的地方。

标准升级后的油品性能有所提高,硫、烯烃、锰等有害成分含量降低,燃烧后的排放污染物有所减少。国Ⅳ标准的颗粒物排放值为不超过0.025~0.060g/km,国Ⅴ标准这一限值则为0.0045g/km。国Ⅵ标准的颗粒物排放限值比国Ⅴ标准低50%。

2 汽油蒸气的回收

汽油蒸气虽然看不见,摸不着,但是如果任其散发到空气中,不仅是一种资源的浪费,而且对人体健康也会产生危害。为了有效地防止或减少汽车油箱里的汽油蒸气外泄,现代汽车在发动机上配置了汽油蒸气排放(EVAP)控制系统,如图3-18所示。

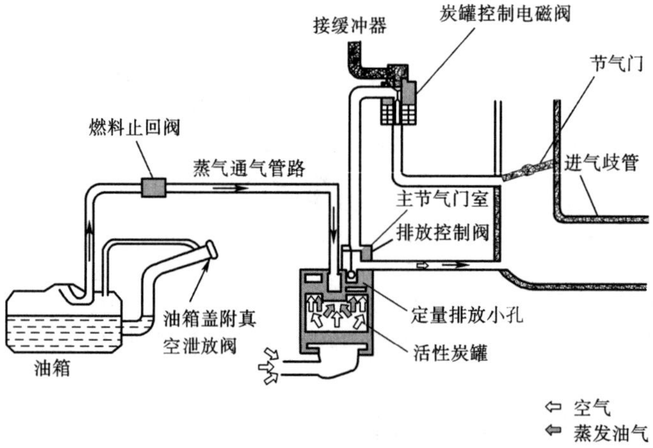

图3-18 燃油蒸发排放控制系统

汽油蒸气排放(EVAP)控制系统的功能是收集汽油箱内的汽油蒸气,并将汽油蒸气导入汽缸燃烧,从而防止汽油蒸气直接排入大气而造成浪费与污染。燃油蒸发排放控制系统的主要零部件有改进设计的燃油箱加油口盖、油箱、蒸气分离器和活性炭罐等组成。

汽油蒸气先被吸附并储存在活性炭罐内,直到特定的发动机工况下,蒸气才被吸入进气歧管，送入发动机缸内燃烧。活性炭罐由充满活性炭粒的耐油尼龙和塑料容器组成。燃油蒸气被活性炭罐吸入直到被净化。净化是用新鲜空气吹过活性炭罐，将燃油蒸气排出活性炭罐的过程。在排放控制阀与进气管之间装有活性炭罐控制电磁阀，发动机工作时 ECU 根据发动机转速、温度、空气流量等信号，通过控制活性炭罐控制电磁阀开启、闭合来控制排放控制阀上部的真空度，从而控制排放控制阀的开度。当排放控制阀打开时，燃油蒸气通过排放控制阀被吸入进气歧管。

3 汽车用汽油的选用

汽车用汽油的选用应遵循以下原则：

(1)按照汽车的使用说明书选用规定的汽油牌号，也可根据发动机压缩比进行抗爆性的选择，压缩比越大，汽油的牌号越高。一般建议：发动机压缩比低于 8.5 的，加 89 号或 92 号汽油；发动机压缩比在 8.5 ~ 9.0 的，加 92 号或 95 号汽油；发动机压缩比在 9.0 ~ 9.5 的，加 95 号汽油；发动机压缩比高于 9.5 的，则应加 98 号汽油。此外，发动机为涡轮增压的，建议尽量使用高品质的 98 号汽油(表 3-1)。

发动机压缩比与选用汽油牌号　　表 3-1

汽油机压缩比	$\varepsilon<8.5$	$8.5<\varepsilon<9.0$	$\varepsilon>9.0$
汽油牌号	89、92	92、95	95、98
适用车型	一般货车、客车	一般轿车	高级轿车

(2)装有三元催化转换器和氧传感器的汽车应选择无铅汽油。

(3)推广使用加入有效的汽油清净剂的无铅汽油。

(4)注意汽油质量是影响汽车技术状况和汽车废气排放的重要因素。

(5)根据季节选择不同蒸发性的汽油，冬季应选择蒸汽压较大的汽油，夏季应选择蒸汽压较小的汽油。

(6)根据使用时间调整汽油牌号。发动机使用时间较长后，由于燃烧室积炭使发动机压力增加，此时再使用原牌号汽油时发动机会发生爆燃。因此，这类汽车在维护后应选用高一级的汽油。

4 使用汽油的注意事项

(1)当发动机的压缩比有所改变，可考虑更换汽油牌号。

(2)汽油由低牌号改为高牌号时，应适当提前点火提前角，以发挥高牌号汽油优良性能；反之，应将点火提前角适当滞后，避免爆燃发生。

(3)在炎热的夏季和高原地区，应加强发动机散热或换用饱和蒸汽压较低的汽油。

(4)汽车从平原驶到高原地区后，可换用较低辛烷值的汽油，或适当提前点火提前角。

(5)汽油不能混入煤油或柴油，会引起爆燃并严重破坏发动机润滑，导致发动机损坏。

(6)不要使用长期存放变质的汽油，以免结胶、积炭。油箱尽可能加满，以避免蒸发损失。

(7)汽油易燃、易爆、易产生静电,使用时要注意安全,在显目位置悬挂警示标牌,如图3-19所示。

图3-19 安全警示标牌

第七节 汽车用轻柴油

想一想

(1)你认为对汽车用轻柴油应有哪些要求?
(2)你将如何选用汽车用轻柴油?

一 汽车用轻柴油概述

柴油是压燃式发动机(即柴油机)燃料。柴油和汽油一样,也是从石油中提炼出来的,也是由碳、氢元素组成的烃类化合物。在石油的炼制过程中,一般沸点范围在250~350℃之间。

柴油可分为轻柴油和重柴油两大类,轻柴油一般适用于1000r/min以上的高速柴油机,重柴油一般适用于1000r/min以下的中低速柴油机。汽车用柴油机为高速柴油机,所用柴油为轻柴油。一般加油站所销售的柴油均为轻柴油。

轻柴油与汽油相比,具有馏分重、自燃点低、黏度大、相对密度大、蒸发性差、储存和运输过程中损耗少、使用安全等特点,而且由于柴油机与汽油机相比,具有热效率高、功率大、经济等优点,所以,随着柴油机技术的不断改进与提高,其应用日趋广泛。

为了保证柴油机正常、高效地工作,满足排放要求,对轻柴油的主要使用性能要求有:良好的低温流动性、良好的燃烧性、适当的雾化和蒸发性、良好的安定性、良好的抗腐蚀性、无害性和清洁性。

二 汽车用轻柴油的牌号及选用

1 轻柴油的牌号

国家市场监督管理总局和国家标准化管理委员会在 2016 年 12 月 23 日发布并实施了《车用柴油》(GB 19147—2016),代替原《车用柴油(Ⅴ)》(GB 19147—2013)。《车用柴油》(GB 19147—2016)适用于压燃式发动机汽车使用的、由石油制取或加有改善使用性能添加剂的车用柴油,不适用于以生物柴油为调和组分的车用柴油。

《车用柴油》(GB 19147—2016)按凝点将柴油分为 5 号、0 号、-10 号、-20 号、-35 号和 -50 号 6 个牌号。0 号柴油表示其凝点不高于 0℃,其余以此类推。这样,便可以根据地域和季节的气温不同来加以选用。

《车用柴油》(GB 19147—2016)实行逐步引入的过渡期要求,从 2017 年 1 月 1 日起,车用柴油(Ⅳ)规定的技术要求废止,车用柴油(Ⅵ)规定的技术要求过渡期至 2018 年 12 月 31 日,自 2019 年 1 月 1 日起,车用柴油(Ⅴ)规定的技术要求废止。

向用户销售的符合本标准要求的车用柴油所使用的加油机都应明确标示产品的名称、牌号和等级。如:"0 号车用柴油(Ⅴ)""0 号车用柴油(Ⅵ)"等,并应标识在汽车驾驶人可以看见的地方。

2 轻柴油的选用原则

根据《车用柴油》(GB 19147—2016)标准要求,选用车用柴油牌号应遵照以下原则:

❶ 根据使用地区风险率为 10% 的最低气温选择柴油牌号

我国各地区某月风险率为 10% 的最低气温值,表示该月中最低气温低于该值的概率为 0.1。掌握本地区风险率为 10% 的最低气温,不仅是选择轻柴油牌号的依据,也是选择发动机油、车辆齿轮油和制动液的依据。各地选用车用柴油可参考表 3-2。

车用柴油牌号与最低气温关系　　表 3-2

牌　号	适用最低气温(℃)	牌　号	适用最低气温(℃)
5	8	-20	-14
0	4	-35	-29
-10	-5	-50	-44

❷ 在气温允许的情况下,尽量选用高牌号柴油

在气温允许的情况下,应尽量选用高牌号的轻柴油,真正做到既经济又实用。

❸ 充分考虑季节、气温的变化对用油的影响

对于那些季节气温变化较大的地区,如黑龙江、新疆、内蒙古等,应特别注意季节、气温变化对用油的影响,及时改变用油牌号,防止因柴油不能供往汽缸而使汽车失去行驶能力。

3 轻柴油使用注意事项

(1)轻柴油加入油箱前,一定要充分沉淀(不少于 48h)、过滤,除去杂质,切实做好轻柴油的净化工作,以保证柴油机燃料供给系的精密零件不出故障并延长其使用寿命。

(2)同一质量级别、不同牌号的轻柴油可以掺兑使用,以降低高凝点轻柴油的凝点,从而充分利用资源。严禁向柴油中混入汽油,混入汽油会导致起动困难,甚至不能起动。

(3)低温条件下起动时可采取预热措施,如对进气管、机油和蓄电池预热,提高柴油机温度,也可另用起动燃料帮助起动。

(4)冬季使用桶装高凝点轻柴油时,不能用明火加热,以免引起爆炸。

第八节　汽车发动机润滑油

想一想

(1)对汽车发动机润滑油使用性能要求有哪些?

(2)如何选用、更换汽车发动机润滑油?

一　汽车发动机润滑油概述

发动机润滑油作为润滑系的工作液,它的主要作用是润滑、冷却、清洁、密封、防腐蚀和减振缓冲。发动机润滑油的使用性能对于发动机润滑系的工作状况影响很大。一方面由于发动机润滑油在发动机工作过程中温度变化大、压力高,机件的相对运动速度快等原因,使发动机润滑油的工作条件非常苛刻,容易老化变质。另一方面有些零部件远离油底壳,泵送距离远,阻力大,特别是发动机排放净化装置的采用,使发动机润滑油工作条件进一步恶化。如果发动机零部件摩擦表面得不到良好的润滑,就会产生异常磨损或擦伤。

汽车发动机润滑油是汽车润滑材料中用量最大、性能要求较高、品种较多、工作条件较苛刻的一种油品。随着汽车工业的发展,汽车的使用范围扩大和档次的提高,对发动机润滑油的使用性能提出了越来越高的要求。

发动机润滑油的使用性能主要有润滑性、低温操作性、黏温性、清洁分散性、抗氧化性、抗腐蚀性、抗泡性等。

二　汽车发动机润滑油的分类

1　美国汽车工程师学会(SAE)黏度分类

1　单级黏度发动机润滑油

只满足一组黏度要求的润滑油,包括单级黏度冬季润滑油、单级黏度夏季润滑油。

(1)冬季润滑油:低温条件下使用的润滑油用 W 表示,“W”表示 winter(冬季)。其黏度分级有 0W、5W、10W、15W、20W、25W。

(2)夏季润滑油:其黏度分级有 20、30、40、50、60,数字越大,润滑油的黏度越大;在高温时运动黏度越高。

单级黏度润滑油易受环境温度的影响,现在已基本不再使用,取而代之的是多级黏度润滑油。多级黏度润滑油能满足两组黏度的需要,不受季节因素的限制。

2 多级黏度发动机润滑油

0W/40、5W/20、5W/30、5W/40、5W/50、10W/20、10W/30、10W/40、15W/20、15W/30、15W/40、15W/50、20W/20、20W/30、20W/40、25W/40。多级黏度发动机润滑油分类标准见表 3-3。

多级黏度发动机润滑油分类标准　　表 3-3

黏度级别	最高动力黏度(Pa·s)	最高动力黏度时的温度(℃)	最大边界泵送温度(℃)	运动黏度(100℃,mm^2/s)	
				最小	最大
5W/20	3.5	-25	-30	5.6	9.3
5W/30	3.5	-25	-30	9.3	12.5
5W/40	3.5	-25	-30	12.5	16.3
10W/20	3.5	-20	-25	7	9.3
10W/30	3.5	-20	-25	9.3	12.5
10W/40	3.5	-20	-25	12.5	16.3
15W/20	3.5	-15	-20	5.6	9.3
15W/30	3.5	-15	-20	9.3	12.5
15W/40	3.5	-15	-20	12.5	16.3
20W/20	4.5	-10	-15	7	9.3
20W/30	4.5	-10	-15	9.3	12.5
20W/40	4.5	-10	-15	12.5	16.3
25W/40	6	-5	-10	7	9.3

W 前的数字越小,低温时运动黏度越低;W 后的数字越大,高温时运动黏度越高;W 前代表冬季的数字越小,W 后代表夏季的数字越大,表示该多级机油的黏温性就越好。多级黏度汽油机油与气温关系见表 3-4。

SAE 黏度级别适用气温　　表 3-4

SAE 黏度级别	0W/40	5W/30	10W/40	15W/20	20W/30	25W/40
适用气温(℃)	-35~40	-30~30	-25~40	-20~20	-15~30	-10~40

2 美国石油协会(API)使用性能分类

1 汽油机润滑油为 S 系列

具体分为以下等级:SA、SB、SC、SD、SE、SF、SG、SH、SI、SJ、SK、SL、SM。

2 柴油机润滑油为 C 系列

具体分为以下等级:CA、CB、CC、CD、CE、CF、CG、CH、CI、CJ、CK、CL。

按英文字母的顺序,越靠后边的字母表示润滑油质量级别越高。目前汽油机润滑油最高级别为SM级;柴油机润滑油最高级别为CI级。

3 我国机油等级及分类

依据国外发动机润滑油的分类原则,我国发动机润滑油的分类,也包括按黏度分类和按使用性能分类两个系列。

1 按黏度分类

我国发动机润滑油的级别过去是按发动机润滑油在100℃时运动黏度数值大小来区分确定的,如汽油发动机润滑油有8、11、14、18等牌号。目前我国发动机润滑油黏度分类是参照美国汽车工程师协会《发动机润滑油黏度分类》(SAE J300—1987)的标准确定,表3-5所示为国产发动机润滑油的黏度等级分类。该分类标准包括含字母“W”和不含字母“W”两组黏度等级系列,含字母“W”等级系列与低温起动有关,着重于发动机润滑油的最低泵送温度及低于0℃时的黏度,不含字母“W”等级系列则只表示在100℃的运动黏度,以及高温剪切黏度。

我国发动机润滑油的黏度分类(GB/T 14906—2018)　　表3-5

黏度等级	低温起动黏度(mPa·s)不大于	低温泵送黏度(无屈服应力时,mPa·s)不大于	运动黏度(100℃,mm²/s)不小于	运动黏度(100℃,mm²/s)小于	高温高剪切黏度(150℃,mPa·s)不小于
试验方法	GB/T 6538	NB/SH/T 0562	GB/T 265	GB/T 265	SH/T 0751[a]
0W	6200(-35℃)	60000(-40℃)	3.8	—	—
5W	6600(-30℃)	60000(-35℃)	3.8	—	—
10W	7000(-25℃)	60000(-30℃)	4.1	—	—
15W	7000(-20℃)	60000(-25℃)	5.6	—	—
20W	9500(-15℃)	60000(-20℃)	5.6	—	—
25W	13000(-10℃)	60000(-15℃)	9.3	—	—
8	—	—	4.0	6.1	1.7
12	—	—	5.0	7.1	2.0
16	—	—	6.1	8.2	2.3
20	—	—	6.9	9.3	2.6
30	—	—	9.3	12.5	2.9
40	—	—	12.5	16.3	3.5(0W-40,5W-40和10W-40等级)
40	—	—	12.5	16.3	3.7(15W-40,20W-40,25W-40和40等级)
50	—	—	16.3	21.9	3.7
60	—	—	21.9	26.1	3.7

注:a也可采用SH/T 0618,SH/T 0703方法,有争议时,以SH/T 0751为准。

由于分类只标出低温黏度范围的上限,故此“W”级别低的润滑油能符合任何“W”级别较高的润滑油的黏度要求,即“10W”润滑油可满足“15W”“20W”或“25W”润滑油的黏度要求。

我国发动机润滑油也有单级油和多级油之分。任何一种具有牛顿液体性质的润滑油标为单级油。一些经过添加黏度指数改进剂调配后的发动机润滑油,具有非牛顿液体性质的多黏度等级特征,应标注适当的多黏度等级。一个多黏度级发动机润滑油,其低温黏度和边界泵送温度满足系列中一个 W 级的需要,同时 100℃运动黏度属于系列中的一个非 W 级分类规定的黏度范围,即含 W 的低温黏度级和 100℃运动黏度级,并且两黏度级号之差至少等于 15。例如,一个多级油可标为 10W/30 或 20W/40,不可标为 10W/20 或 20W/20。某一油品可能同时符合多个 W 级,所标记的含 W 级号或多黏度等级号只取最低 W 级号。例如,一个多级油同时符合 10W、15W、20W、25W 和 30 级号,黏度牌号只能标为 10W/30。

2 按使用性能分类

《内燃机油分类》(GB/T 28772—2012)是我国参考美国《发动机润滑油性能及发动机油使用分类》(SAE J183—1991)标准而制定的。该标准规定了汽车用及 813 道路用内燃机润滑油(汽油机油、柴油机油和农用柴油机油)的代号说明及详细分类,该标准不适用于铁路内燃机车柴油机油和船用柴油机油的分类。

四冲程发动机润滑油的详细分类是根据产品特性、使用场合和使用对象确定的。汽油发动机润滑油第一个字母用 S 表示,具体分类见表 3-6。柴油发动机润滑油第一个字母用 C 表示,具体分类见表 3-7。

我国汽油发动机润滑油详细分类　　表 3-6

品种代号	特性与使用场合
SA(废止)	用于运行条件非常温和的老式发动机,该油品不含添加剂,对使用性能无特殊要求
SB(废止)	用于缓和条件下工作的货车、客车或其他汽油机,也可用于要求使用 APISB 级油的汽油机。仅具有抗擦伤、抗氧化和抗轴承腐蚀性能
SC(废止)	用于货车、客车或其他汽油机以及要求使用 API SC 级油的汽油机,可控制汽油机高低温沉积物及磨损、锈蚀和腐蚀
SD(废止)	用于货车、客车和某些轿车的汽油机以及要求使用 API SD、SC 级油的汽油机。此种油品控制汽油机高低温沉积物及磨损、锈蚀和腐蚀的性能优于 SC
SE	用于轿车和某些货车的汽油机以及要求使用 APISE、SD 级油的汽油机。此种油品的抗氧化及控制汽油机高低温沉积物、锈蚀和腐蚀的性能优于 SD 或 SC
SF	用于轿车和某些货车的汽油机以及要求使用 APISF、SE 级油的汽油机。此种油品的抗氧化和抗磨损性优于 SE,同时还具有控制汽油机沉积物、锈蚀和腐蚀的性能优于 SE,并代替 SE
SG	用于轿车、货车的汽油机以及要求使用 APISG 级油的汽油机。SG 级质量还包含 CC 或 CD 的使用性能。此种油品改进了 SF 级油控制发动机沉积物、磨损和油的氧化性能,同时还具有抗锈蚀和腐蚀的性能,并可代替 SF、SF/CD、SE 或 SE/CC
SH、GF-1	用于轿车、货车和轻型货车的汽油机以及要求使用 APISH 级油的汽油机。此种油品在控制发动机沉积物、油的氧化、磨损、锈蚀和腐蚀等方面的性能优于 SG,并可代替 SG GF-1 与 SH 相比,增加了对燃料经济性的要求

续上表

品种代号	特性与使用场合
SJ、GF-2	用于轿车、运动型多用途汽车、货车的汽油机以及要求使用APISJ级油的汽油机。此种油品在挥发性、过滤性、高温泡沫性和高温沉积物控制等方面的性能优于SH。可代替SH,并可在SH以前的"S"系列等级中使用。 GF-2与SJ相比,增加了对燃料经济性的要求,GF-2可代替GF-1
SL、GF-3	用于轿车、运动型多用途汽车、货车的汽油机以及要求使用APISL级油的汽油机。此种油品在挥发性、过滤性、高温泡沫性和高温沉积物控制等方面的性能优于SJ。可代替SJ,并可在SJ以前的"S"系列等级中使用。 GF-3与SL相比,增加了对燃料经济性的要求,GF-3可代替GF-2
SM、GF-4	用于轿车、运动型多用途汽车、货车的汽油机以及要求使用APISM级油的汽油机。此种油品在高温氧化和清净性能、高温磨损性能以及高温沉积物控制等方面的性能优于SL。可代替SL,并可在SL以前的"S"系列等级中使用。 GF-4与SM相比,增加了对燃料经济性的要求,GF-4可代替GF-3
SN、GF-5	用于轿车、运动型多用途汽车、货车的汽油机以及要求使用APISN级油的汽油机。此种油品在高温氧化和清净性能、低温油泥以及高温沉积物控制等方面的性能优于SM。可代替SM,并可在SM以前的"S"系列等级中使用。 对于资源节约型SN油品,除具有上述性能外,强调燃料经济性、对排放系统和涡轮增压器的保护以及与含乙醇高达85%的燃料的兼容性能。 GF-5与资源节约型SN相比,性能基本一致,GF-5可代替GF-4

我国柴油发动机润滑油详细分类 表3-7

品种代号	特性与使用场合
CA(废止)	用于使用优质燃料、在轻到中负荷下运行的柴油机以及要求使用API CA级油的发动机。有时也用于运行条件温和的汽油机。具有一定的高温清净性和抗氧抗腐性
CB(废止)	用于燃料质量较低、在轻到中负荷下运行的柴油机以及要求使用API CB级油的发动机。有时也用于运行条件温和的汽油机。具有控制发动机高温沉积物和轴承腐蚀的性能
CC	用于中负荷及重负荷下运行的自然吸气、涡轮增压和机械增压式柴油机以及一些重负荷汽油机。对于柴油机具有控制高温沉积物和轴瓦腐蚀的性能,对于汽油机具有控制锈蚀、腐蚀和高温沉积物的性能
CD = Ⅱ(废止)	用于要求高效控制磨损和沉积物的重负荷二冲程柴油机以及要求使用API CD = Ⅱ级滑油的发动机,同时也满足CD级油性能要求
CD	用于需要高效控制磨损及沉积物或使用包括高硫燃料自然吸气、涡轮增压和机械增压式柴油机以及要求使用API CD级油的柴油机。具有控制轴承腐蚀和高温沉积物的性能,并可代替CC
CE(废止)	用于在低速高负荷和高速高负荷条件下运行低增压和增压式重负荷柴油机以及要求使用API CE级油的发动机,同时也满足CD级油的性能要求
CF	用于非道路间喷射式柴油发动机和其他柴油发动机,也可用于需有效控制活塞沉积物、磨损和含铜轴承腐蚀的自然吸气、涡轮增压和机械增压式柴油机。能够使用硫的质量分数大于0.5%的高硫柴油燃料,并可替代CD
CF-2	用于需高效控制汽缸、环表面胶合和沉积物的二冲程柴油发动机,并可代替CD = Ⅱ

续上表

品种代号	特性与使用场合
CF-4	用于高速、四冲程柴油发动机以及要求使用 API CF-4 级油的柴油机,特别适用于高速公路形式的重负荷货车。此种油品在机油消耗和活塞沉积物控制方面的性能优于 CE,并可代替 CE、CD 和 CC
CG-4	用于可在高速公路和非道路使用的高速、四冲程柴油发动机。能够使用硫的质量分数小于 0.05% 的柴油燃料。此种油品可有效控制高温活塞沉积物、磨损、腐蚀、泡沫、氧化和烟炱的累计,并可代替 CF-4、CE、CD 和 CC
CH-4	用于高速、四冲程柴油发动机。能够使用硫的质量分数不大于 0.5% 的柴油燃料。即使在不利的应用场合,此种油品可凭借其在磨损控制、高温稳定性和烟炱控制等方面的特性有效地保持发动机的耐久性;对于非铁金属的腐蚀、氧化和不溶物的增稠、泡沫性以及由于剪切所造成的黏度损失可提供最佳的保护。其性能优于 CG-4,并可代替 CG-4、CF-4、CE、CD 和 CC
CI-4	用于高速、四冲程柴油发动机。能够使用硫的质量分数不大于 0.5% 的柴油燃料。此种油品在装有废气再循环装置的系统里使用可保持发动机的耐久性。对于腐蚀性和与烟炱有关的磨损倾向、活塞沉积物以及由于烟炱累计所引起的黏温性变差、氧化增稠、机油消耗、泡沫性、密封材料的适应性降低和由于剪切所造成的黏度损失可提供最佳的保护。其性能优于 CH-4,并可代替 CH-4、CG-4、CF-4、CE、CD 和 CC
CJ-4	用于高速、四冲程柴油发动机。能够使用硫的质量分数不大于 0.05% 的柴油燃料。对于使用废气后处理系统的发动机,如使用硫的质量分数大于 0.0015% 的柴油,可能会影响废气后处理系统的耐久性和(或)机油的换油期。此种油品在装有微粒过滤器和其他后处理系统里使用可特别有效地保持排放控制系统的耐久性,对于催化剂中毒的控制、微粒过滤器的堵塞、发动机磨损、活塞沉积物、高低温稳定性、烟炱处理特性、氧化增稠、泡沫性和由于剪切所造成的黏度损失可提供最佳的保护。其性能优于 CI-4,并可代替 CI-4、CH-4、CG-4、CF-4、CE、CD 和 CC

发动机润滑油的命名和标记,应包括使用性能级别代号和黏度级别代号两部分。

例如,一个确定的汽油发动机润滑油产品可命名为 SE30;一个确定的柴油发动机润滑油产品可命名为 CC 10W/30;一个确定的汽油/柴油发动机通用润滑油产品可命名为 SJ/CF-4 15W/40 或 CF-4/SJ 15W/40,前者表示其配方首先满足 SJ 汽油机油要求,后者表示其配方首先满足 CF-4 柴油机油要求,两者均需同时符合标准中 SJ 汽油机油和 CF-4 柴油机油的全部质量指标。

三 发动机润滑油的选用

选择合适的发动机润滑油是保证发动机正常工作、延长其使用寿命的重要条件。发动机润滑油的选择应遵循一定的原则,即应兼顾使用性能级别和黏度级别两个方面。首先应根据发动机结构特点、发动机工况和技术状况、确定其合适的使用性能级别,然后再根据发动机使用的外部环境温度,选择该质量等级中的黏度等级。

1 使用性能级别的选择

发动机润滑油使用性能级别,主要根据发动机的结构特性、工作条件和燃料品质来选择。

汽油发动机润滑油的使用性能选择时,应注意汽油发动机工况的苛刻程度和进排气系统中的附加装置及生产年代。汽油发动机润滑油使用性能级别的选择一般应考虑如下具体因素:

(1)发动机压缩比、排量、最大功率、最大转矩。

(2)发动机润滑油负荷, 即发动机润滑油功率(kW)与曲轴箱机油容量(L)之比。

(3)曲轴箱强制通风、废气再循环等排气净化装置的采用对发动机润滑油的影响。

(4)城市汽车时开、时停等运行工况对生成沉积物和发动机润滑油氧化的影响等。

柴油发动机润滑油使用性能级别的选择主要依据发动机润滑油的平均有效压力、活塞平均速度、机油负荷、使用条件和柴油含硫量等因素。

2 黏度级别的选择

(1)润滑油黏度的选择主要是根据工作地区的环境温度、发动机负荷、转速等技术状况,选用黏度等级适宜的发动机润滑油,以保证发动机各零部件的正常润滑。

(2)应尽量选用黏温特性好、黏度指数高的多级润滑油。多级润滑油使用温度范围比单级润滑油宽,具有高温和低温润滑油的双重黏度特性。

(3)润滑油黏度的选择与发动机的技术状况有关。新发动机应选择黏度较小的润滑油,磨损严重的发动机应选择黏度较大的润滑油。

选择发动机润滑油的黏度级别主要是根据气温、工况和发动机润滑油的技术状况。在我国南方地区,由于夏季气温较高,对重负荷、长距离运输、工况较差的汽车应选用黏度较大的发动机润滑油;而北方地区由于冬季气温较低,所以应选用黏度较低的发动机润滑油,以保证发动机在低温时便于起动,减少零部件的磨损。

总之,发动机润滑油的黏度既要保证发动机在低温时易于起动,而在发动机温度升高后又能维持足够的黏度确保具有正常的润滑效果。从工况方面考虑,重载低速高温下,应选择黏度较大的发动机润滑油;轻载高速的汽车发动机应选择黏度较小的发动机润滑油。

发动机润滑油选择得恰当与否,会直接影响发动机使用性能的发挥,影响发动机工作状况,影响发动机主要零部件的磨损及其使用寿命。特别是现代高速发动机,转速的加快,使发动机的工作条件更加苛刻,因此,选择合适的发动机润滑油更加关键。选择发动机润滑油时要兼顾其黏度级别与使用性能级别两个方面。

3 发动机润滑油的使用注意事项

(1)级别低的发动机润滑油不能用于高性能发动机;级别高的发动机润滑油可以用于稍低性能的发动机,但不可降挡太多。

(2)在保证润滑条件下,优选黏度低的发动机润滑油,以减少机件的摩擦损失。

(3)保持正常油位,常检查,勤加油。

(4)不同牌号的发动机润滑油不可混用。

(5)定期更换发动机润滑油,换油时同时换掉发动机润滑油滤芯。

第九节　车辆齿轮油

想一想

(1)对车辆齿轮油的使用性能有什么要求?
(2)如何选用车辆齿轮油?

一 车辆齿轮油概述

车辆齿轮油用于汽车机械式变速器、驱动桥、主减速器等内部零件的润滑。汽车齿轮传动装置(特别是双曲线式主减速器)工作条件承受载荷大,要求齿轮油承载能力强。因此,对车辆齿轮油的性能要求也较高。车辆齿轮油的作用与发动机油的作用基本相同,即润滑、冷却、防腐蚀和缓冲作用。

车辆齿轮传动的工作条件要求高,其中双曲线齿轮的工作条件最苛刻,是对汽车齿轮油使用性能要求最高的齿轮传动。

双曲线齿轮具有传动比大、传动平稳、便于总布置(根据需要降低质心高度或提高离地间隙)、可提高小齿轮强度等优点,但齿面接触压力极高,齿面间滑动速度大,油温高。

二 车辆齿轮油的分类和牌号

按照美国汽车工程师协会(SAE)黏度分类法,车辆齿轮油分为70W、75W、80W、85W、90、140、250共七种。按照美国石油学会(API)的车辆齿轮油使用性能分类法,根据齿轮的形式和负载情况对车辆齿轮油进行质量等级分类,该分类将车辆齿轮油分为GL-1、GL-2、GL-3、GL-4、GL-5、GL-6六级。

目前我国车辆齿轮油的黏度分类是根据标准《汽车齿轮润滑剂黏度分类》(GB/T 17477—2012),其方法与SAE黏度分类相同,而车辆齿轮油的使用性能只分为CLC、CLD、CLEE三类,其中CLC相当于普通车辆齿轮油,CLD相当于中负荷车辆齿轮油,CLE相当于重负荷车辆齿轮油,分别与API车辆齿轮油使用性能分类中的GL-3、GL-4、GL-5相对应。

三 车辆齿轮油的选用

与发动机油一样,车辆齿轮油的选用也包括使用性能级别的选择和黏度级别的选择这两个方面。汽车齿轮油的选用主要是根据汽车生产厂家的使用说明书选用。

车辆齿轮油的选用注意事项:

(1)等级低的齿轮油不能用在要求较高的车辆上;等级高的齿轮油可降级使用,但等级过高则经济上不划算。

(2)齿轮油的黏度应以能保证润滑为主,尽可能选用多级齿轮油;如果黏度过高,会显著增加燃料消耗。

(3)不同等级、不同品牌的车辆齿轮油不能混用。

第十节　汽车液力传动油

想一想

(1)汽车液力传动油应具有哪些使用性能要求?

(2)如何检查、选用汽车液力传动油?

一 液力传动油概述

液力传动油,也称 ATF。液力传动油广泛应用在自动变速器上,如图 3-20 所示。

图 3-20　自动变速器

自动变速器的工作特性决定了液力传动油使用的功能,液力传动油在自动变速器中起到了以下作用。

1 动力传递介质

液力传动油在转矩变换中作为液体动力能的传动介质,作为伺服机构和压力环路静压能的传递介质,在变速离合器中作为滑动摩擦能的传递介质。

2 热能传递介质

由于摩擦片表面接触瞬间温度可达 600℃,自动变速器液力传动油也作为热传递介质,以控制摩擦副表面温度,防止烧结。

3 润滑介质

液力传动油同时还是齿轮、轴承等的润滑介质。

二 液力传动油的分类

美国材料试验学会(ASIM)和美国石油学会(API)把液力传动油分为 PTF-1、PTF-2、PTF-3 三类。

PTF-1 类油主要用于轿车和轻型载货车的液力传动系统。其特点是低温起动性好,对油的低温黏度及黏温性有很高的要求。

PTF-2 类油主要用于重负荷的液力传动系统,如重型载荷汽车、大型客车、越野车的自动变速器。其特点是适合在重负荷下工作,对极压抗磨性的要求很高。

PTF-3 类油主要功能是作传动、差速器和最后驱动齿轮的润滑,以及液压转向、制动、分动器和悬架装置的工作介质。

参考机械行业标准《液力传动油》(JB/T 12194—2015)。本标准规定了液力传动油的类别、技术要求、试验方法、检验规则、标志、包装、运输和储存。液力传动油根据使用设备的不同分为液力耦合器用液力传动油和液力变矩器用液力传动油,由深度精制或加氢基础油为组分油,加入增黏、抗氧、防锈、抗磨及抗泡等添加剂调制而成的液力传动油。按黏度分为 6 号、8 号两个牌号。这两种油都是以轻质矿物油或者合成油为基础,加入抗氧化剂、防锈剂、抗磨剂和油性剂等调制而成。

8 号液力传动油具有良好的黏温性、抗磨性和较低的摩擦因素,适用于轿车和轻型货车的自动变速系统。

6 号液力传动油比 8 号液力传动油具有更好的抗磨性,但黏温性稍差,适用于重型货车的多级变矩器和液力耦合器。

三 液力传动油的检查

1 液面高度的检查

汽车停放在水平路面上,对自动变速器暖机几分钟,使油温达到 50 ~ 80℃,踩行车制动踏板并驻车,移动变速操纵杆分别在 P、N、R、D、2、1 挡位各停留小段时间,最后将变速操纵杆移至 P 或 N 挡位。操作完成之后,拔出液力传动油标尺,用干净的布擦拭干净,再插入自动变速器中,重新拔出观察油液在标尺上显示的位置,应该使液面达到标尺上限刻度区间(HOT),如果不足,就要继续添加。油标尺上分为 HOT(热)和 COOL(冷)两种液面范围标准,实际中常用 HOT(热)的范围为标准,COOL(冷)的范围只作参考,加油时一定要加到 HOT(热)标准的位置。

2 油质的检查

正常的液力传动油清澈略带红色,无异味。如果使用不当,容易使油液变质,因此,必须加强对油液品质的检查。可以使用专用检查设备进行检查,如果没有检测设备可以通过手感、气味、颜色等方面的检查。发现变质应及时更换,同时要分析变质原因,及时维修自动变速器,同时要分析变质原因,见表 3-8。

液力传动油品质变化分析 表3-8

液力传动油品质变化情况	分析原因
颜色发白、浑浊	油液中混有水分
深褐色、棕色	使用时间过长;长期高负荷运转;部件打滑、损坏
黑色、发稠,油尺上有胶质油膏	油温过高
有固体残渣	离合器片、制动带和单向离合器磨损严重
有烧焦味	油温过高或过低;管路堵塞

3 油温和通气管检查

油温是影响自动变速器油和自动变速器使用寿命的重要因素之一,驾车时必须按规定正确操纵自动变速器,保证自动变速器技术状况良好。行车途中注意检查自动变速器壳体的温度是否正常,若发现温度过高,应立即停车检修。

另外,还应注意检查自动变速器壳体上的通气管是否畅通,以防被污泥堵塞,不利于气压平衡。

四 液力传动油的选用

选用液力传动油品种时可参考以下方法。

(1)按照液力传动油的使用分类中各类油的适用范围来选择。

(2)按照车辆使用说明书的规定来选择。

(3)一般轿车和轻型货车自动变速器都选用符合通用公司 Dexron 规格的液力传动油,常用的是 DexronⅡD,电控自动变速器可选低温性能优良的 DexronⅡE 或选用最新规格 Dexron Ⅲ。

(4)重负荷车辆的自动变速器可选用埃里森的 ALLISON C-3 或 C-4 规格的油。

(5)卡特皮勒公司生产的大型重载汽车的自动变速器要求使用 Cater-pillar To-4 规格的油品。

(6)国产8号液力传动油可用于轿车和轻型货车的自动变速器,国产6号液力传动油可用于重型货车的液力传动系统。

五 液力传动油使用注意事项

1 注意保持油温正常

长时间重载低速行驶,将使油温上升,加速油的氧化变质,将形成沉积物和积炭,阻塞细小的通孔和油液循环管路,这又使自动变速器进一步过热,最终导致变速器损坏。

2 经常检查油位

车辆停放在水平地面上,发动机怠速运转,油温在正常范围内(80% ~85%),此时油位应在自动变速器油标尺上的热态油位。自动变速器油位不能过高或过低，否则自动变速器将会出现故障。

3 更换注意事项

按照车辆使用说明书的规定更换液力传动油和过滤器（或清洗滤网），同时拆洗自动变速器油底壳，按需要量加入新油。

4 检查油面和换油时，注意油液的状况

在手指上蘸少许油液，用手指互相摩擦看是否有渣粒存在，并从油标尺上嗅闻油液气味及观察油液外观颜色。

正常的液力传动油，清澈带红色则正常；暗红色或褐红色则显示自动变速器中的离合器或制动器摩擦片磨损，油过热；乳白色则说明油内进水；颜色清淡且气泡多则表明油内有空气或油品过高；油内有渣粒则说明摩擦片损坏或轴承和其他摩擦副损坏；油标尺上有胶状物则表明变速器过热。

不同牌号、不同品种的液力传动油不能混用，同牌号不同厂家生产的液力传动油也不宜混用。

六 液力传动油的换油步骤

（1）在更换液力传动油前，先要让变速器预热，当达到工作温度（70～80℃）时，油液的黏度变小，流动性增强，油内杂质和沉淀物就可以全部被排出。

（2）自动变速器达到工作温度后停车熄火，将操纵杆置于停车挡，拉上驻车制动器。

（3）准备工作做好后即可放油，拧下自动变速器油底壳上的放油螺塞，将油液放净。如果放出的油液品质很差，比如颜色发黑、杂质较多、闻起来有烧焦味，这时就要拆下油底壳进行彻底清洗，同时更换 ATF 滤清器，用汽油将自动变速器液力传动油冷却器冲洗干净。

（4）加油时，要注意 ATF 加入量，液面高度应达到油标尺刻度线的 HOT 区间。然后起动发动机，在汽车怠速情况下，使自动变速器操纵杆在各个挡位运转动作，完成后再观察液面高度，必要时应继续添加油至规定油面高度。倘若加油时油面不慎高于规定高度，应该拧开放油螺塞放油；如没有放油螺塞，就从加油口处用吸管或其他器具吸出。

（5）最后，行车过程中要及时检查 ATF 的液面高度，不足时进行添加。

第十一节　其他汽车材料

想一想

（1）汽车润滑脂的特点怎样？
（2）如何使用汽车制动液和冷却液？

一 汽车润滑脂

润滑脂含有稠化剂,其性质与润滑油不同。由于绝大多数润滑脂是半固体,且在常温下能保持状态,在垂直表面不流失,并能在敞开或密封不良的摩擦部位工作,因此能解决润滑油难以解决的问题。

凡车辆不宜用润滑油的部位,如轮毂轴承、各拉杆球节、发电机轴承、水泵轴承、离合器分离轴承和传动轴花键等,均使用润滑脂进行润滑。

汽车润滑脂的使用注意事项有以下几点:

(1)根据汽车用润滑脂润滑部位的要求,使用合适的润滑脂。一般在汽车使用说明书上都有规定,要按规定的润滑脂种类、牌号使用,防止用错。

(2)注意防止不同牌号和新、旧润滑脂的混合,避免装脂容器、工具和在润滑部位上随意混用。

(3)严防机械杂质混入润滑脂中。

(4)润滑脂的加注量不要过多。

(5)注意节约,防止浪费。

二 汽车制动液

汽车制动液俗称刹车油,它是液压制动系统和液压式离合器操纵机构传递能量的工作介质。制动液是液压制动系统的重要组成部分,在液压制动系统(图3-21)中,能使各种类型的汽车在任何季节以及高速、大功率、重负荷、频繁制动的条件下,保持制动灵活、有效、可靠及安全行驶。

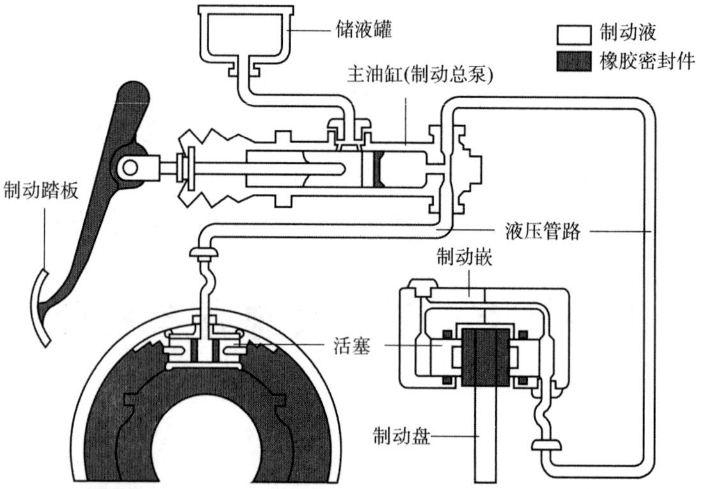

图3-21 液压制动系统

汽车制动液的使用性能影响因素较多:首先,工作温度范围较宽,当气温低时,制动液黏度会增大,低温流动性差;气温高时,制动系统易产生气阻,特别是夏天用车时,对制动液的耐高温要求明显，而且当代汽车的设计速度越来越高，汽车制动液的工作温度最高可达150℃以上。其次，制动液遇潮吸水后会使其沸点下降。同时，汽车液压制动系采用的材料种类多，既有金属材料，又有橡胶材料。

综上所述，汽车制动液在高温抗气阻性、流动性、金属防腐蚀性、与橡胶配伍性、稳定性、耐寒性、抗氧化性、融水性、润滑性和材料适应性等使用性能方面的要求均较高。

1 汽车制动液的使用注意事项

(1)在使用之前首先要予以检查，若发现制动液外观不正常，如有杂质及白色沉淀等异物，应过滤后再用。更换制动液时应先将制动系用专业清洗液清洗干净；不同材料的制动管路要采用不同类型的制动液；当使用矿物油型制动液时，制动系中的橡胶件应该换用耐油的橡胶件。

(2)不同类型和牌号的制动液绝对不能混存混用，不同类型的制动液由于成分不同，混合在一起时会因制动液分层而失去制动作用。由于制动液属易燃品，所以在平时存放和管理制动液的过程中，应注意防火。盛装制动液的容器应当专用，容器应该密封良好，以防止水分和杂质混入；当制动液吸收水汽以后，沸点会变低，所以也不要露天存放，以免变质失效。

2 汽车制动液的更换注意事项

(1)首先在更换之前，应对车辆维护手册有所了解，按照车辆维护手册规定进行。不要忘记先将制动系统加液口、放油螺塞等处的油污、油泥等清洗干净，防止杂质进入制动系统使制动液受到污染，务必采用同一型号的制动液对制动系统各管路进行清洗。

(2)制动液有一定的毒性，更换过程中绝对不能用嘴巴去吸取。制动液还对车身外表的涂层具有破坏作用，加注过程中要防止制动液滴落在车身的表层，以免造成咬漆现象。

(3)对于没有使用完的制动液要加盖密封，如果放置时间过久，就可能吸水或进入杂质而不能使用，不能再往制动系中加注。汽车制动液多为有机溶剂制成，易挥发、易燃，因此要远离火源，注意防火防潮，尤其注意防止雨淋日晒、吸水变质。经常跑长途的驾驶人要随车带点制动液备用，但要注意瓶盖的密封。

(4)汽车制动液使用一定时间后会因吸水、化学变化等原因使性能指标降低，从而影响行车安全。因此，使用中的制动液要定期更换。

三 汽车发动机冷却液

可燃混合气燃烧，缸内温度达到1700℃，发动机的零部件无法承受如此高温，因此必须进行冷却。目前汽车发动机上广泛采用强制循环液冷却系统，如图3-22所示。冷却液是发动机冷却系带走高温零部件热量的一种工作介质。

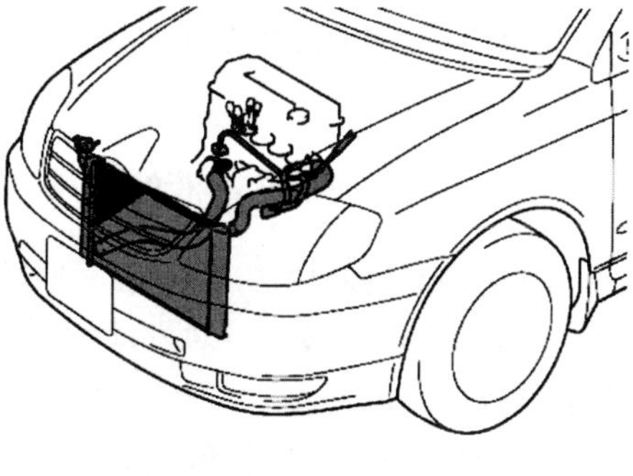
图3-22　发动机冷却系在汽车的位置

发动机性能的逐渐强化，车速不断提高，对汽车冷却系的冷却作用提出了更高的要求,除了防冻、防沸,还要求能防腐蚀、防水垢等。

水的比热容大,黏度小,在常温下的流动性好,因此长期以来一直作为汽车发动机冷却液使用。但水不能防冻,在0℃以下时会结冰,体积增加8.3%,如果体积膨胀受到限制,产生的压强可达230MPa。若用水作发动机冷却液,在0℃以下使用时,即会因水结冰而造成缸体、散热器冻裂。为此,寒冷季节在室外停放的车辆,必须将散热器中的水放干净。

水中往往含有不同的盐类,对发动机冷却系的金属产生腐蚀。同时还会形成水垢,水垢的导热性比金属差很多,对汽车的正常运行不利。

水在100℃时会沸腾,所以用水作冷却液已不适应汽车使用方便性和现代汽车发动机性能的要求。

1 汽车发动机冷却液的使用性能要求

1 黏度小,流动性好

汽车发动机冷却液的黏度越小越好,黏度越小流动性越好,散热效果也就越好。

2 沸点高,冰点低

沸点是发动机冷却系统的压力与外界大气压力相平衡的条件下,冷却液开始沸腾的温度,以℃表示。发动机冷却液在较高温度下不沸腾,可保证汽车在满载、高负荷等苛刻工作条件下工作时正常运行。同时,沸点越高则蒸发损失也越少。

冰点就是在没有过冷情况下冷却液开始结晶的温度,或者在有过冷情况下结晶开始,且短时间内停留不变的最高温度。若汽车在低温条件下停放时间较长,而发动机冷却液的冰点达不到应有的温度,则发动机的冷却水套和散热器就可能会被冻裂。因此,要求发动机冷却液防冻性好。在选用冷却液时,其冰点的选用要比车辆运行地区的最低气温低10℃左右。

3 防腐蚀性好

发动机冷却液在工作中要接触多种金属材料,如果它对金属有腐蚀性,就会影响发动机的正常工作。为了使发动机冷却液有良好的防腐蚀性,要保持冷却液呈碱性状态,要求发动机的冷却液的pH值在7.5~11.0之间,超出范围将产生不利的影响。

4 不易产生水垢,抗泡性好

水垢对发动机冷却系的散热效果影响很大。试验表明,水垢的导热性比铸铁、铝差很多。所以,冷却液在工作中,应不产生水垢。

发动机冷却液如果产生气泡,不仅会降低传热性,加剧气蚀,同时还会造成冷却液溢流而损失。

2 汽车发动机冷却液的选用

除选择好所使用的冷却液外,应特别注意以下几点:

(1)加注冷却液前应对发动机冷却系进行清洗,最简单的方法是打开散热器放水阀,用自来水从加水口冲洗。

(2)冲洗后,加注冷却液,并检查冷却液的密度(在散热器加水口就可以)。

(3)乙二醇—水型冷却液在使用中蒸发的一般是水,所以应及时添加适量的水。但时间长了以后应检查冷却液的密度,如密度变小,就说明乙二醇含量不足,冰点升高,应及时加充冷却液。

(4)乙二醇有毒,在使用乙二醇型冷却液时,切勿用口吸取。

(5)使用过程中要消耗冷却液中的添加剂,因此冷却液在使用一定时间后,应更换。一般规定更换周期为1~2年,或按照冷却液使用说明执行。

(6)不同牌号的冷却液不可混用。

思考与练习

一、选择题

1. 强度是指金属材料在外力作用下抵抗(　　)的能力。

A. 变形　　B. 冲击　　C. 变形和破坏　　D. 冲击和振动

2. 韧性是指金属材料抵抗(　　)而不致断裂的能力。

A. 冲击　　B. 外力　　C. 变形　　D. 破坏

3. 塑性是指金属材料在外力作用下,发生(　　)变形而不断裂的能力。

A. 暂时性　　B. 永久性　　C. 弹性　　D. 稳定性

4. 碳素钢通常指碳的质量分数小于(　　)的铁碳合金。

A. 1.11%　　B. 2.11%　　C. 3.11%

5. 含碳量低的钢加入铬能提高(　　)。

A. 强度和硬度　　B. 塑性和韧性　　C. 耐蚀性和抗氧化性

6. 汽油选用的原则是以发动机工作时不发生(　　)为前提。

A. 飞车　　B. 表面燃烧　　C. 爆燃　　D. 共振

7. 掌握本地区风险率为(　　)的最低气温,不仅仅是选择轻柴油牌号的依据,也是选择发动机油、车辆齿轮油和制动液的依据。

A. 10%　　B. 50%　　C. 90%　　D. 100%

8. 柴油机与汽油机相比,具有(　　)的优点。

A. 热效率高　　B. 功率大　　C. 经济　　D. 热效率高、功率大、经济

9. 对轻柴油的主要使用性能要求(　　)。

A. 高温流动性　　B. 良好的燃烧性　　C. 高的雾化性　　D. 高的蒸发性

10. 发动机油的黏度是随着温度变化而变化的,温度升高,黏度(　　)。

A. 变大　　B. 变小　　C. 不变

11. 发动机油牌号中,在数字后面带"W"字母的表示(　　)。

A. 低温系列　　B. 普通系列　　C. 四季通用　　D. 多级油

12. 齿轮油必须要有好的抗氧化能力,延缓氧化速度。一般采取加入(　　)的方法改善油的品质。

A. 抗氧化添加剂　　B. 极压抗磨剂　　C. 抗腐蚀剂

13. 车辆齿轮油的作用有(　　)。

A. 润滑　　B. 冷却　　C. 防腐蚀　　D. 润滑、冷却和防腐蚀

14. 为保证汽车制动可靠,要求汽车制动液在低温时具有较好的(　　)。

A. 低温流动性　　B. 抗腐蚀性　　C. 防锈性

15. 轿车、轻型汽车使用(　　)型液力传动油。

A. PTF-1　　B. PTF-2　　C. PTF-3

16. PTF-2 型液力传动油相当于我国(　　)号液力传动油。

A. 6　　B. 8

17. 液力传动油颜色发白的原因是(　　)。

A. 温度过高　　B. 有水分　　C. 使用时间过长

二、填空题

1. 合金渗碳钢碳的质量分数为__________。合金渗碳钢是在渗碳钢的基础上,加入一定量的__________而形成的。

2. QT500-5 牌号中,QT 表示__________,数字 500 表示__________,数字 5 表示__________。

3. 纯铝因其__________低、__________差、__________差等特点,在汽车工业中使用较少,而铝合金却得到了广泛的应用。

4. 在滑动轴承中,用于制造__________的合金材料称为轴承合金。

5. 车用汽油的使用性能包括蒸发性、__________、__________、__________和清洁性。

6. 国产汽油的牌号是按照__________的高低来划分的。在最新的国家标准中汽油牌号共有__________、__________、__________ 3 个牌号。

7. 注意__________是影响汽车技术状况和汽车废气排放的重要因素。

8. 柴油的牌号共有六个,分别是______________________________。

9. 在气温允许的情况下,应尽量选用__________的轻柴油,真正做到既经济又实用。

10. 发动机油的使用性能包括__________、__________、__________、__________、__________、__________、__________。

11. 液力传动油在自动变速器中起到了__________、__________和__________的作用。

12. 根据我国机械行业标准《液力传动油》(JB/T 12194—2015)按黏度将液力传动油分__________和__________两种。

13. 汽车制动液的使用性能有__________、__________、__________、__________、__________、__________、__________、__________、__________和__________。

14. 由于用__________作为冷冻液已不适应现代汽车发动机性能的要求。目前,国内外广泛采用__________发动机冷却液。

三、判断题

1. 使用安定性差的汽油,会造成电喷发动机的喷嘴结焦。(　　)

2. 电喷发动机汽油牌号的选择要严格按照压缩比进行。(　　)

3. 汽油的挥发性越高,其品质越好。(　　)

4. 汽油的辛烷值越高,其抗爆性能越好。(　　)

5. 选用柴油时，柴油使用的最低温度不应低于柴油牌号的数字。（　　）
6. 柴油中的十六烷值越高越好。（　　）
7. 柴油的雾化和蒸发性是选用柴油牌号的主要依据。（　　）
8. 黄铜是铜锌合金，青铜是铜锡合金。（　　）
9. 现在发动机冷却液的沸点一般要高于95℃。（　　）
10. 一般在选购和配制防冻液时，其冰点应比环境最低气温低15℃以上。（　　）

四、问答题

1. 合金钢如何分类？
2. 铸铁具有哪些特性？
3. 轴承合金必须具备哪些要求？
4. 汽车润滑脂的使用注意事项有哪些？
5. 汽车制动液有哪些使用注意事项？
6. 液力传动油的检查项目有哪些？
7. 液力传动油有哪些使用注意事项？
8. 汽车发动机冷却液的使用有何要求？

单元四
汽车常用机构

本章描述

汽车常用机构是汽车机械基础的重要内容。汽车上的很多常用机构不断地传递运动、转换运动形式,从而保证了汽车的正常运转。如汽车发动机曲柄连杆机构、配气机构,汽车车门自由关闭和开启机构,汽车刮水器自动刮除水滴机构,自卸车翻斗机构,汽车转向机构等。观察典型汽车平面四杆机构、凸轮机构的组成,并判断其类型,绘制出平面机构、凸轮机构示意图,对分析汽车常用机构的运动规律有极大的帮助。

知识目标

1. 知道且能判断平面运动副类型;
2. 了解平面四杆机构的基本类型及其在汽车上的应用;
3. 知道凸轮机构的组成、特点、分类;
4. 了解凸轮机构从动件的运动规律。

技能目标

1. 绘制平面机构的运动简图;
2. 绘制凸轮机构的运动简图。

素养目标

1. 提高职业意识和职业道德水平;

2. 培养严谨、敬业的工作作风。

建议学时

12 学时。

第一节 平面机构

想一想

(1) 自卸载荷汽车如何倾倒沙土?

(2) 发动机曲柄连杆机构如何将作用在活塞顶上的气体压力转化为曲轴的旋转运动?

一 运动副及分类

1 运动副

根据本书第一章可以知道,构件是机器中作为一个整体运动的最小单位。汽车上许多构件之间直接接触并能产生相对运动,如发动机曲柄连杆机构中(图 4-1)的活塞与汽缸筒之间、活塞销与活塞销座孔之间、活塞销与连杆小端孔之间、连杆大端孔与曲轴轴颈之间。把由两个构件直接接触并能产生相对运动的所有动连接叫作运动副。

图 4-1 发动机曲柄连杆机构

如果构成运动副的两个构件之间的相对运动在同一平面,称为平面运动副。

2 平面运动副分类

根据两构件的接触形式不同,运动副可分为低副和高副。

1 低副

两构件之间通过面接触形成的运动副称为低副,如图 4-2 所示。低副按运动特性可分为转动副和移动副。

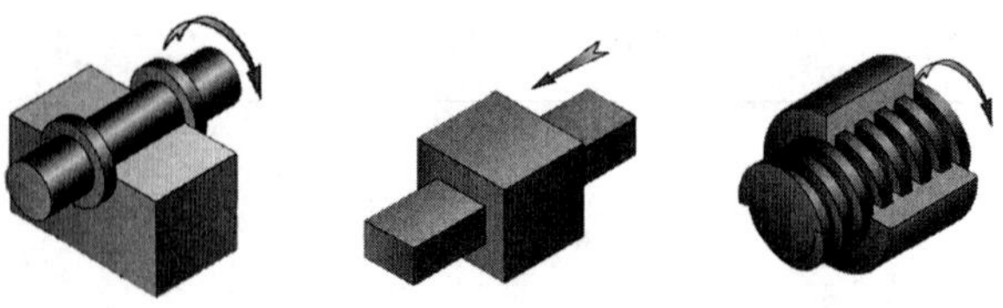

图4-2　面接触低副

(1)转动副:若组成运动副的两构件之间只能绕某一轴线作相对转动,这种运动副称为转动副,又称铰链,如图4-3a)所示。

(2)移动副:若组成运动副的两构件只能沿某一轴线作相对直线移动,这种运动副称为移动副,如图4-3b)所示。

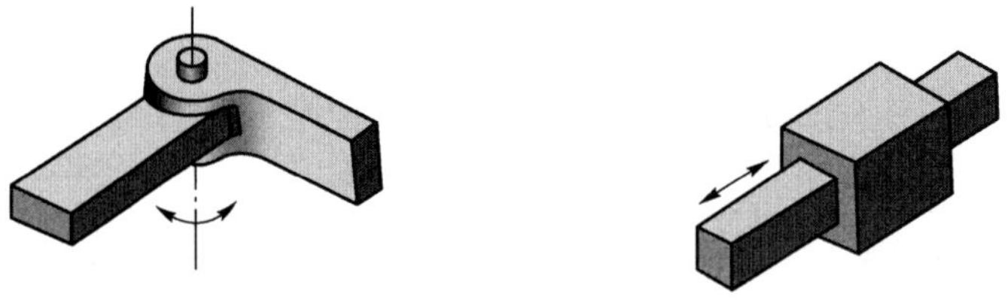

a) 转动副　　b) 移动副

图4-3　转动副和移动副

2 高副

两构件之间通过线或点接触组成的运动副称为高副。图4-4所示的齿轮副和凸轮副就属于高副。

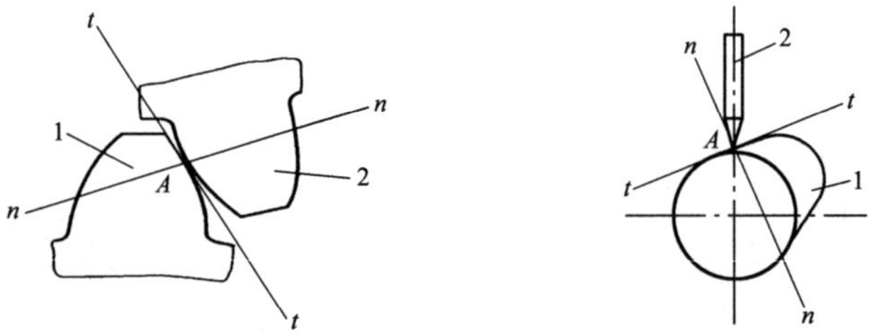

a) 齿轮副　　b) 凸轮副

图4-4　平面高副

二 平面运动副的结构及符号

1 机构的组成

机构是具有确定的相对运动构件的组合。可见,机构有两个属性:其一,机构是构件的组合体;其二,组成机构的各构件之间具有确定的相对运动。

机构按其运动空间分为平面机构和空间机构。平面机构中所有构件都在同一平面或平行平面内运动;空间机构中各构件不在同一平面或平行平面内运动。本书主要介绍平面机构。

构件可以是一个零件,但更多的是多个零件的组合体。机构中的构件可分成三类:

❶ 机架

机架是指机构中用来支承其他可动构件的固定构件。在机构简图中,将机架画上斜线表示,如图 4-5 所示中的 1。

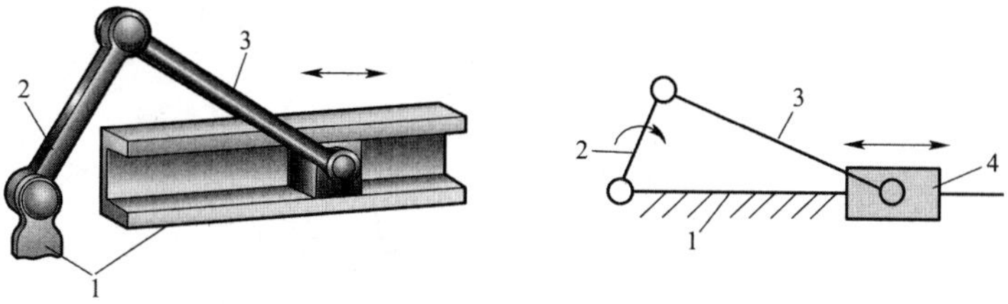

a)结构图　　b)运动简图

图 4-5　曲柄滑块机构图

1-机架;2-摆杆;3-摇杆;4-滑块

❷ 原动件

原动件是指按给定的已知运动规律或作用有驱动力的独立运动的构件。在机构简图中,将原动件标上箭头表示运动方向,如图 4-5 中的摆杆 2。

❸ 从动件

从动件是指机构中除原动件以外的所有活动构件,如图 4-5 中的摇杆 3 和滑块 4。从动件的运动规律取决于原动件的运动规律和机构中运动副和构件的结构及尺寸。

2 平面机构的运动简图

实际机械的结构和外形比较复杂。为了便于分析、研究已有的机构,根据机构的运动尺寸,按一定的比例尺定出运动副的相对位置,用简单的线条代表构件,用规定的符号代表运动副,绘制出能够表达机构运动特征的简单图形称为平面机构运动简图。

对于只为了表示机构的结构及运动情况,而不严格按照比例绘制的简图,通常称为机构示意图。

在机构运动简图中,常见运动副、构件符号的表示见表 4-1。

运动副、构件的表示法　　表 4-1

运动副	转动副	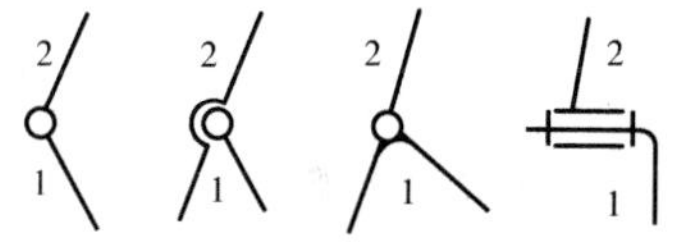 两运动构件所形成的运动副	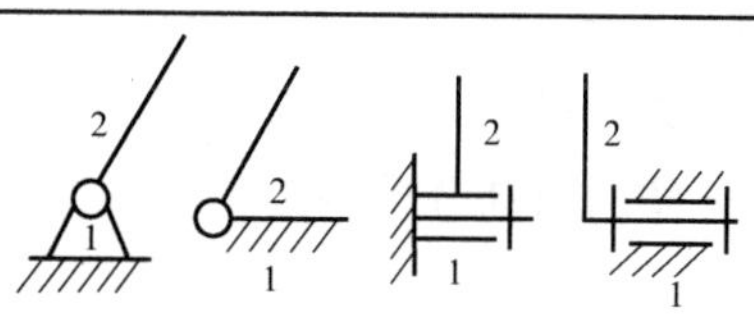 两构件之一为机架时所形成的运动副
	移动副	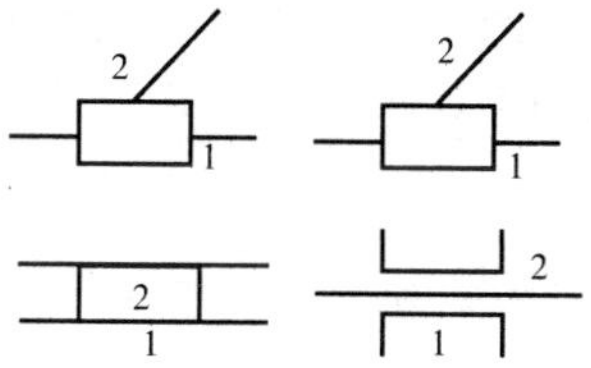	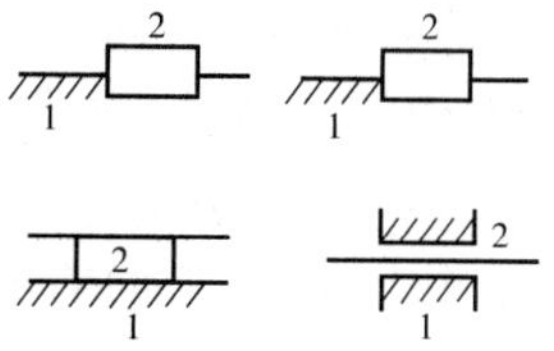

续上表

运动副	齿轮	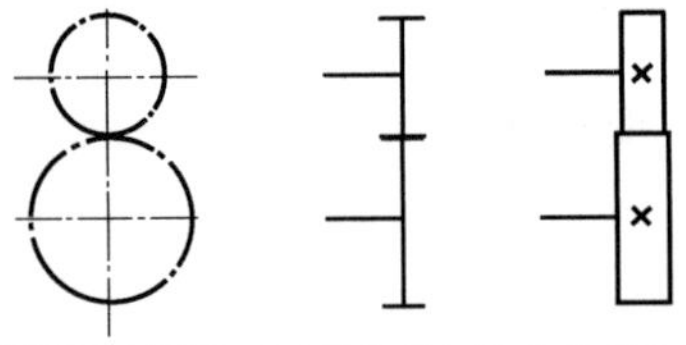
	凸轮	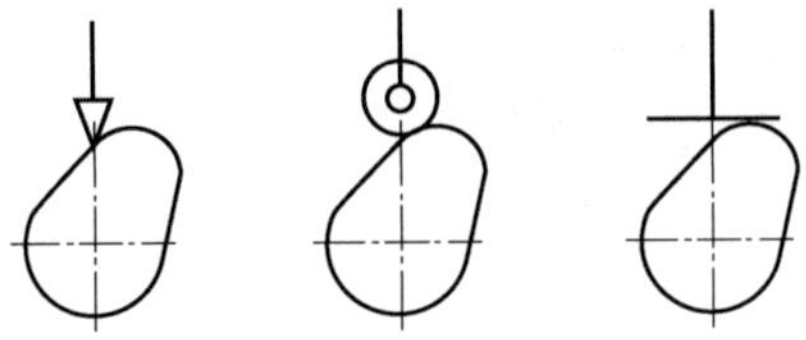
一般构件	杆、轴类构件	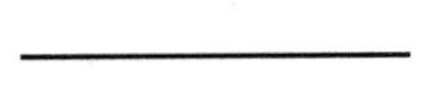
	固定构件	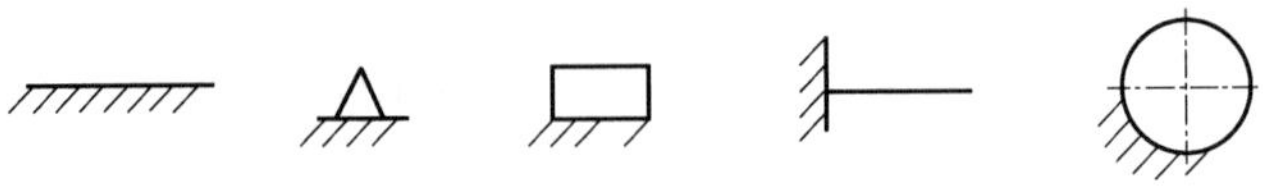
	同一构件	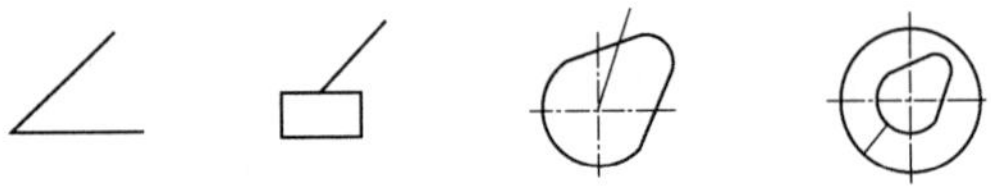
	两副构件	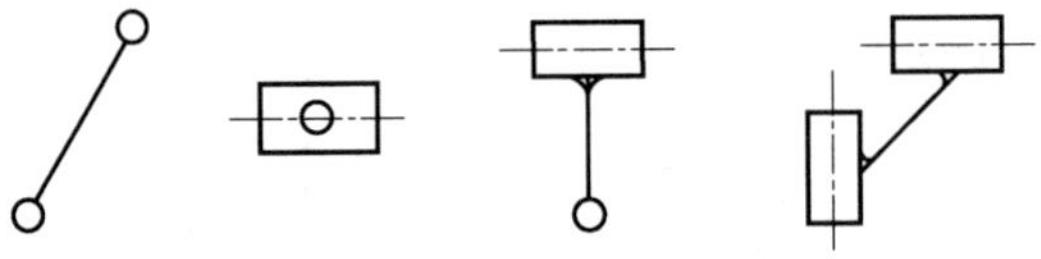
	三副构件	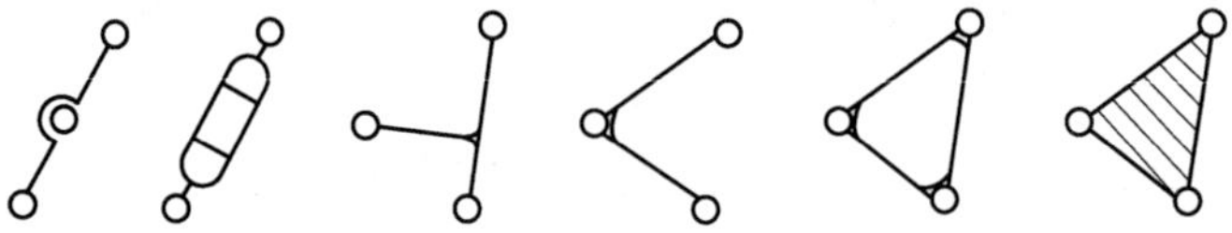

机构运动简图的作用:

(1)表示机构的结构和运动情况。

(2)作为运动分析和动力分析以及判断是否是创新机构的依据。

3 绘制平面机构运动简图的步骤

(1)观察机构的运动情况,找出原动件(即运动规律已知的构件,通常也是驱动机构的外力所作用的构件)、从动件(即直接执行任务或最后输出运动的构件)和机架(或称固定构件)。

(2)根据相连两构件之间的相对运动性质和接触情况,确定各个运动副的类型。

(3)根据机构实际尺寸和图纸大小确定适当的长度比例尺。

比例尺 = 实际尺寸/图上尺寸

按照各运动副间的距离和相对位置,以规定的符号将各运动副表示出来。

(4)用直线或曲线将同一构件上的运动副连接起来,即为所要画的机构运动简图。

第二节　平面四杆机构

想一想

(1)平面四杆机构与汽车有何关系?

(2)平面四杆机构各构件的长度对机构的运动状态有何影响?

一 平面四杆机构及分类

若干构件以低副(转动副和移动副)连接而成的机构,各构件之间的相对运动在同一平面或互相平行的平面内,我们把它称为平面连杆机构。其主要特点是:低副、面接触,构造简单,易于加工,工作可靠。

平面连杆机构常以其所含的构件数来命名,如四杆机构、五杆机构等,常把五杆及五杆以上的平面连杆机构称为多杆机构。最基本、最简单的平面连杆机构是由四个构件组成的平面四杆机构。它不仅应用广泛,而且又是多杆机构的基础。

平面四杆机构可分为铰链四杆机构和滑块四杆机构两大类,前者是平面四杆机构的基本形式,后者由前者演化而来。

平面连杆机构的主要优点有:

(1)能进行多种运动的变换以及实现一些比较简单的运动规律和运动轨迹。

(2)由于其运动副全部是低副,且是面接触,所以压强小,磨损轻,寿命较长。

(3)低副接触表面是平面或圆柱面,形状简单,易于加工,成本较低。

平面连杆机构的主要缺点有:

(1)由于低副中存在着间隙,不可避免地会引起机构的运动误差,致使运动精度降低。

(2)不容易实现复杂的运动规律。

二 铰链四杆机构

在平面四杆机构中,如果所有低副均为转动副,这种四杆机构就称为铰链四杆机构,如图4-6所示。

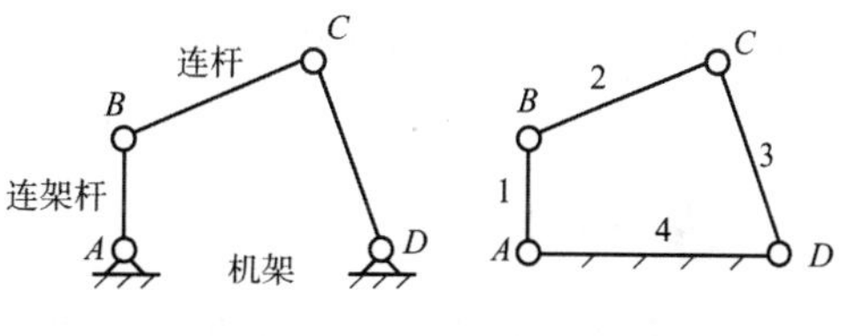

图4-6　铰链四杆机构

机构中固定不动的杆4称为机架,与机架相连接的构件1、构件3称为连架杆。连架杆能绕机架做整周转动的称为曲柄,只能绕机架在小于360°的范围内做往复摆动的则称为摇杆,与连架杆相连的构件称为连杆。

铰链四杆机构有三种不同形式:曲柄摇杆机构、双曲柄机构和双摇杆机构。

1 曲柄摇杆机构

两个连架杆中一个为曲柄,一个是摇杆的铰链四杆机构称为曲柄摇杆机构,包括以下两种基本情况:

(1)曲柄为主动件,摇杆为从动件做往复摆动。

如图4-7a)所示,汽车刮水器主动件曲柄回转,从动摇杆往复摆动,利用摇杆的延长部分实现刮水。

(2)摇杆为主动件作摆动,曲柄为从动件做旋转运动,如图4-7b)所示。

a)汽车刮水器机构　　b)缝纫机踏板机构

图4-7　曲柄摇杆机构示例

2 双曲柄机构

铰链四杆机构的两个连架杆都是曲柄,则称为双曲柄机构。

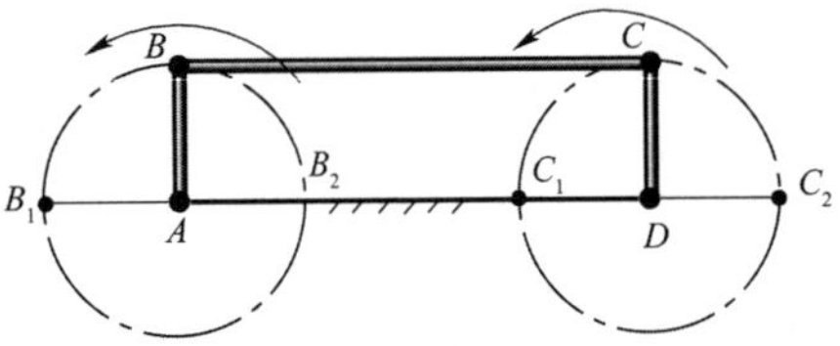

图4-8　机车车轮联动机构

(1)平行双曲柄机构:双曲柄机构中,如果两个曲柄的长度相等且平行时(连杆和机架的长度也相等),称为平行双曲柄机构(平行四边形机构)。图4-8所示的机车车轮联动机构,就是平行双曲柄机构。

(2)反平行四边形机构:双曲柄机构中,如果两个曲柄的长度相等(连杆和机架的长度也相等),但互不平行,则称为反平行四边形机构,又称为反平行双曲柄机构,如图4-9所示。如公共汽车车门启闭机构。当主动曲柄AB转动时,通过连杆BC使从动曲柄CD朝相反方向转动,从而保证两扇车门同时开启和关闭。

3 双摇杆机构

两个连架杆均为摇杆的机构,称为双摇杆机构 ,如汽车转向机构(图4-10)。

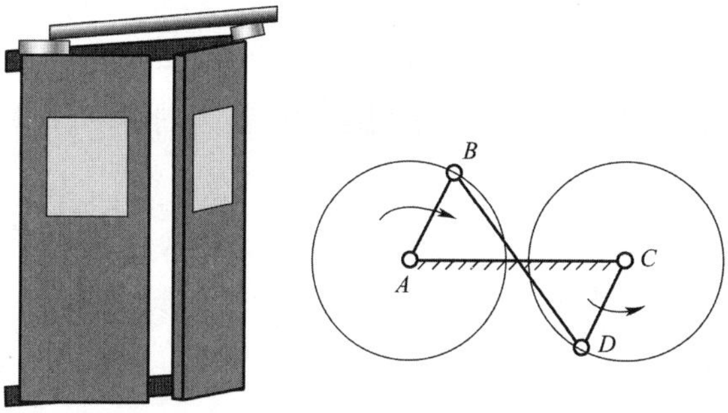

图 4-9　车门启闭机构

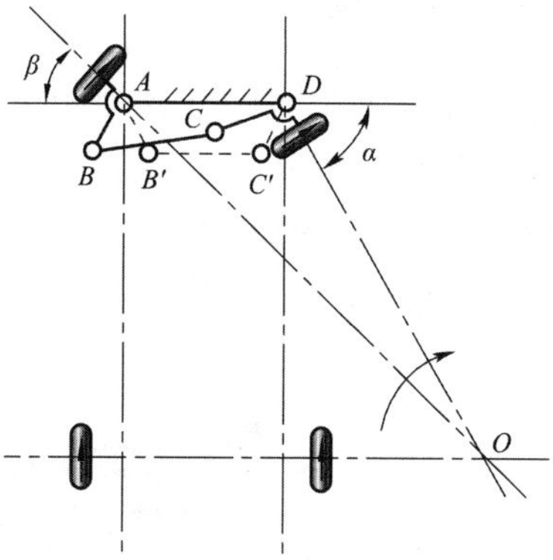

图 4-10　汽车转向机构

三 铰链四杆机构的判别

在铰链四杆机构中,要使连架杆成为曲柄,必须同时具备以下两个条件:

(1)连架杆与机架中必有一个是最短杆。

(2)最短杆件与最长杆件长度之和必小于或等于其余两杆件的长度之和。

铰链四杆机构可以分为以下 3 种情况:

(1)以与最短杆件相邻的杆件作机架时,该机构为曲柄摇杆机构。

(2)如果以最短杆为机架,该机构为双曲柄机构。

(3)以与最短杆件相对的杆件作机架时,该机构为双摇杆机构。

如果在铰链四杆机构中,最短杆件与最长杆件的长度之和大于其余两杆件的长度之和,则无论以哪一杆件为机架,均为双摇杆机构。

四 铰链四杆机构的演化

1 曲柄滑块机构

曲柄滑块机构如图 4-11 所示,一个连架杆相对于机架作往复直线移动而成为滑块。图 4-12所示的是其在发动机中的应用。

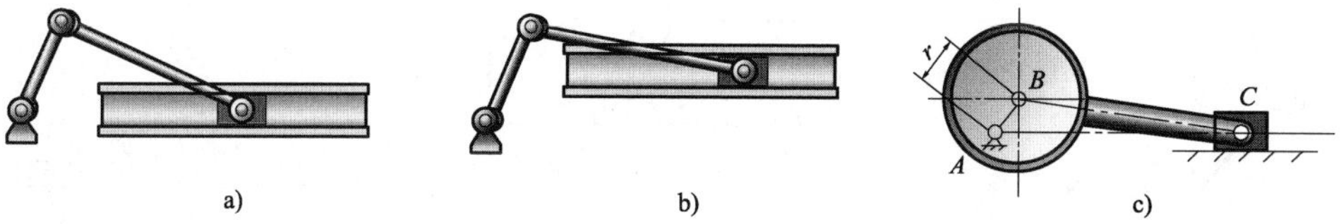

图 4-11　曲柄滑块机构

2 导杆机构

导杆机构是通过改变曲柄滑块机构的固定件而演变来的。

曲柄滑块机构中,当把曲柄改为机架时,就演化成如图4-13所示的转动导杆机构。在图4-13中,杆件2的长度大于机架1,杆件2和导杆4都可以绕机架1作整圆周转动,所以此机构称为曲柄转动导杆机构。

图4-12 发动机曲柄连杆机构

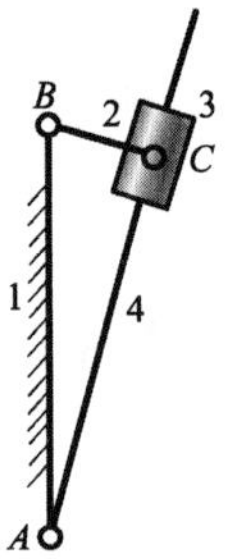

图4-13 导杆机构

3 曲柄摇块机构

如图4-14所示,杆件1的长度小于机架2,能绕机架2作整圆周转动,杆件4与滑块3组成移动副,滑块3与机架2组成转动副,滑块3只能作定轴转动。此机构称之为曲柄摇块机构,如图4-15所示的汽车吊车。

4 移动导杆机构

图4-16所示的四连杆机构中,一般以杆件1为主动构件,构件2绕C点摆动,导杆4相对滑块3作往复移动,滑块3为机架,称为定块。所以此机构称为移动导杆机构或固定滑块机构。

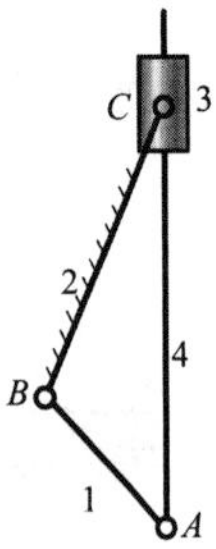

图4-14 曲柄摇块机构

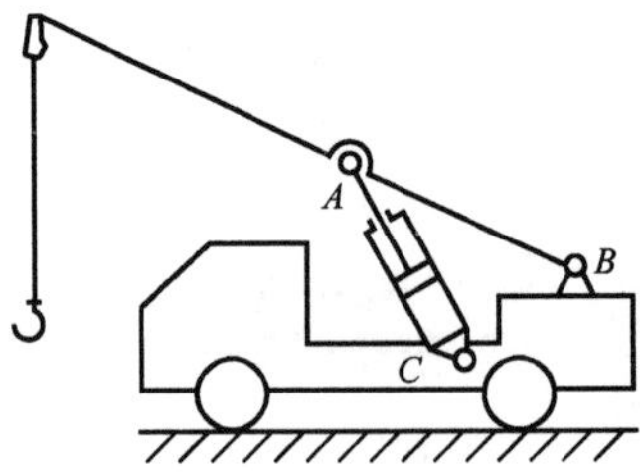

图4-15 汽车吊车

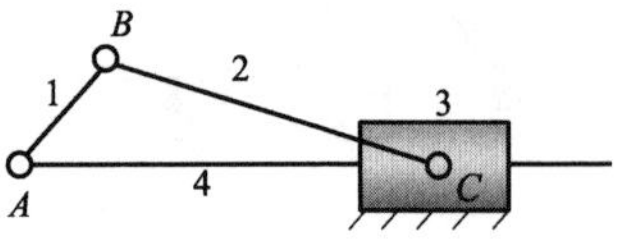

图4-16 移动导杆机构

第三节　凸轮机构

想一想

(1)凸轮机构与发动机有何关系?

(2)凸轮的轮廓对凸轮机构的运动规律有何影响?

一　凸轮机构的组成及特点

1 凸轮机构的组成

如图4-17所示的凸轮机构,它由凸轮、从动杆和机架组成。凸轮作转动,从动杆(气门)作上下移动,从动杆由机架(汽缸)支撑。图4-18所示的是发动机配气机构。

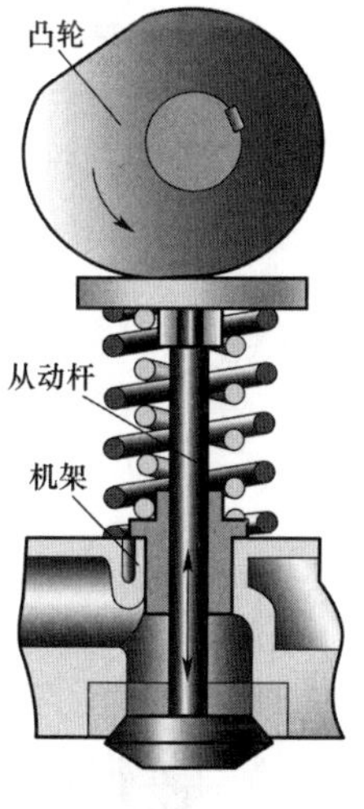

图4-17　凸轮机构

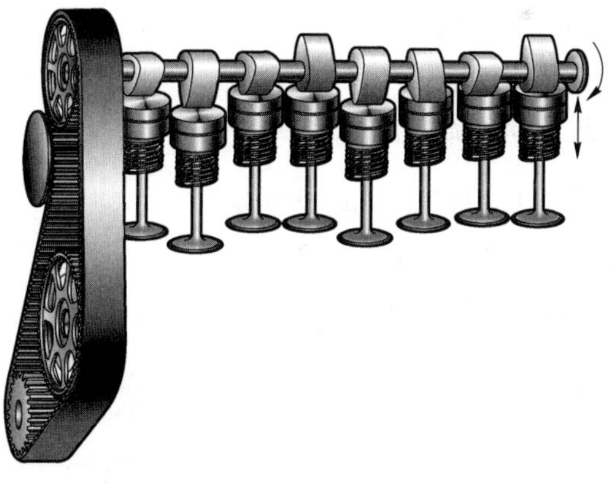

图4-18　发动机配气机构

2 凸轮机构的特点

凸轮机构的基本特点是构件数少,结构紧凑。但另一方面,凸轮轮廓与从动杆之间是点接触或线接触,即凸轮机构是高副机构,易磨损,因此只适用于传递动力不大的场合。

二 凸轮机构的类型

1 按凸轮的形状分

(1)盘形凸轮:它是一个具有径向尺寸变化并绕固定轴线旋转的盘形构件,如图4-19所示。

(2)移动凸轮:它可看作是转轴在无穷远处的盘形凸轮的一部分,如图4-20所示。

(3)圆柱凸轮:它是一个在圆柱面上开有曲线凹槽,或是在圆柱端面上做出曲线轮廓的构件,如图4-21所示。

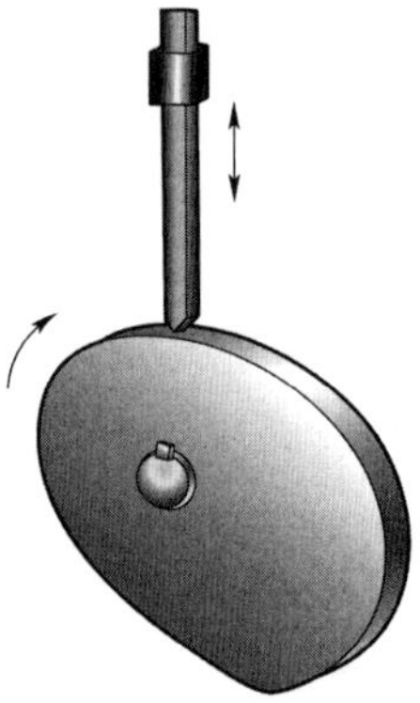

图4-19　盘形凸轮

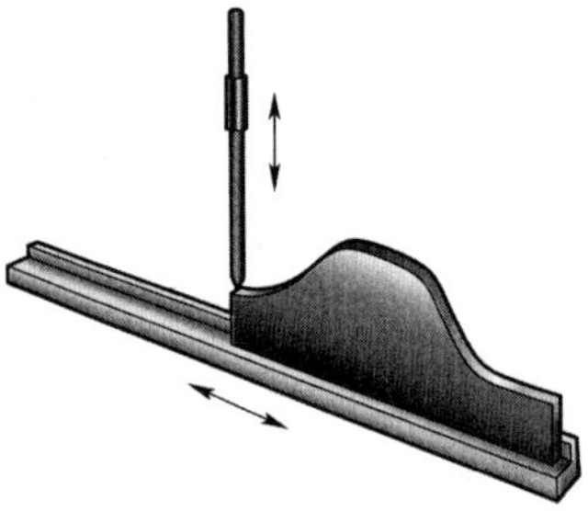

图4-20　移动凸轮

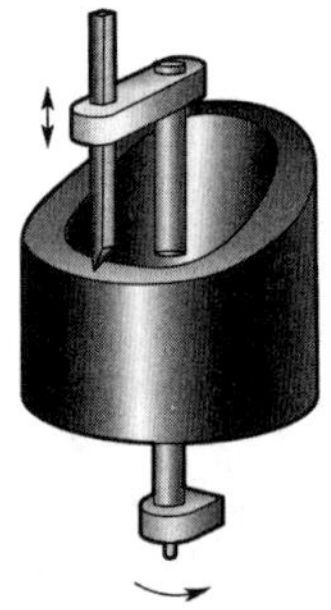

图4-21　圆柱凸轮

2 按照从动件端部结构形式分

(1)尖顶式从动件:如图4-22所示。

(2)滚子式从动件:如图4-23所示。

(3)平底式从动件:如图4-24所示。

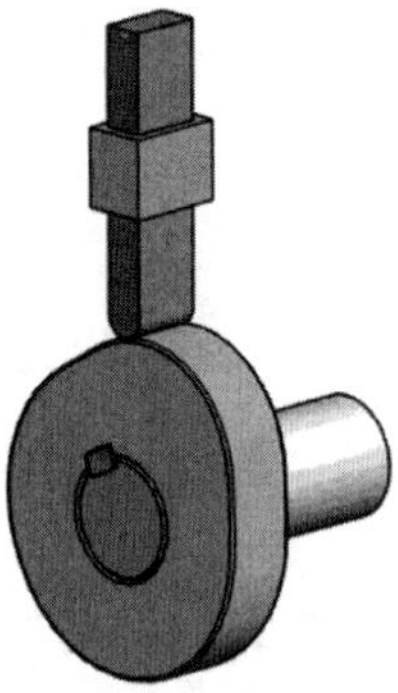

图4-22　尖顶式从动件

图4-23　滚子式从动件

图4-24　平底式从动件

三 凸轮机构从动件的运动规律

凸轮机构的轮廓形状各异，却能准确地控制从动件按一定规律进行运动。从动件的位移 s、速度 v 和加速度 a 随时间 t 变化的规律就是从动件的运动规律。当凸轮以等角速转动时，转角 ω 与时间 t 成正比。

1 等速运动规律

如图 4-25 所示，从动件等速运动中，从动件等速上升或下降（图 4-25a），所以速度曲线为水平直线（图 4-25b），加速度为 0，所以加速度曲线始终为 0（图 4-25c）。

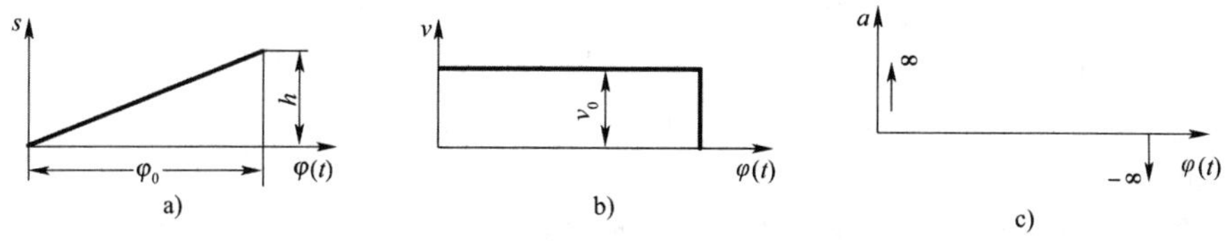

图 4-25　从动件的等速运动规律

2 等加速、等减速运动规律

这种运动规律是从动杆在一个升程或回程中，前半段作等加速运动，后半段作等减速运动。通常加速度和减速度的绝对值相等，如图 4-26 所示。

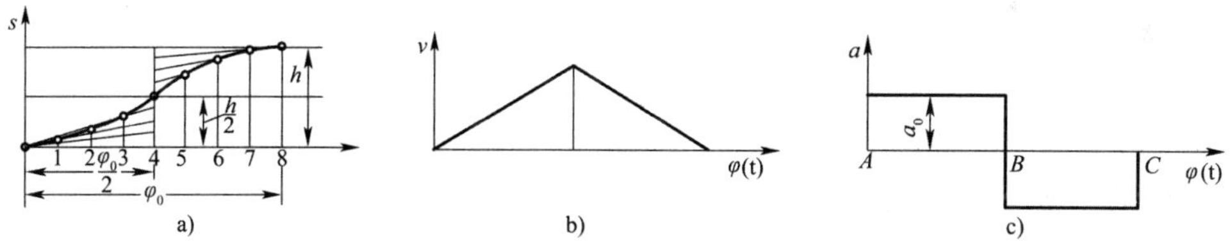

图 4-26　等加速、等减速运动

思考与练习

一、选择题

1. 铰链四杆机构中与机架相连，并能实现 360°旋转的构件是（　　）。
   A. 曲柄　　B. 连杆　　C. 摇杆　　D. 机架
2. 铰链四杆机构中与机架相连，只能在一定角度内进行摆动的构件是（　　）。
   A. 曲柄　　B. 连杆　　C. 摇杆　　D. 机架
3. 能够实现回转运动与直线往复运动转换的平面四杆机构是（　　）。
   A. 曲柄摇杆机构　　B. 曲柄滑块机构　　C. 导杆机构　　D. 摇块机构

4. 能够实现从动件绕固定点摆动的凸轮机构是(　　)。

A. 盘形凸轮机构　　B. 圆柱凸轮机构　　C. 移动凸轮机构

5. 在要求(　　)的凸轮机构中,宜使用滚子式从动件。

A. 传力较大　　B. 传动准确、灵敏　　C. 转速较高

二、填空题

1. 平面四杆机构是平面机构的基础,按其构件的运动形式不同,可分为__________和__________两大类,前者是平面四杆机构的基本形式,后者由前者演变而成。

2. 在铰链四杆机构中,能进行整周连续旋转的构件称为__________;只能来回摇摆某一角度的构件称为__________。

3. 按两连架杆是曲柄还是摇杆的不同,可将铰链四杆机构分为__________、__________和__________ 3种类型。

4. 凸轮机构由__________、__________和__________ 3个基本构件组成。

5. 凸轮机构的从动件通常有__________、__________和__________ 3种形式。

三、判断题

1. 在平面连杆机构中,各构件运动轨迹都在同一平面或相互平行的平面内。　(　　)

2. 铰链四杆机构两连架杆中,一个为曲柄,另一个为摇杆的铰链四杆机构,则称为曲柄摇杆机构。　(　　)

3. 双曲柄机构中,通常为主动曲柄做匀速转动,从动曲柄做同向匀速转动。　(　　)

4. 铰链四杆机构存在曲柄的条件:最短杆与最长杆长度之和小于或等于其余两杆长度之和,并且最短杆为机架或连架杆。　(　　)

5. 尖顶从动件凸轮机构最为简单,且尖顶能与任意复杂的凸轮轮廓保持接触,从而保证从动件实现复杂的运动规律。　(　　)

四、问答题

1. 什么是运动副?如何分类?

2. 凸轮机构有哪些特点?凸轮机构如何分类?

单元五
汽车常用连接

本章描述

连接是将两个或两个以上的零件连成一体。连接分可拆连接和不可拆连接。常用的可拆连接有键连接、销连接、螺纹连接、弹性连接、联轴器及离合器等。由于在制造、拆装和检修方面的需要,汽车零件中广泛采用了各种可拆连接。

知识目标

1. 了解键连接、销连接、螺纹连接、弹性连接、联轴器及离合器的功用和类型;
2. 掌握螺纹连接的拧紧及控制,知道螺纹连接防松方法;
3. 知道联轴器及离合器的异同点。

技能目标

1. 能动手进行螺纹连接的拆装;
2. 会正确安装、找正联轴器;
3. 能正确使用离合器。

素养目标

1. 提高职业意识和职业道德水平;
2. 培养严谨、敬业的工作作风。

建议学时

10 学时。

第一节　键连接与销连接

想一想

(1)汽车上哪些位置应用了键连接、销连接?

(2)键连接、销连接分别有哪些作用?

一 键连接的功用与分类

1 功用

键连接主要用于轴与轴上零件(如齿轮、带轮)的周向固定并传递转矩,有的还可以实现轴上零件的轴向固定或轴向滑动。

2 键连接的分类

键是一种标准件,按照结构特点和工作原理,键连接可分为平键连接、半圆键连接和楔键连接等。

1 平键连接

图5-1所示的是平键连接。平键的下面与轴上键槽贴紧,上面与轮毂键槽顶面留有间隙。两侧面为工作面,依靠键与键槽的挤压力传递转矩。

平键连接加工容易、拆装方便、对中性良好,用于传动精度要求较高的场合,主要实现轴上零件的周向固定,并能传递较大的转矩,应用很广泛。

2 半圆键连接

图5-2所示的是半圆键连接。半圆键工作时,靠侧面来传递转矩。

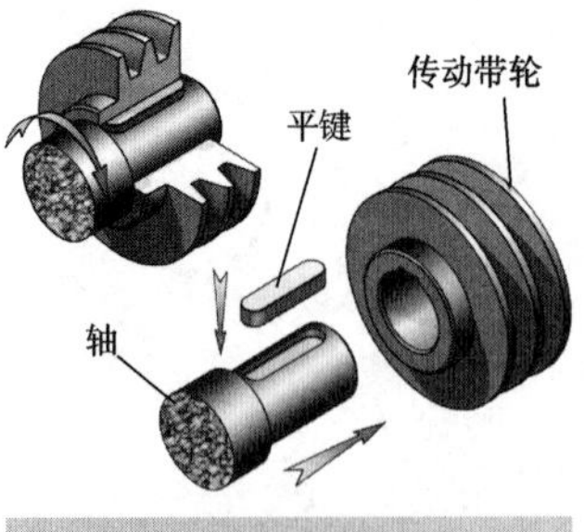

图5-1　平键连接

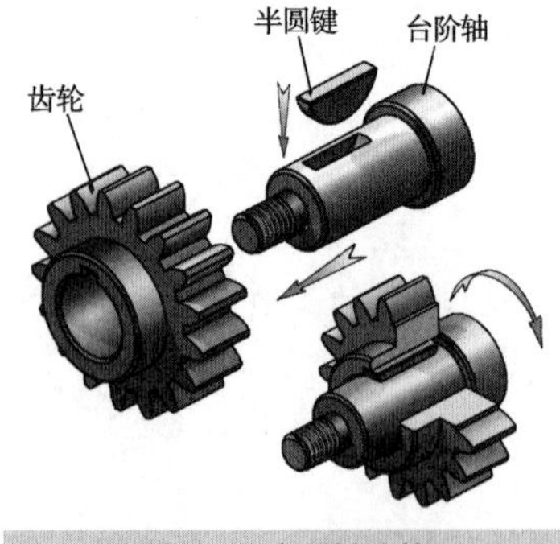

图5-2　半圆键连接

❸ 楔键连接

楔键包括普通楔键和钩头楔键两种类型。装配时将键打入并楔紧，楔键连接如图 5-3 所示。

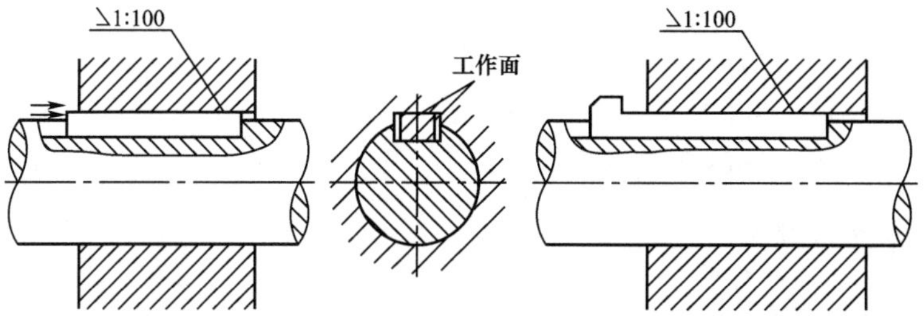

图 5-3　楔键连接

二 花键连接

1 花键连接的类型

外花键和内花键组成的连接，称为花键连接，如图 5-4 所示。

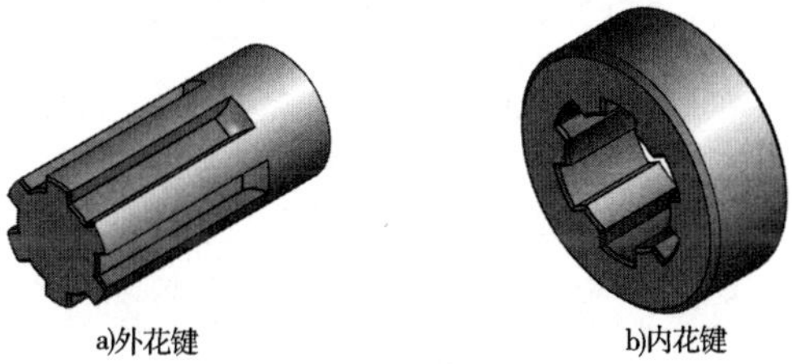

图 5-4　花键零件

花键连接实际上是将多个平键和轴作成一体，其特点是可传递更大的转矩，使轴上的零件能在轴上移动，具有较好的导向性。常用的花键齿形有矩形和渐开线形，如图 5-5 所示。

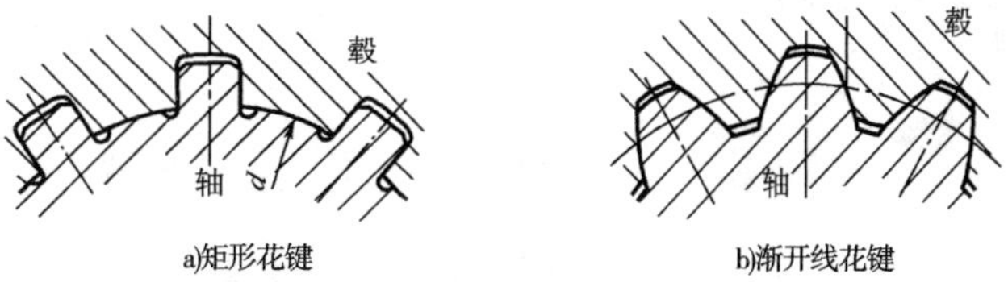

图 5-5　花键连接

❶ 矩形花键

按新标准为内径定心，定心精度高，定心稳定性好；配合面均要进行研磨，磨削消除热处理后的变形；导向性能好，应用广泛。

❷ 渐开线花键

可用加工齿轮的方法加工，定心方式为齿形定心，当齿受载时，齿上的径向力能自动定心，有利于各齿均载，工艺性好，优先采用。

2 花键连接的主要特点

(1)工作面为键(齿)侧面,齿较多,工作面积大,故承载能力较强。
(2)键均匀分布,各键齿受力较均匀。
(3)齿槽线、齿根应力集中小,可降低对轴的强度削弱。
(4)轴上零件对中性好。
(5)导向性较好。
(6)加工需专用设备,制造成本高。

3 花键连接的应用

花键连接适用于定心精度要求高、载荷大或经常滑动的连接,如汽车传动轴的连接(图5-6)、驱动桥半轴齿轮与半轴内端的连接(图5-7)。

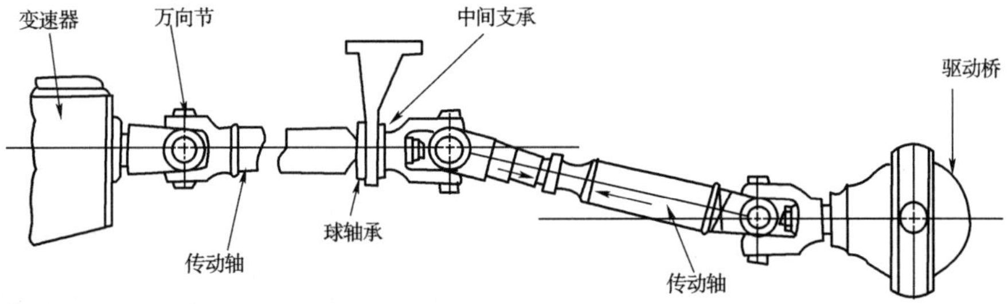

图5-6　汽车传动轴

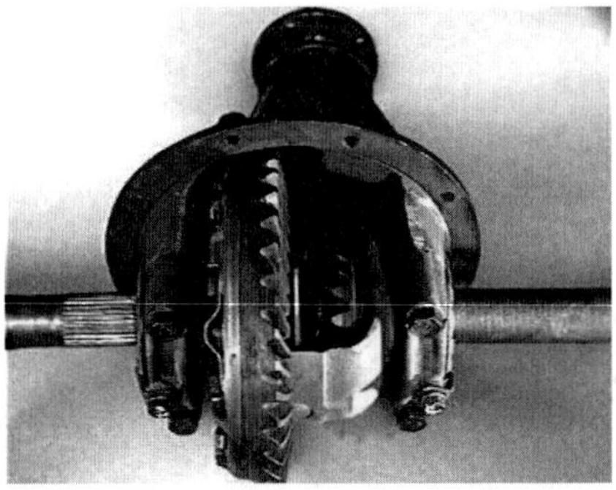

图5-7　半轴齿轮与半轴内端的连接

三 销连接的功用与分类

1 销连接的功用

销连接主要用来固定零件之间的相对位置,主要起定位作用,也可用于轴与轮毂的连接,它所承受的载荷要小,还可作为安全装置中的过载剪断元件。

2 销连接的类型

销主要包括以下3种类型。
(1)定位销:主要用于零件之间位置定位,常用作组合加工和装配时的主要辅助零件。
(2)连接销:主要用于零件之间的连接或锁定,可传递不大的载荷。
(3)安全销:主要用于安全保护装置中的过载剪断元件。
根据销的形状不同,又可以将其分为圆柱销和圆锥销两种基本类型。
(1)圆柱销:圆柱销利用微量过盈固定在销孔中,经过多次拆装后,连接的紧固性及精度降低,故只宜用于不常拆卸处。
(2)圆锥销:圆锥销标准锥度为1:50,拆装比圆柱销方便,多次拆装对连接的紧固性及定位精度影响较小,应用广泛。

第二节　螺纹连接

想一想

(1)汽车上有哪些位置应用了螺纹连接?
(2)螺纹连接的防松措施有哪些?

一　螺纹的术语

螺纹连接件(图5-8)在汽车上被广泛应用。

图5-8　螺纹连接件

螺纹的基本要素包括牙型、直径(大径、小径、中径)、螺距和导程、线数和旋向等。

1 牙型

在通过螺纹轴线的剖面上,螺纹的轮廓形状称为螺纹牙型。常见的螺纹牙型有三角形、梯形、锯齿型、矩形等。在螺纹牙型上,相邻两个牙侧面的夹角称为牙型角,用 α 表示,如图5-9所示。

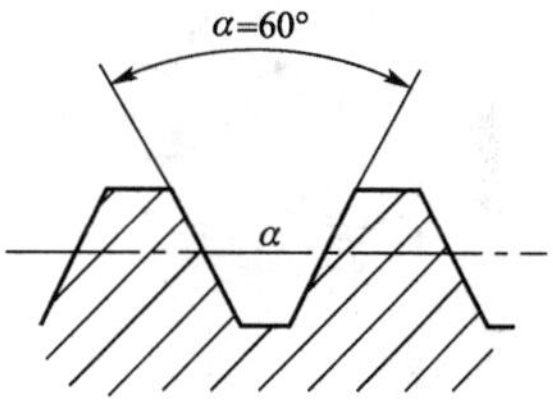

图5-9　梯形螺纹及牙型角

2 螺纹直径

螺纹直径,如图5-10所示。

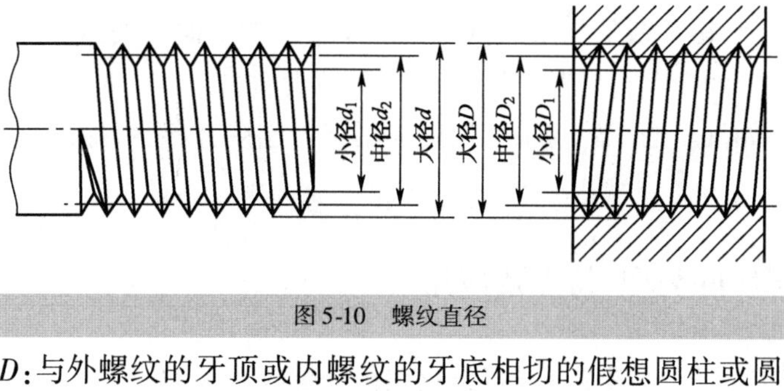

图5-10　螺纹直径

(1)大径 d 、D:与外螺纹的牙顶或内螺纹的牙底相切的假想圆柱或圆锥的直径。内螺纹的大径用大写字母表示,外螺纹的大径用小写字母表示。

(2)小径 d_1、D_1:与外螺纹的牙底或内螺纹的牙顶相切的假想圆柱或圆锥的直径。

(3)中径 d_2、D_2:一个假想的圆柱或圆锥直径,该圆柱或圆锥的母线通过牙型上沟槽和凸起宽度相等的地方的直径。

3 线数

形成螺纹的螺旋线条数称为线数,用字母 n 表示。沿一条螺旋线形成的螺纹称为单线螺纹,沿两条以上螺旋线形成的螺纹称为多线螺纹,如图 5-11 所示。

4 螺距和导程

相邻两牙在中径线上对应两点间的轴向距离称为螺距,用字母 P 表示。同一螺旋线上的相邻两牙在中径线上对应两点间的轴向距离称为导程,用字母 S 表示,如图 5-11 所示。线数 n、螺距 P 和导程 S 之间的关系为:$S = P \times n$ 。

5 旋向

判断旋向时必须把螺纹的轴线竖直起来,从螺纹线的下端向上看,螺旋线向左上倾斜,则为左旋螺纹;向右上倾斜,则为右旋螺纹,如图 5-12 所示。

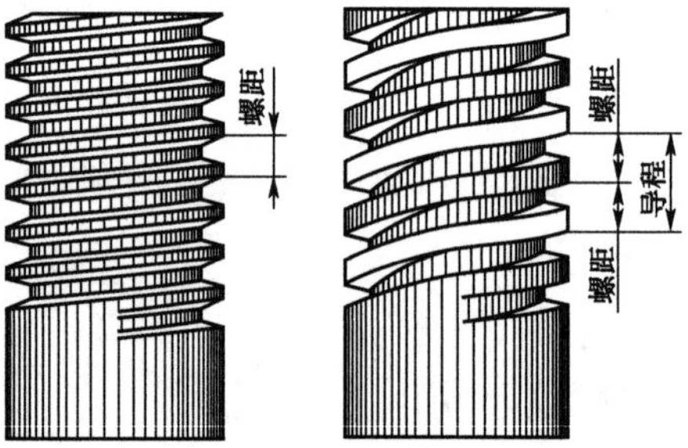

图 5-11　螺纹的线数图

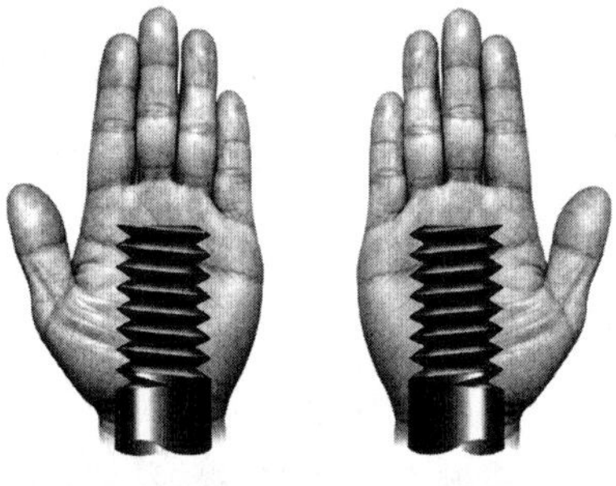

a)左旋螺纹　b)右旋螺纹

图 5-12　螺纹的旋向

6 升角

中径 d_2 圆柱上,螺旋线的切线与垂直于螺纹轴线的平面的夹角。螺纹的升角与自锁性关系密切,相同大径的螺纹,其螺距越大,则升角越大,自锁性越差。为取得良好的自锁性,要用细牙的螺纹,如汽车的车轮与轴的连接采用细牙连接,以确保螺纹自锁,防止松脱,造成事故。

二 常用螺纹的类型、特点及应用

根据使用要求的不同,螺纹有连接螺纹和传动螺纹两大类。

连接螺纹又分为普通螺纹和管螺纹，常用粗牙的普通螺纹和55°的圆柱管螺纹。管螺纹的牙顶和牙底为圆弧角，保证连接的紧密性，不会漏水、漏气。

三 常用螺纹连接件

常用螺纹连接件有螺栓、螺母、垫圈等，其结构形式、尺寸都已标准化。常用螺纹连接件见表5-1。

常用螺纹连接件　　表5-1

类　型	图　例	结构及应用
螺栓	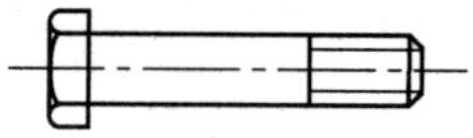 a)六角头螺栓 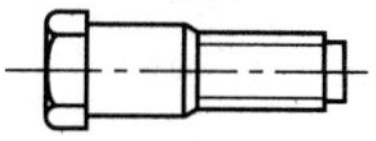 b)铰制孔用六角头螺栓	螺栓有普通螺栓和铰制孔用螺栓。螺栓头部形状多为六角形，有标准六角头和小六角头两种。由冷镦法生产的小六角头螺栓，用料省、生产率高、力学性能好，但由于头部尺寸小、质量轻，不宜用于拆装频繁、被连接件抗压强度较低或易锈蚀的场合
双头螺柱	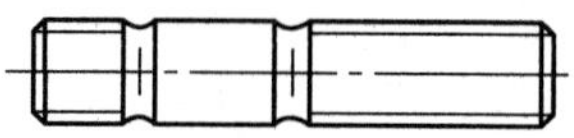	双头螺柱两端都制有螺纹，两头螺纹长度有相等和不相等两类。旋入被连接件的一头长度视被连接件材料而定；螺纹长度相等的螺柱，用于两头都配以螺母的场合
螺钉	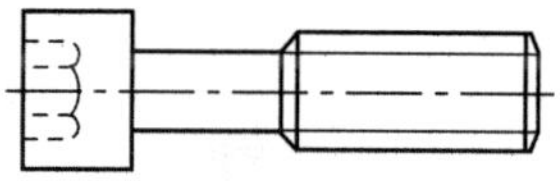 内六角头螺钉 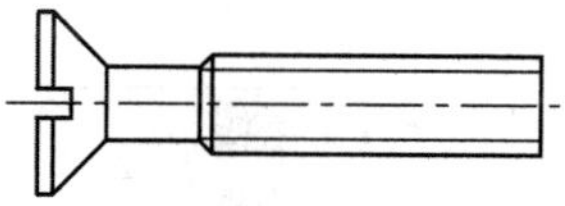 十字槽沉头螺钉	螺钉头部形状有内六角头、十字槽头、开槽头等。内六角头适用于拧紧力矩大，连接强度高的场合；十字槽头拧紧时易对中，不易打滑、打秃，易实现自动化装配；开槽头结构简单，适用于拧紧力矩小的场合
螺钉	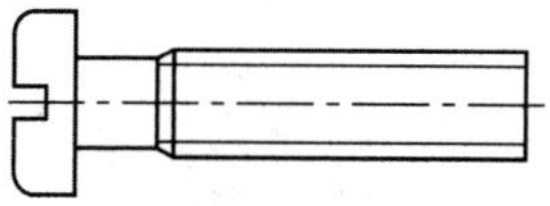 开槽盘头螺钉 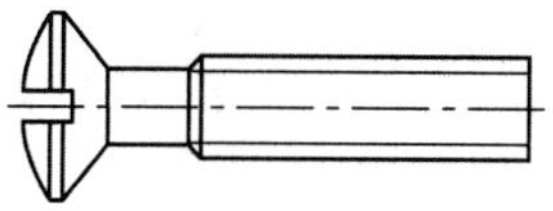 开槽头沉头螺钉	螺钉头部形状有内六角头、十字槽头、开槽头等。内六角头适用于拧紧力矩大，连接强度高的场合；十字槽头拧紧时易对中，不易打滑、打秃，易实现自动化装配；开槽头结构简单，适用于拧紧力矩小的场合
紧定螺钉	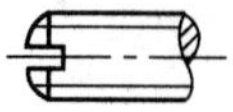 a)一字槽 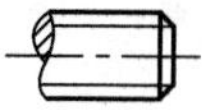 b)平端 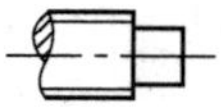 c)圆柱端 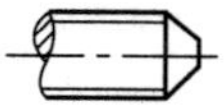 d)锥端	紧定螺钉用末端顶住被连接件，其末端形状有平端、圆柱端、锥端等。平端螺钉适用于顶紧硬度较大的平面或经常拆卸的场合；圆柱端螺钉不伤被顶表面，多用于经常调节位置的场合；锥端螺钉要求被顶表面有凹坑，紧定可靠，适用于被紧定零件的表面硬度较低或不经常拆卸的场合

续上表

类　　型	图　　例	结构及应用
螺母	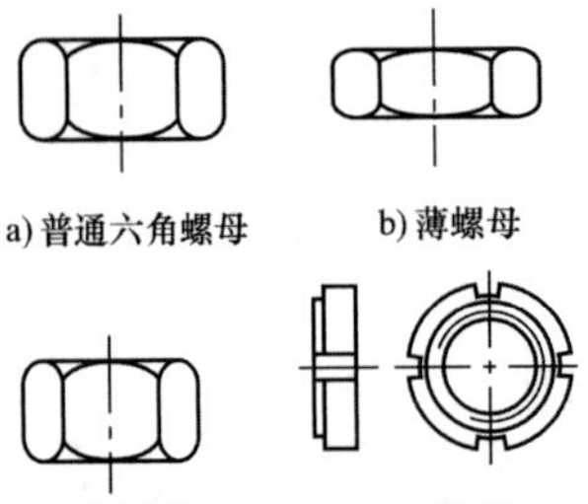 a) 普通六角螺母　b) 薄螺母　c) 厚螺母　d) 圆螺母	常用的螺母有六角螺母和圆螺母。六角螺母应用较广，根据螺母的厚度不同分为普通螺母、薄螺母、厚螺母。普通螺母供高性能等级的螺栓配用；薄螺母用于高度空间受限制的地方；厚螺母可用于拆装频繁、易于磨损的地方
垫圈	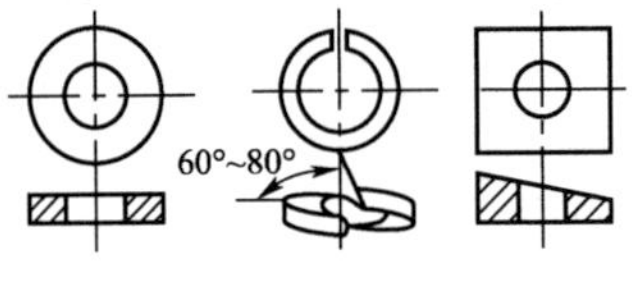 a) 平垫圈　b) 弹簧垫圈　c) 斜垫圈	常用的垫圈有平垫圈、弹簧垫圈、斜垫圈等。其作用是增大被连接件的支承面，降低支承面的压强，防止拧紧螺母时擦伤被连接件的表面。平垫圈与螺栓、螺柱、螺钉配合使用，弹簧垫圈与螺母等配合使用，可起摩擦防松作用

四 螺纹连接的基本类型

螺纹连接的基本类型有螺栓连接、双头螺柱连接、螺钉连接和紧定螺钉连接。常用螺纹连接见表5-2。

螺纹连接的类型、结构、特点和应用　　表5-2

类　　型	结　　构	特　　点	应　　用
普通螺栓连接	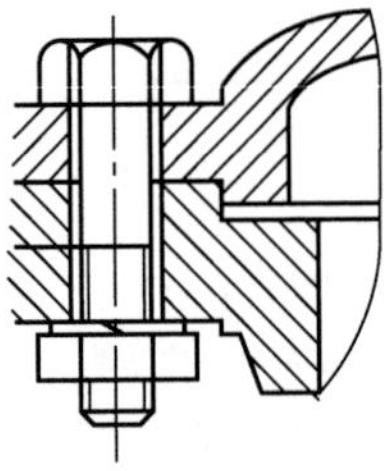	螺栓杆部与孔之间有间隙，杆与孔的加工精度要求低，使用时需拧紧螺母，不受被连接件材料限制，结构简单，拆装方便，成本低	适用于传递轴向载荷且被连接件的厚度不大，能从两边进行安装的场合
铰制孔用螺栓连接	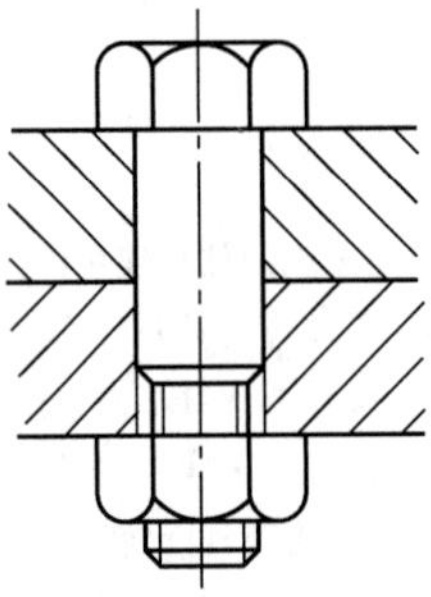	螺栓杆部与孔之间没有间隙，螺栓杆与孔的加工精度要求高（孔要铰孔），能承受与螺栓轴线垂直方向的横向载荷和起定位作用	适用于利用螺栓杆承受横向载荷或固定被连接件相互位置的场合

续上表

类　型	结　构	特　点	应　用
双头螺柱连接	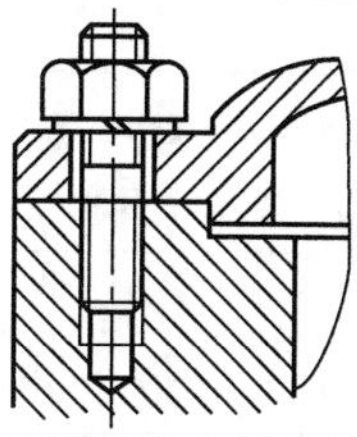	螺柱两头都切有螺纹，一端旋入较厚的被连接件的螺纹孔中并固定，另一端穿过较薄的被连接件的通孔，与螺母组合使用	适用于被连接件之一太厚不便穿孔，结构要求紧凑或须经常装拆的场合
螺钉连接	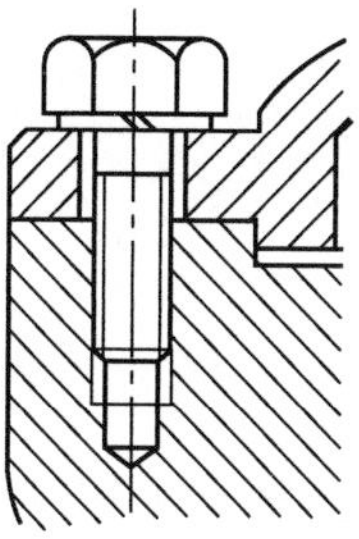	螺钉不配螺母，直接拧入被连接件体内的盲孔，结构紧凑	适用于被连接件之一太厚且不宜经常装拆的场合
紧定螺钉连接	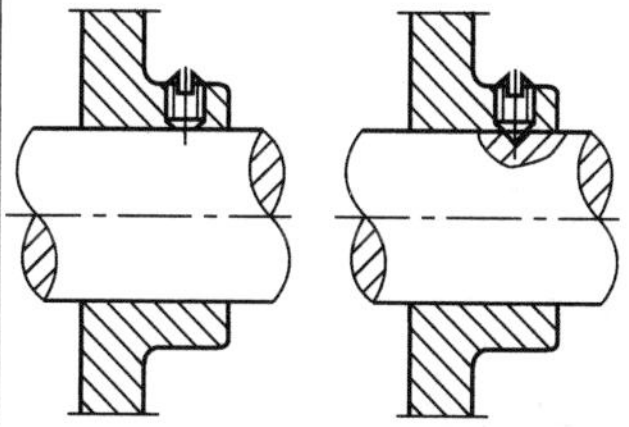	紧定螺钉旋入被连接件之一的螺纹孔中，其末端顶住另一个被连接件的表面或相应的凹坑中，末端具备一定的硬度	适用于固定两个零件的相对位置，并传递不大的力和转矩的场合

五 螺纹连接的拧紧和拆装

1 螺纹连接的拧紧及控制

螺纹连接在承受工作载荷之前，一般需要拧紧，这种连接称为紧连接；不需要拧紧的连接，称为松连接。拧紧可提高连接的紧密性、紧固性和可靠性。

拧紧力矩用来克服螺旋副及螺母支承面上的摩擦力矩。拧紧时螺栓所受拉力称为预紧力。

预紧力过大，螺纹牙可能被剪断而滑扣；预紧力过小，紧固件可能松脱，被连接件可能出现滑移或分离。因此，有必要在拧紧螺栓时控制拧紧力矩，从而控制预紧力。

为了使被连接件均匀受压，互相贴合紧密、连接牢固，在装配时要根据螺栓实际分布情况，按一定的顺序分几次逐步拧紧，而拆卸的顺序与装配时恰好相反，如图5-13所示。

2 螺纹连接的防松措施

连接螺纹常为单线，满足自锁条件。螺纹连接在拧紧后，一般不会松动。但是在变载荷、冲击、振动作用下,都会使预紧力减小,摩擦力降低,导致螺旋副相对转动,使螺纹连接松动,必须采取防松措施。

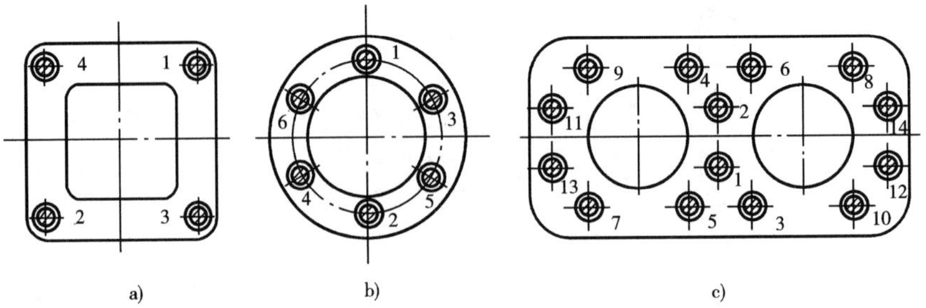

图 5-13　拧紧螺栓顺序示例
1 ~ 14-螺栓分次拧紧顺序号

常见的防松措施有三种:

1 摩擦防松

使螺旋副中产生不随外力变化的正压力,以形成阻止螺旋副相对转动的摩擦力的方法,如图 5-14 所示。对顶螺母防松效果较好,金属锁紧螺母次之,弹簧垫圈效果较差。摩擦防松方法适用于机械外部静止构件的连接,以及防松要求不严格的场合。

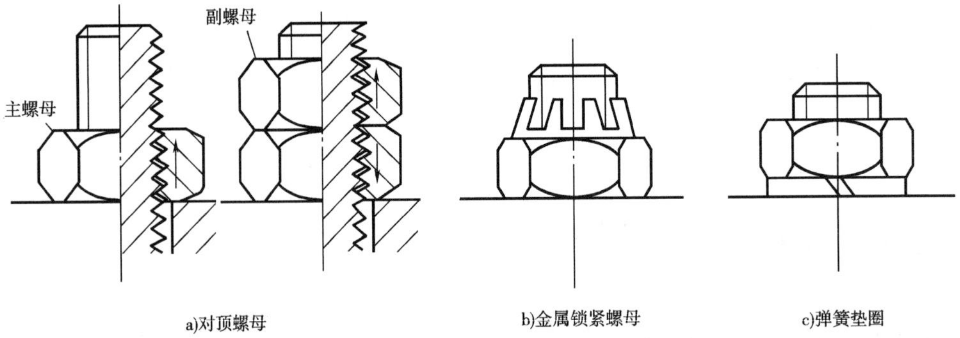

图 5-14　摩擦防松

2 锁住防松

利用各种止动件机械地限制螺旋副相对转动的方法,如图 5-15 所示。锁住防松方法可靠,但拆装麻烦,适用于机械内部运动构件的连接,以及防松要求较高的场合。

3 不可拆防松

在螺旋副拧紧后,采用端铆、冲点、焊接、胶接等措施,使螺纹连接不可拆,如图 5-16 所示。不可拆防松方法简单可靠,适用于装配后不再拆卸的连接。

3 螺纹连接的拆装

一辆完整的汽车,是将成千上万的零部件连接在一起的,在其拆装作业中,遇到最多的是螺纹连接。

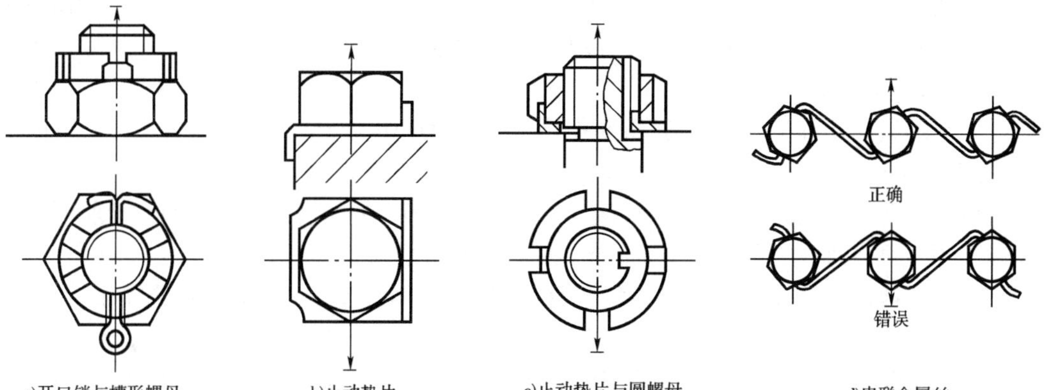

图 5-15　锁住防松

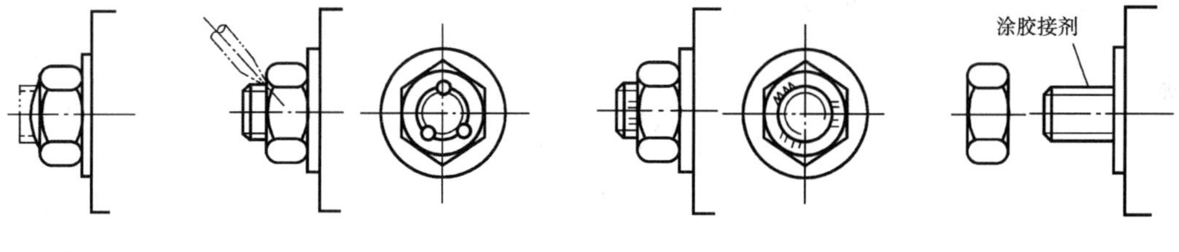

图 5-16　不可拆防松

螺纹连接拆装的技术要领如下：

(1)用扳手拆装螺纹(母)时，扳手的开口尺寸要适合螺栓头或螺母的六方尺寸，不能过松。旋转时，使扳手开口于六方表面尽量靠合，如图 5-17 所示。无论拧紧还是旋松螺钉，都要用力将螺丝刀顶住螺钉，避免损坏螺钉槽口，从而造成拆装困难。

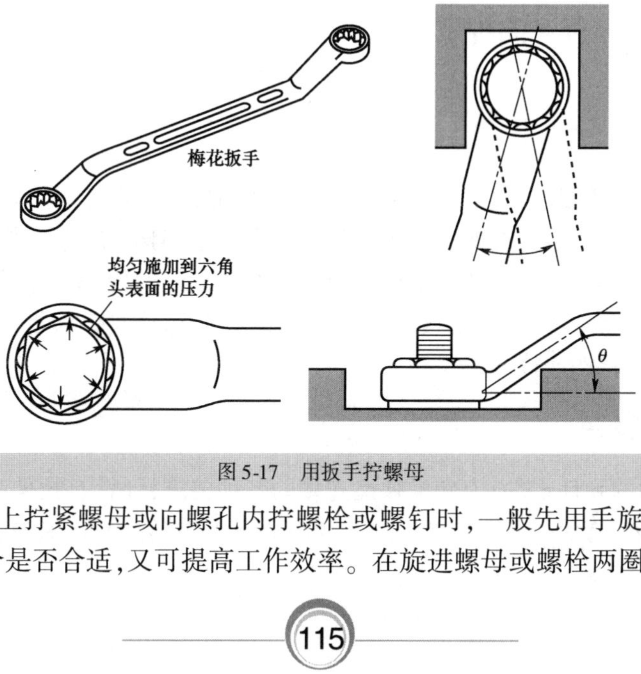

图 5-17　用扳手拧螺母

(2)在向螺栓上拧紧螺母或向螺孔内拧螺栓或螺钉时，一般先用手旋进一定距离，这样既可感觉螺纹配合是否合适，又可提高工作效率。在旋进螺母或螺栓两圈后，如果感觉阻力很大,则应停下检查原因。如果是由于螺纹生锈或夹有铁屑等杂物造成的,可清洗后涂少许润滑油;如果是由于螺纹乱牙造成的,可用板牙或丝锥修正一下;如果是由于粗细螺纹不相配造成的,应重新选配。

(3)在螺纹连接件中,垫圈有其重要作用,它可以保护被连接件的支承表面,还能防松。因此,决不能随意弃之不用,要安装到位。

(4)螺纹孔为盲孔时,在旋入螺钉前,必须清除孔中的铁屑、水、油等杂物,否则,螺栓不能拧紧到位。如果加力拧进,则有可能造成螺钉断裂等后果。

(5)在拆装由螺栓或螺钉组紧固的零件时,为防止零件变形,必须按一定顺序、一定力矩,分步拧紧各个螺栓。

(6)在拆装一些重要连接时,必须用扭力扳手按规定力矩紧固。遇到螺纹锈死,可先用手锤敲打螺栓头部周围,振松锈层;也可以向反向拧回,再向外旋出;或者使用松动剂、加热等方法使锈层松脱,逐步退出螺栓。如果螺栓断在螺孔内,可用一根淬火的四棱锥形钢棒,将其尖端打入预先钻孔的螺柱内,然后旋出螺柱。

第三节 弹性连接

想一想

(1)汽车上有哪些位置应用了弹性连接?

(2)弹性连接的作用有哪些?

一 弹性连接及弹簧的种类

1 弹性连接

受载后产生变形,卸载后通常立即恢复原有形状和尺寸的零件,称为弹性零件。汽车上各种类型的弹簧都是弹性零件,如图5-18、图5-19所示的钢板弹簧、螺旋弹簧等。在汽车底盘车架和车轮之间,主要是依靠装在它们之间的弹性零件实现连接的。这种依靠弹性零件实现被连接件在有限相对运动时仍保持固定联系的动连接,称为弹性连接。

2 弹簧的种类

弹簧是最常用的弹性零件,为满足弹性连接的各种要求,弹簧有拉伸弹簧、压缩弹簧、扭转弹簧等,如图5-20所示。由于弹簧一般在变载荷下工作,因此,要求弹簧具有足够的韧性和塑性。

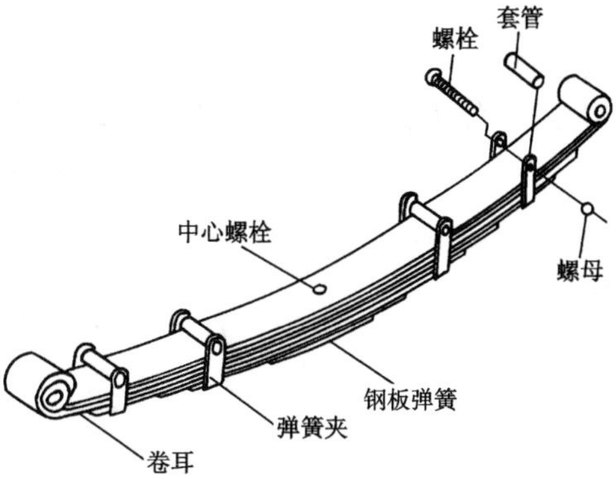

a)对称式钢板弹簧

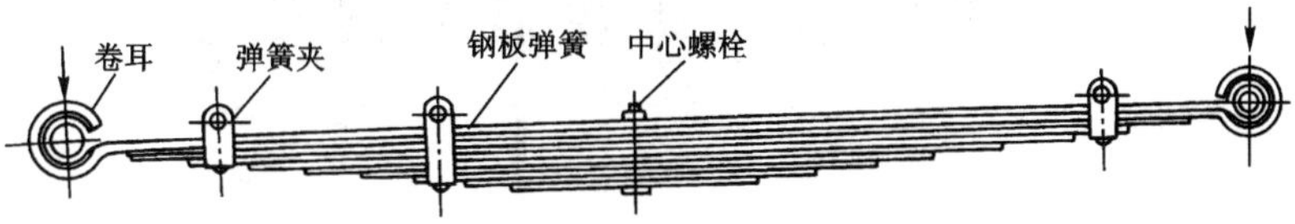

b)非对称式钢板弹簧

图 5-18　钢板弹簧

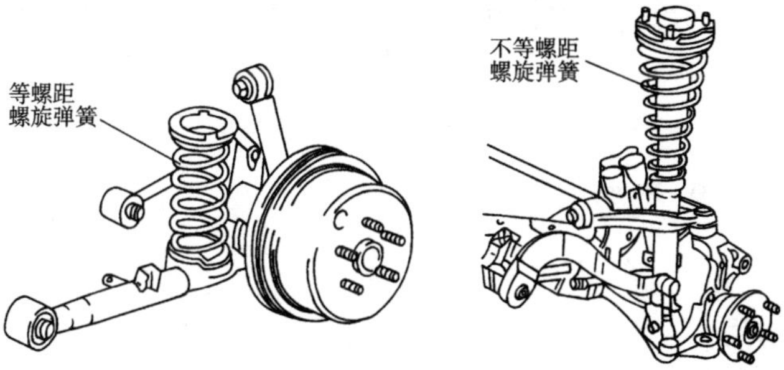

图 5-19　螺旋弹簧

a)蜗卷弹簧　b)板弹簧　c)拉伸弹簧　d)压缩弹簧　e)扭转弹簧

图 5-20　常见弹簧

二 弹性连接的功用

1 缓冲吸振

改善被连接件的工作平稳性,如汽车上的悬架弹簧。

2 控制运动

适应被连接件的工作位置变化,如离合器从动盘的周布弹簧、发动机气门弹簧等。

3 储能输能

提供被连接件运动所需动力。

4 测量载荷

标志被连接件所受外力的大小。

第四节　联轴器与离合器

想一想

(1)汽车上哪些位置应用了联轴器?
(2)联轴器和离合器的区别是什么?

一 联轴器的功用、类型

1 联轴器的功用

联轴器的作用是用来连接不同机构或部件上的两根轴,传递运动和动力且在工作过程中始终处于连接状态。用联轴器连接的两轴,只有在机器停止工作后,经过拆卸才能将其分离。

2 联轴器的类型

将两根轴连接固定起来的装置称为联轴器。联轴器所连接的两轴,由于制造和安装误差、受载变形等原因可能产生轴线的径向、轴向、角向或综合偏移,如图5-21所示。因此,要求联轴器在传递运动和转矩的同时,还应具有一定范围的补偿轴向偏移、缓冲吸振的能力。因此,将联轴器分为刚性联轴器和挠性联轴器。

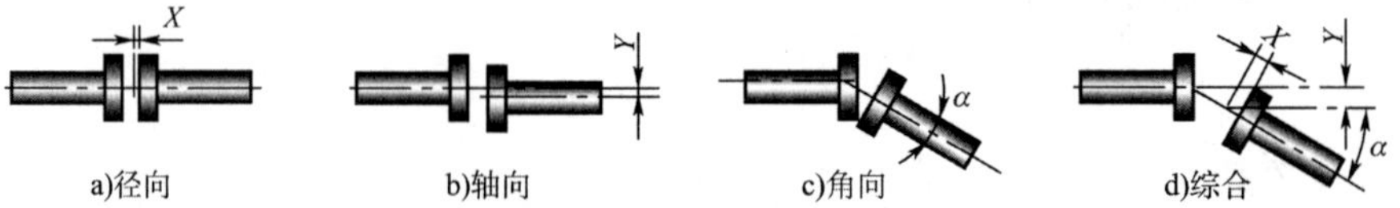

图5-21　联轴器的可移性

❶ 刚性联轴器

刚性联轴器由刚性传力元件组成,不具有缓冲性,但可以传递较大的转矩,又分为固定式刚性联轴器和可移式刚性联轴器。图 5-22 所示的汽车万向传动装置是十字轴刚性万向节;图 5-23 所示的球笼式万向节则是可移式刚性联轴器。

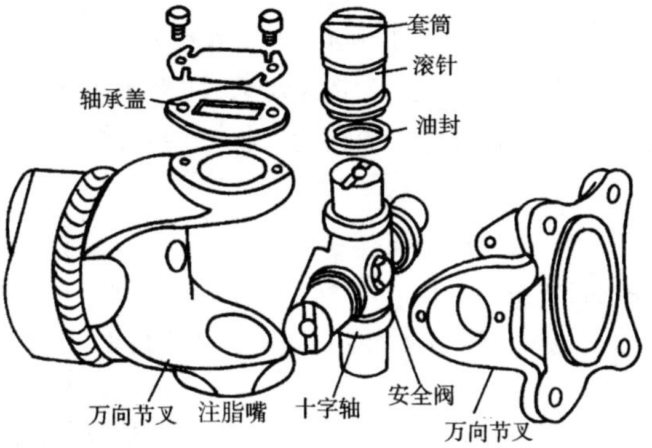

图 5-22　十字轴刚性万向节

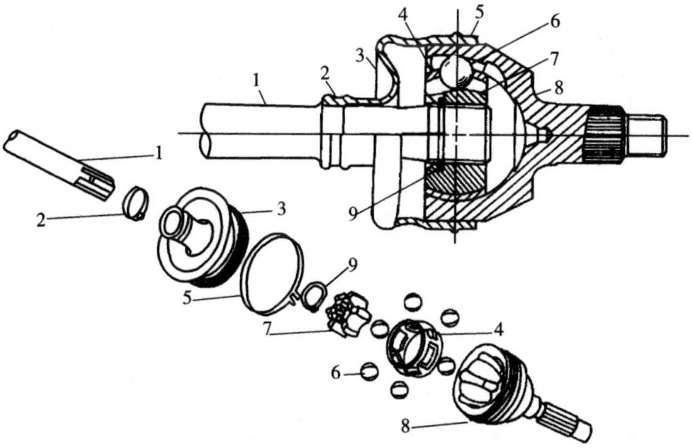

图 5-23　球笼式万向节

1-主动轴;2-钢带箍;3-外罩;4-保持架(球笼);5-夹箍;6-钢球;7-星形套(内滚道);8-球形壳(外滚道);9-卡环

(1)固定式刚性联轴器不具有补偿被连两轴轴线相对偏移的能力,也不具有缓冲减振性能。

(2)可移式刚性联轴器是利用联轴器中元件间的滑动来补偿两轴间的相对偏移,其承载能力较大,但缺乏缓冲吸振的能力。

❷ 挠性联轴器

挠性联轴器中有弹性元件,因此,具有缓冲减振效果。弹性元件的微小变形可以补偿两轴的相对移动,从而具有可移性。

二 离合器的功用、类型

1 离合器的功用

用来连接不同机构或部件上的两根轴,传递运动和动力,而且在工作过程中可使两轴随时分离或接合的机构。离合器的两半部分可以随时分开或随时合上,如图5-24所示的汽车离合器。飞轮旋转时,踩下离合器踏板,摩擦盘与压盘分离,动力不能通过摩擦盘传给变速器输入轴,动力断开;松开离合器踏板,摩擦盘与压板接合,动力通过摩擦盘传给变速器输入轴。

2 离合器的类型

根据工作原理不同,离合器有嵌入式和摩擦式等类型,它们分别利用齿的啮合、接触表面之间的摩擦力等来传递转矩。如图5-25所示的是汽车上的自动变速器换挡执行机构离合器。

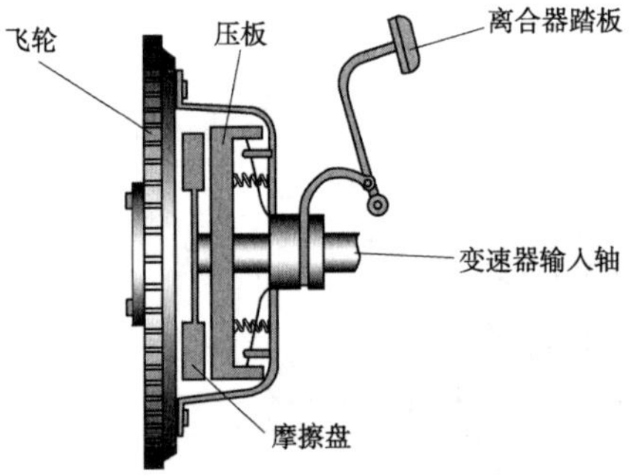

图5-24 汽车离合器

图5-25 自动变速器换挡执行机构离合器

3 摩擦式离合器的特点

(1)单片式摩擦离合器利用两摩擦圆盘的压紧或松开,使两接合面的摩擦力产生或消失,以实现两轴的接合或分离,其结构简单,分离彻底,但径向尺寸较大。

(2)多式摩擦离合器摩擦面增多,传递转矩显著增大,径向尺寸相对减少,结构比较复杂。

思考与练习

一、选择题

1. 两侧面为工作面,依靠键与键槽的挤压力传递转矩的是(　　)。

A. 平键连接　　B. 半圆键连接　　C. 楔键连接

2. 键的长度主要是根据(　　)来选择。

A. 传递转矩的大小　　B. 传递功率的大小

C. 轮毂的长度　　　　D. 轴的直径

3. 若使不通孔连接装拆方便,应当选用(　　)。

A. 普通圆柱销　　　　B. 内螺纹圆锥销

C. 普通圆锥销　　　　D. 开口销

4. 在螺纹连接的防松方法中,开口销与槽形螺母属于(　　)防松。

A. 机械　　B. 摩擦　　C. 永久

5. 常见的连接螺纹是(　　)。

A. 左旋单线　　B. 右旋双线　　C. 右旋单线　　D. 左旋双线

6. 螺栓连接是一种(　　)。

A. 可拆连接

B. 不可拆连接

C. 具有防松装置的为不可拆连接,否则为可拆连接

D. 具有自锁性能的为不可拆连接,否则为可拆连接

7. 十字轴万向联轴器之所以要成对使用,是为了解决被连接两轴间(　　)的问题。

A. 径向偏移量大　　B. 轴向偏移量大　　C. 角度偏移量大　　D. 角速度不同步

二、填空题

1. 键连接主要用来连接__________和__________,实现周向固定并传递转矩。

2. 根据销的形状不同,可以将其分为__________和__________两种基本类型。

3. 在螺纹连接的防松方法中,开口销与槽形螺母属于__________。

4. 相邻两牙在中径线上对应两点间的轴向距离称为__________;同一螺旋线上的相邻两牙在中径线上对应两点间的轴向距离称为__________。

5. 联轴器按缓冲性分为__________和__________。

6. 联轴器和离合器是用来连接两轴,使其一同转动并__________的装置。

三、判断题

1. 键是标准零件。(　　)

2. 花键连接工作面为齿侧面,齿数多,工作面积大,故承载能力较低。(　　)

3. 弹簧垫圈和双螺母都属于利用机械防松。(　　)

4. 圆柱销是靠微量过盈固定在销孔中,经常拆卸也不会降低定位精度和连接的可靠性。(　　)

5. 在螺纹牙型上,相邻两个牙侧面的夹角称为牙型角,用 α 表示。(　　)

6. 顺时针旋转时旋入的螺纹是左旋螺纹;逆时针旋转时旋入的螺纹是右旋螺纹,汽车上常用右旋螺纹。(　　)

7. 多片式离合器对两轴之间的分离或接合,都是在停止转动的条件下进行。(　　)

8. 联轴器和离合器在连接和传动作用上是相同的。(　　)

四、问答题

1. 螺纹连接的防松方法有哪些?

2. 螺纹连接的拆装技术要领有哪些?

3. 联轴器和离合器相同点和不同点分别是什么?

单元六
汽车支承零部件

本章描述

汽车由成千上万个零件组成,每个零件都发挥各自的作用。各种做旋转运动的零件,如带轮、链轮、齿轮等,必须安装在用轴承正确支承的轴上,才能正常运动及传递动力。这种起支持作用的零部件称为支承零部件,如轴、滑动轴承、滚动轴承。它是汽车发动机、变速器的重要组成部分。掌握轴、滑动轴承、滚动轴承的结构、类型以及失效形式等,有利于在工作中合理地使用它们。

知识目标

1. 了解轴、滑动轴承、滚动轴承的类型,知道轴、滑动轴承、滚动轴承的结构;
2. 了解滑动轴承的特点;
3. 知道滑动轴承、滚动轴承的失效形式。

技能目标

1. 会进行轴、滑动轴承、滚动轴承轴系结构的拆装;
2. 正确拆卸、安装滑动轴承和滚动轴承装置。

素养目标

1. 提高职业意识、职业道德水平和团结协作精神;
2. 培养严谨、敬业的工作作风。

建议学时

14 学时。

第一节　轴

想一想

(1)你平常观察到的机器上都有轴吗？说一说,轴有什么作用？

(2)汽车上轴的结构形式有哪些？轴上的零件如何定位？

一 轴的分类

轴是汽车的重要零件之一,它的主要作用是直接支承回转零件,如带轮、齿轮及车轮,实现回转运动并传递动力。

按轴的轴线形状不同,轴可以分为直轴、曲轴和软轴。

1 直轴

直轴是轴上各段的轴心线重合为一根直线的轴,如图6-1所示。

(1)直轴根据其外形不同,可以分为光轴和阶梯轴(图6-2)。

图6-1　直轴

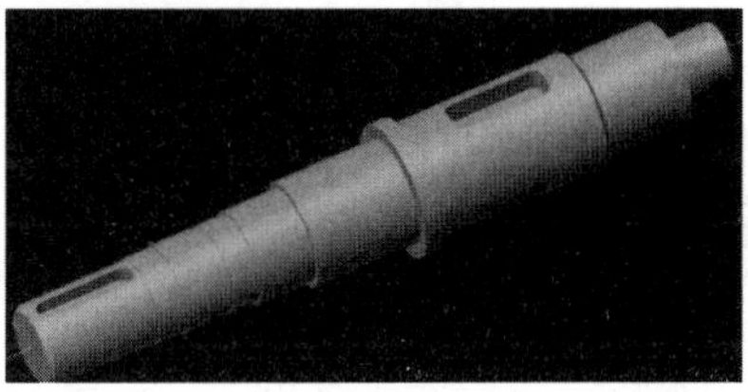

图6-2　阶梯轴

(2)直轴根据所受载荷的不同,又可分为传动轴、心轴和转轴。

传动轴:用来传递动力,主要承受转矩的轴,如汽车的传动轴(图6-3)。

心轴:用来支承回转零件,只承受弯矩作用的轴。心轴是可以转动的,如火车车轮轴(图6-4)。

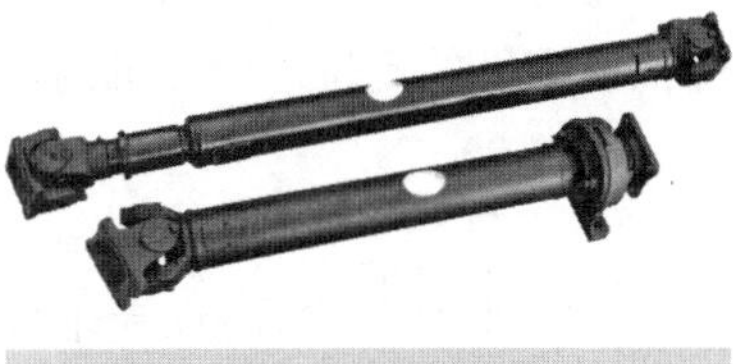

图6-3　汽车传动轴

图6-4　火车车轮轴

转轴:既支承回转零件,又传递动力,可同时承受弯曲和扭曲两种作用的轴。汽车上大多数轴都属于此类。

2 曲轴

曲轴是轴上各段的轴心线不相重合的轴,如图6-5所示。曲轴是汽车发动机用于往复运动和旋转运动相互转换的零件。

图6-5 曲轴

3 软轴

软轴是轴心线可以弯曲的轴。它可以把回转运动灵活地传到空间任何位置,如图6-6所示的汽车里程表软轴。

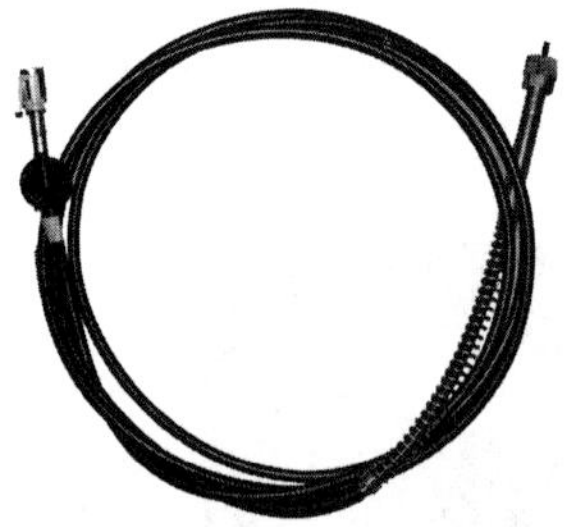

图6-6 软轴

二、轴的结构

轴的结构千差万别,但必须符合一定的规律和要求。轴的结构应便于加工和装配。如为了便于切削加工,一根轴上的圆角应尽可能取相同半径;退刀槽或砂轮越程槽尽可能取相同宽度;一根轴的各轴段上的键槽应开在同一母线上。为了便于装配,轴端应加工倒角。

影响轴结构的主要因素有以下几方面:

(1)受力合理,有利于提高轴的强度和刚度。

(2)轴上零件定位准确、固定可靠。

(3)轴上零件拆装、调整方便。

(4)便于加工制造,同时尽量避免应力集中。

(5)节省材料,减小质量。

为了确保轴能支承轴上零件并传递运动和转矩,轴上的零件相对于轴沿轴线方向不能移动,沿圆周方向不能有相对转动,否则会加剧轴和零件的磨损,严重时会引起零件的损坏、断裂,所以轴上零件要进行轴向和周向定位。下面通过轴上零件的定位来介绍轴的基本结构。

1 轴上零件的轴向定位

轴上零件的轴向定位,目的是保证零件在轴上有确定的轴向位置,承受轴向力,防止零件轴向窜动。常有以下几种方式进行轴向定位。

❶ 轴环、轴肩

如图 6-7 所示，这种定位方式结构简单，定位可靠，可承受较大的轴向力，主要应用于带轮、齿轮、联轴器、轴承等的轴向定位，但轴肩定位会使轴的直径加大，引起应力集中。

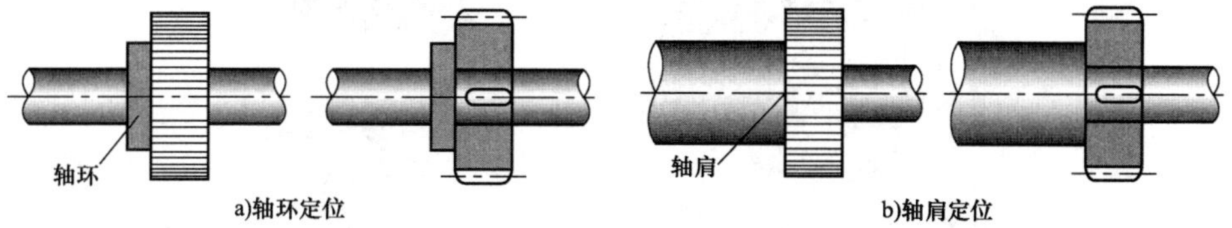

图 6-7　轴环、轴肩定位

❷ 套筒

如图 6-8 所示，套筒定位轴上不需开槽、钻孔、车螺纹，结构简单、定位可靠，一般用于两相邻零件沿轴向的双向固定。套筒与轴配合较松，故不宜用于高速的轴上。

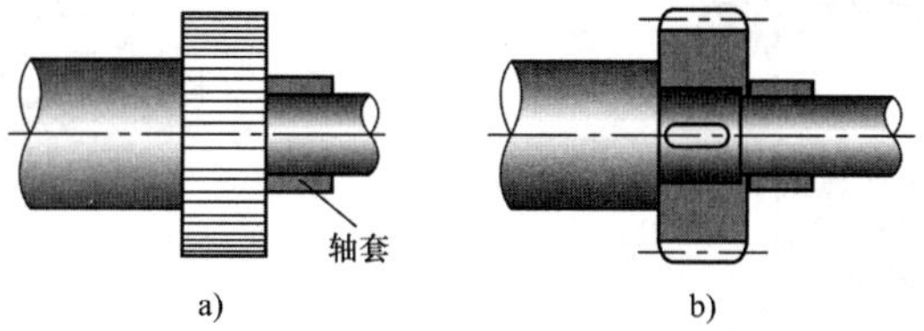

图 6-8　套筒定位

❸ 圆螺母

如图 6-9 所示，其特点是定位可靠，拆装方便，一般与轴肩、轴环等配合使用，可承受较大的轴向力，但由于切制螺纹使轴的抗疲劳强度下降，常用于轴的中部和端部。

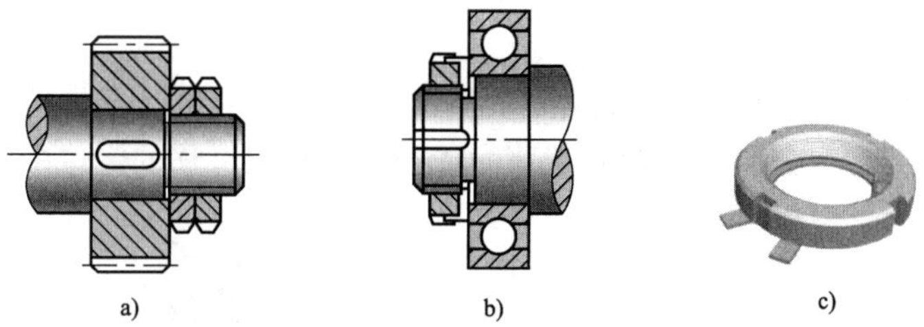

图 6-9　圆螺母定位

❹ 轴端挡圈和圆锥面

如图 6-10 所示，常用于轴端，使轴端零件获得轴向定位或双向定位。其结构简单，拆装方便，多用于轴的同心度要求较高或轴受振动的场合。

❺ 其他定位机构

利用紧定螺钉（图 6-11）、弹性挡圈（图 6-12）、轴端挡板（图6-13）等进行轴向定位，但这些定位方式只适用于承受较小的轴向力之处。

2 轴上零件的周向定位

轴上零件周向定位的目的是传递转矩，防止零件与轴产生相对转动。常用的方法是键连接定位、花键连接定位和过盈配合定位。

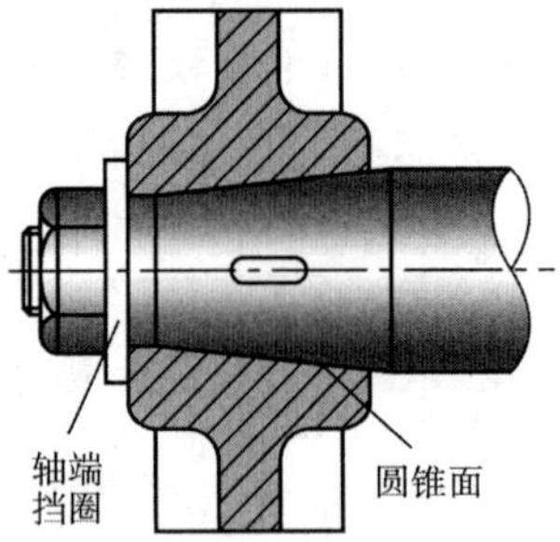

图6-10 轴端挡圈定位

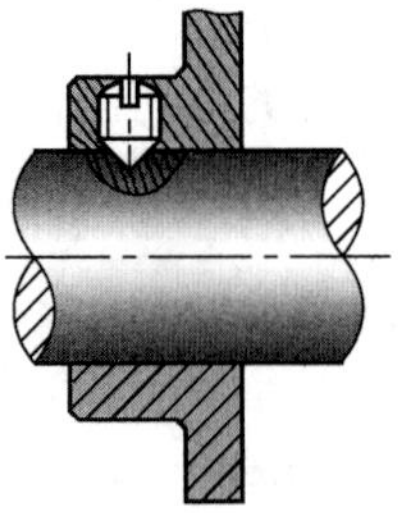
图6-11 紧定螺钉

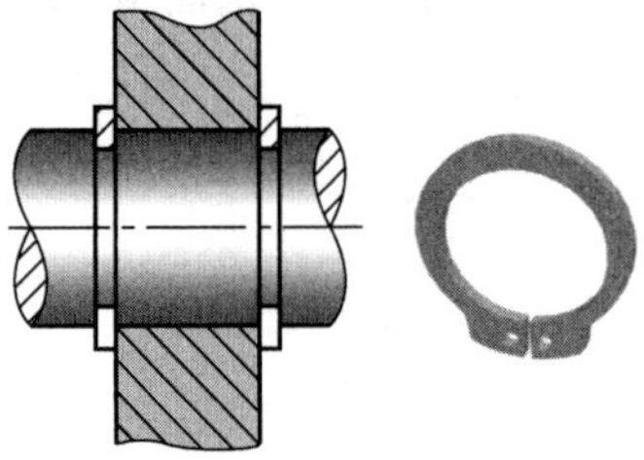
图6-12 弹性挡圈

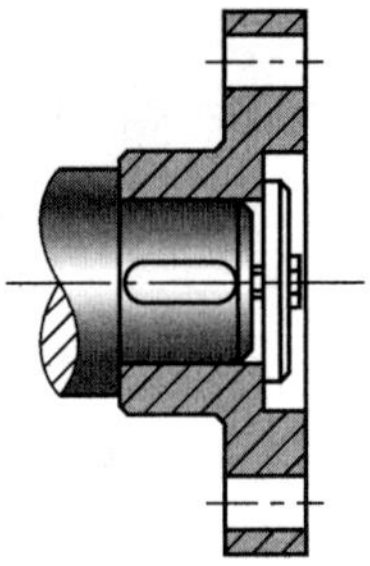
图6-13 轴端挡板

❶ 键连接定位

键是标准零件,除了用来实现轴上零件周向定位外,还能实现轴上零件的轴向固定或轴向移动的导向,如图6-14所示。

❷ 花键连接定位

花键依靠键齿侧面的挤压传递转矩,如图6-15所示。由于是多齿传递载荷,所以承载能力强。花键适用于定心精度要求高、载荷大或经常有轴向滑移的定位中。

图6-14 键连接定位

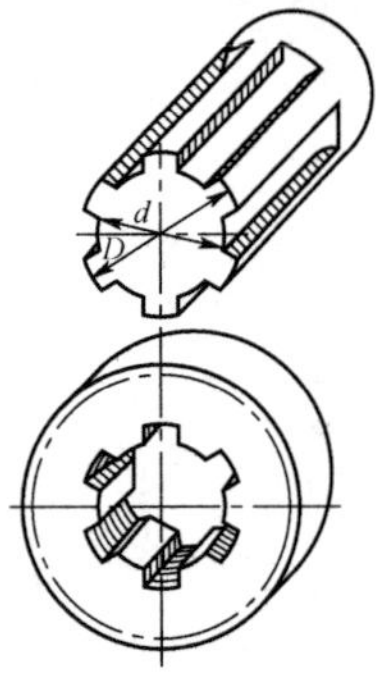

图6-15 花键连接定位

❸ 过盈配合定位

过盈配合定位是利用轴与零件轮毂之间的过盈量来达到定位或固定的目的。过盈配合连接通常采用圆柱面,常用的装配方式有压入法(过盈量不大时)和温差法(过盈量较大时,加热包围件或冷却被包围件)。

过盈配合定位固定可靠,但拆卸和装配困难,适用于不拆卸或不常拆卸零件的连接,如发动机飞轮和起动齿圈的连接。

4 其他定位方法

采用圆锥销定位或紧定螺钉定位,可进行轴向与周向两个方向的固定,但只能传递较小的力和转矩。

第二节　滑动轴承

想一想

(1)汽车上有哪些位置应用了滑动轴承?

(2)滑动轴承的结构如何?其失效形式有哪些?

一、滑动轴承的特点

滑动轴承与轴承座都是与机架相连,起固定与支承的作用,轴可以在其上转动。图6-16所示的是滑动轴承在发动机活塞连杆组的应用。

滑动轴承的特点有:

(1)滑动轴承与轴之间接触面积较大,可承受较大压力和较高转速。

(2)滑动轴承与轴之间配合紧密,易于实现液体动力润滑,转动平稳,无噪声,耐冲击。

(3)传动精密,径向尺寸小。

(4)整体式滑动轴承的拆装不方便,磨损后的轴承径向间隙无法调整,只能更换。

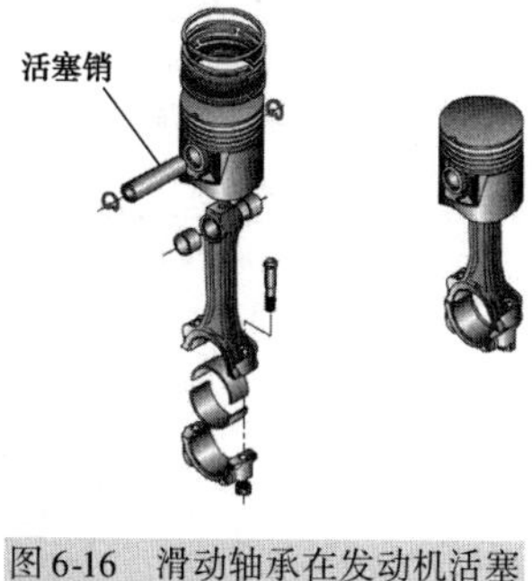

图6-16　滑动轴承在发动机活塞连杆组的应用

二、滑动轴承的结构、类型

滑动轴承主要由滑动轴承座、轴承或轴套组成,如图6-17所示。

根据轴承所承受的载荷方向不同,滑动轴承可分为径向滑动轴承和推力滑动轴承。根据轴系和拆装的需要,滑动轴承还可分为剖分式和整体式两类。

1 径向滑动轴承

径向滑动轴承用于承受径向载荷,常用的有以下几种形式。

1 剖分式滑动轴承

如图 6-17 所示,轴承的剖分面配置调整垫片,目的是在轴承磨损后,可用增加调整垫片的方法来调整间隙。轴承分上、下两个半片,轴承的剖分面上做出定位止口,以防止轴承转动。这种轴承不但能调整间隙,而且轴的拆装也比较方便,因此应用很广,如发动机的曲轴轴承就是剖分式滑动轴承。

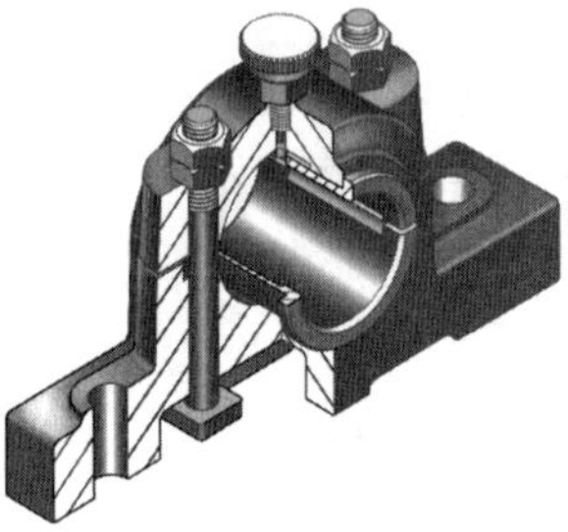

a)

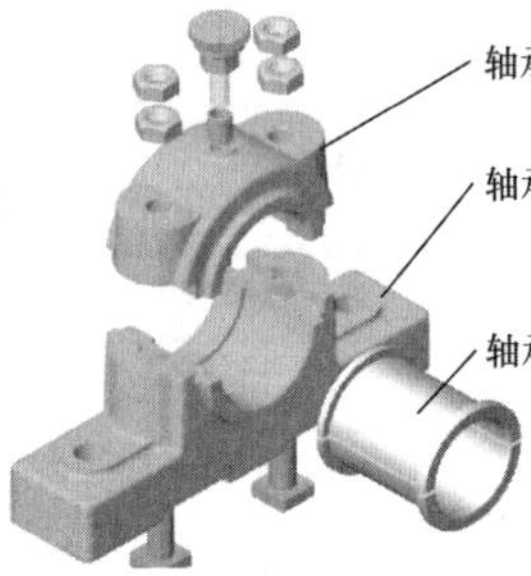

b)

图 6-17 剖分式滑动轴承

2 整体式滑动轴承

如图 6-18 所示,整体式滑动轴承是滑动轴承座孔中压入具有减磨特性的材料制成的轴承,并用紧定螺钉固定。这种轴承结构简单,价格低廉,适用于轻载、低速或间歇工作的场合,如发动机连杆小头与活塞销相配。

2 推力滑动轴承

推力滑动轴承用于承受轴向载荷。它是按轴的端面或轴肩、轴环的端面向推力支承面传递轴向载荷的,如图 6-19 所示。

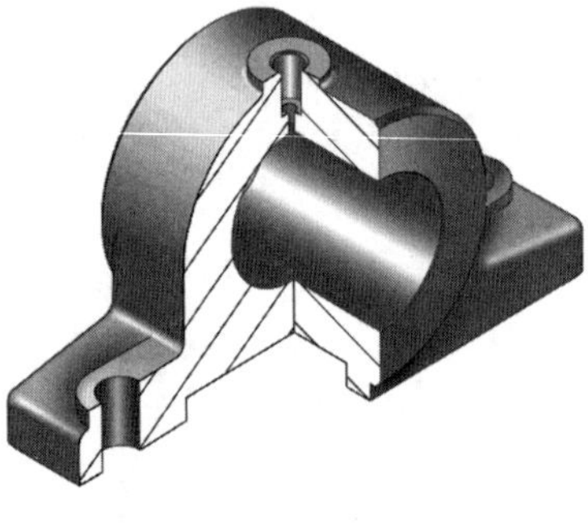

图 6-18 整体式滑动轴承

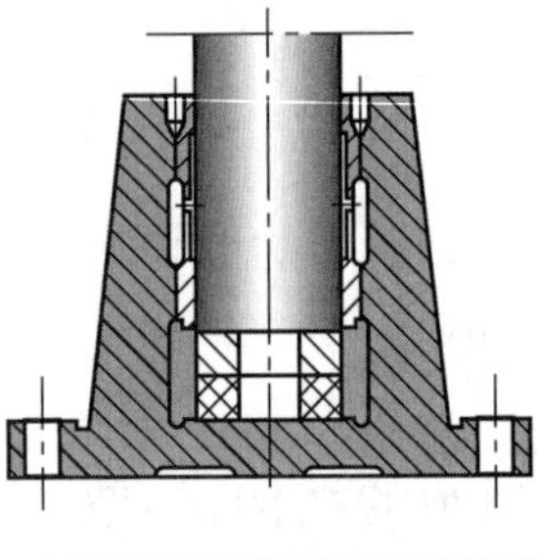

图 6-19 推力滑动轴承

三 滑动轴承的安装与调整

滑动轴承的装配质量直接影响机器的运转质量和轴承本身的使用寿命。这里主要介绍剖分式滑动轴承在安装与调整中应注意的问题。

1 安装要求

滑动轴承的安装要保证润滑油能顺利地被引到轴承的各个工作表面。轴与轴承的相对位置、几何形状和尺寸要能保证它们之间形成合理的楔状间隙，使其能处于近似液体润滑的状态下工作。

2 安装前的准备

装配前应了解轴承的结构及技术要求；根据轴颈及轴承座孔的尺寸及技术状况选配适当厚度的轴承；检查轴承质量并清洗干净待用。

3 轴承座的固定

首先要保证各轴承座的平面度及同轴度要求，然后将轴放在其上，用涂色法检查轴与轴承表面的接触情况。

4 轴承、轴承座及轴承盖的安装

轴承与轴承座的装配质量，取决于轴承与座孔的过盈量以及它们之间的接触情况。轴承与座孔配合的过盈量太大时，轴承装入轴承座后会产生较大的变形，破坏了轴承与轴之间的正常间隙，不利于润滑，严重时甚至会出现"抱死"或烧轴承等故障。若过盈量过小，则轴承会在座孔中游移，使轴承产生周期性的变形。

轴承背与轴承座孔的接触情况可用涂色法检查。要求上半轴承与轴承盖的接触面积不少于50%，并要求接触点分布均匀，接触点不少于1～2点/cm^2。

5 轴承与轴颈的安装

轴承与轴颈的安装应保证两方面的要求：一是正常的润滑；二是合理的接触。为了实现正常的润滑，要在轴承内表面开制合适的油槽。而轴承与轴颈合理的接触应是以载荷方向为中心，在轴承上的接触点中间密、两边疏。

6 滑动轴承的调整

滑动轴承的调整主要是保证轴颈与轴承之间有合适的间隙，这是保证轴承正常润滑和工作的条件。

四 滑动轴承的失效形式

1 磨粒磨损

进入轴承间隙的硬颗粒有的随轴一起转动，对轴承表面起研磨作用，如图6-20a）所示。

2 刮伤

进入轴承间隙的硬颗粒或轴径表面粗糙的微观轮廓尖峰，在轴承表面划出线状伤痕，如

图6-20b)所示。

3 胶合

当瞬时温升过高,载荷过大,润滑油膜破裂时或供油不足时,轴承表面材料发生粘附和迁移,造成轴承损伤。

4 疲劳剥落

在载荷的反复作用下,轴承表面出现与滑动方向垂直的疲劳裂纹,扩展后造成轴承材料剥落,如图6-20c)所示。

a)磨粒磨损　　b)刮伤　　c)疲劳剥落

图6-20　滑动轴承的失效形式

5 腐蚀

润滑剂在使用中不断氧化,所生成的酸性物质对轴承材料产生腐蚀,易形成点状剥落。

第三节　滚动轴承

想一想

(1)汽车上有哪些位置应用了滚动轴承?滚动轴承由哪几部分组成?

(2)滚动轴承与滑动轴承的区别有哪些?

一 滚动轴承的结构

滚动轴承是依靠滚动体与轴承座圈之间的滚动接触来工作的轴承,用于支承旋转零件或摆动零件。

滚动轴承用滚动摩擦代替滑动摩擦,摩擦阻力小、旋转精度高、润滑简便且拆装方便,为标准零部件。

滚动轴承主要由外圈、保持架、内圈和滚动体组成,如图6-21所示。

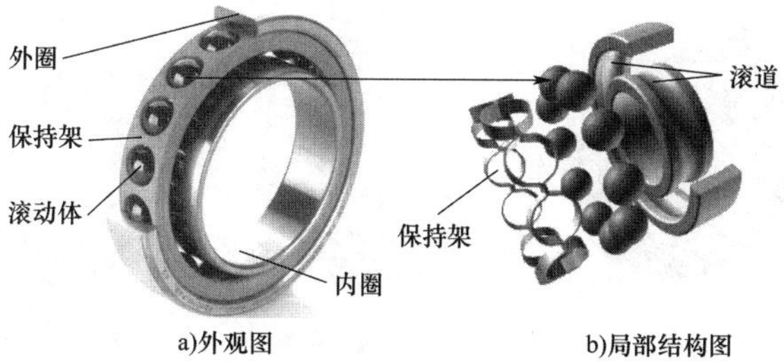

图6-21　滚动轴承的组成

外圈的内表面与内圈的外表面上制有凹槽,称为滚道。滚道有限制滚动体侧向位移的作用。

保持架的作用是把滚动体均匀地隔开,以避免相邻的两滚动体直接接触而增加磨损。

内圈常与轴一起旋转,外圈装在轴承座中起支承作用。在实际应用中,也有外圈旋转、内圈固定或内外圈都旋转的。

常用的滚动体有球、圆柱滚子、滚针、圆锥滚子、非对称球面滚子、螺旋滚子等,如图6-22所示。当内、外圈作相对回转时,滚动体沿着内、外圈上的滚道滚动,有的滚道可限制滚动体的轴向位移,能使轴承承受一定的轴向载荷。

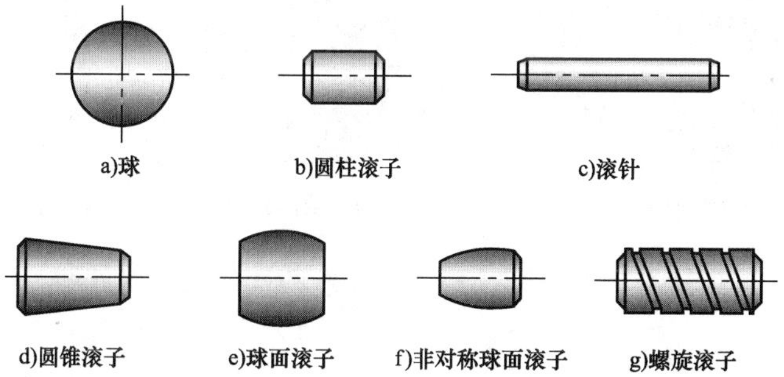

图6-22　滚动体

二 滚动轴承的类型、代号

1 滚动轴承的类型

1 按滚动轴承所受载荷不同分类

(1)向心轴承:主要承受径向(垂直于回转轴线)载荷的固定轴承。有的向心轴承也承受较小的单向轴向载荷或较小的双向轴向载荷。常用类型有调心球轴承、圆柱滚子轴承、调心滚子轴承,以及深沟球轴承、滚针轴承等,如图6-23所示。

(2)推力轴承:仅承受轴向(沿着或平行于回转轴线)载荷的滚动轴承,如推力球轴承、推力圆柱滚子轴承、推力滚针轴承,如图6-24所示。

a) 调心球轴承

b) 调心滚子轴承

c) 圆柱滚子轴承

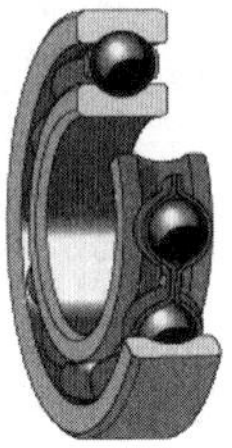
d) 深沟球轴承

e) 滚针轴承

图 6-23 向心轴承

a) 推力球轴承
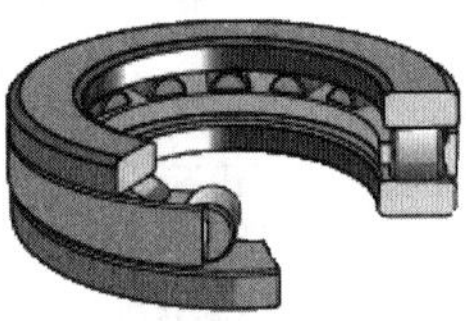
b) 推力圆柱滚子轴承
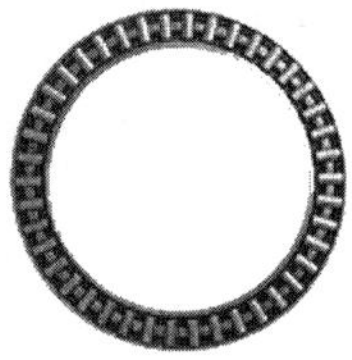
c) 推力滚针轴承

图 6-24 推力轴承

2 按滚动体的形状分类

(1)球轴承:为点接触,制造方便,价格低,运转摩擦损耗少,但承载、抗冲击能力差。

(2)滚子轴承:为线接触,承载、抗冲击能力较强。

(3)向心推力轴承:同时承受径向载荷和轴向载荷的滚动轴承,如角接触球轴承和圆锥滚子轴承,如图 6-25 所示。

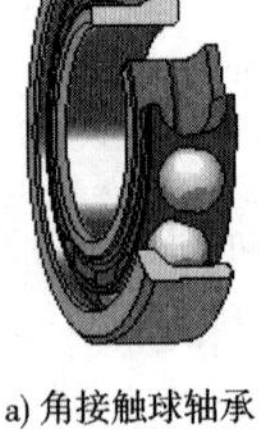
a) 角接触球轴承

b) 圆锥滚子轴承

图 6-25 向心推力轴承

2 滚动轴承的代号

为了区别不同类型、结构、尺寸和精度的轴承，国家标准规定了其识别代号即轴承代号，并把它印在轴承的端面上。

按国家标准《滚动轴承　代号方法》(GB/T 272—2017)规定，轴承代号组成见表6-1。

滚动轴承代号排列规则　　表6-1

前置代号	基本代号					后置代号								
轴承分部件代号	5	4	3	2	1	内部结构代号	密封、防尘与外部形状代号	保持架及其材料代号	轴承零件材料代号	公差等级代号	游隙代号	配置代号	振动及噪声代号	其他代号
	类型代号	尺寸系列代号		内径代号										
		宽度系列代号	直径系列代号											

注：1. 前置代号——表示轴承的分部件；
2. 基本代号——表示轴承的类型与尺寸等主要特征；
3. 后置代号——表示轴承的结构、公差与材料的特征。

三 滚动轴承的失效形式

滚动轴承的失效形式主要有疲劳点蚀、塑性变形和磨损等，如图6-26所示。

a)疲劳剥落

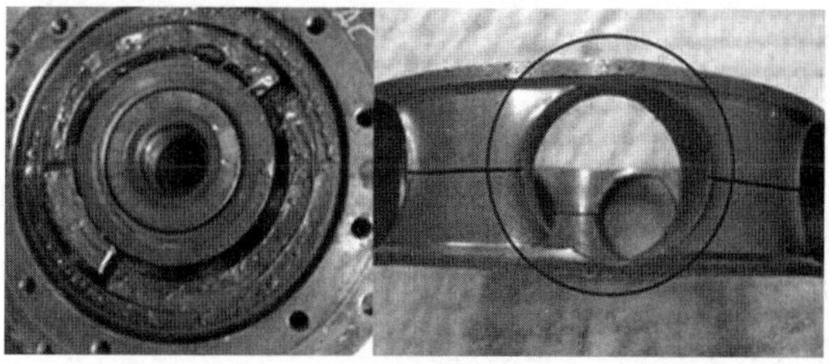

b)磨损

图　6-26

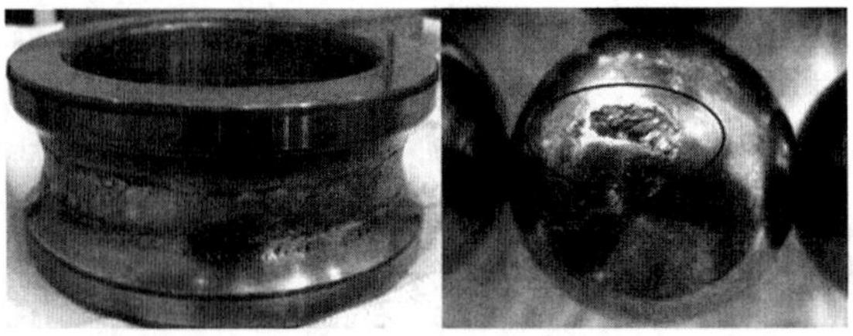

c)腐蚀

图6-26 滚动轴承的失效形式

1 疲劳点蚀

轴承在径向载荷的作用下,内圈、外圈与滚动体接触处产生应力和弹性变形,其大小随接触点位置不同而变化循环。循环接触应力作用到达一定次数时,就会在零件工作表面形成疲劳点蚀。使滚动轴承产生振动和噪声,旋转精度降低,从而失去工作能力。

2 塑性变形

在冲击或重载的作用下,可能使滚动体和内外圈滚道表面接触处的局部应力超过材料的屈服强度,产生永久性凹坑。此时滚动轴承的摩擦力矩、振动和噪声加大,旋转精度降低,轴承失效。

3 磨损

轴承使用时润滑不良、密封不严或在多尘环境中,容易导致严重磨损而失效。

思考与练习

一、选择题

1. 承受较大轴向力的带轮、齿轮、联轴器、轴承等的轴向定位方式是(　　)。

A. 轴环、轴肩　　B. 套筒　　C. 轴端挡圈和圆锥面　　D. 紧定螺钉

2. 发动机飞轮和起动齿圈的连接是(　　)。

A. 键连接定位　　B. 过盈配合定位

C. 花键连接定位　　D. 轴肩定

3. 除了用来实现轴上零件周向定位外,还能实现轴上零件的轴向固定或轴向移动导向的是(　　)。

A. 键连接定位　　B. 花键连接定位　　C. 过盈配合定位

4. 滑动轴承通常应用于(　　)情形下。

A. 低速、重载、精度不高　　B. 高速、重载、高精度　　C. 轻载、中速

5. 滑动轴承的寿命取决于(　　) 的寿命。

A. 轴承座　　B. 轴承盖　　C. 轴承

6. 滚动轴承采用不同的滚动体,其承受载荷的能力也不一样,(　　)能够承受较大的

径向载荷。

A. 球体　　B. 圆柱滚子　　C. 圆锥滚子　　D. 球面滚子

7. 高速时应优先选用(　　)。

A. 深沟球　　B. 圆柱滚子　　C. 圆锥滚子　　D. 推力球

8. 可同时承受径向载荷和轴向载荷的滚动轴承是(　　)。

A. 向心推力轴承　　B. 推力轴承　　C. 向心轴承　　D. 球轴承

二、填空题

1. 根据外形的不同,直轴可以分为__________和__________。

2. 按轴的轴线形状不同,轴可以分为__________、__________和__________3 种。

3. 轴的结构千差万别,但必须符合一定的规律和要求。为了便于装配,轴端应加工__________。

4. 根据滑动轴承所能承受载荷的方向,将主要承受径向载荷的滑动轴承称__________,主要承受轴向载荷的滑动轴承称__________。

5. 径向滑动轴承有__________和__________等形式。

6. 剖分式滑动轴承分上、下__________,轴承的剖分面上做出定位止口,以防止轴承__________。

7. 滚动轴承主要由__________、__________、__________和__________组成。

8. 为了确保轴能支承轴上连接零件传递运动和转矩并正常工作,轴上的零件相对于轴沿轴线方向__________,沿圆周方向__________。

三、判断题

1. 曲轴在工作中既传递动力,又传递运动,因此是传动轴。(　　)

2. 阶梯轴是最常见的一种轴的结构形式,由于它能够充分利用轴肩对轴系零件进行轴向定位,因此大多数轴都采用这种结构形式。(　　)

3. 为了减少应力集中,轴径变化尽可能小,阶梯轴是最不好的形式,最好采用光轴的形式。(　　)

4. 滑动轴承之所以能够承受较大的载荷,是由于其接触面积较大的原因。(　　)

5. 滑动轴承与轴颈的接触面积越大或接触点越多,其回转精度越高、承载能力越强。(　　)

6. 滑动轴承在结构中,在轴承上开出一些油槽的目的,是为了避免油膜被破坏,使轴承与轴颈直接接触形成金属与金属之间的干摩擦。(　　)

7. 滚子轴承的滚动体是滚子,由于是线接触,故承载能力比球轴承大,承受冲击的能力也大。(　　)

8. 轴承的安装相当容易,只要用锤子敲击轴承的端面,将轴承装到轴颈上就可以。(　　)

四、问答题

1. 影响轴的结构主要因素有哪几方面?

2. 滚动轴承的主要失效形式有哪些?

3. 滑动轴承的主要失效形式有哪些?

单元七
汽车机械传动

本章描述

常见的汽车机械传动主要有带传动、链传动、齿轮传动和蜗杆传动等。通过本章的学习，应掌握各种机械传动的工作原理、类型、结构、特点及失效形式，基本具备汽车发动机前端附件（如空调压缩机、动力转向泵、发电机、机油泵等）的拆装及维护，初步具备汽车底盘传动系统（如变速器、汽车分动器、汽车主减速器及起动机等）齿轮传动装置的拆装及维护的能力，从而为后续的专业课程打下良好的基础。

知识目标

1. 叙述V型带传动、多楔带传动、同步齿带传动、链传动、齿轮传动、蜗杆传动及齿轮系传动的工作原理、特点；

2. 懂得V型带、多楔带、同步齿带、链、齿轮、蜗杆传动的失效形式；

3. 懂得齿轮系传动比的计算方法及齿轮系中各个齿轮转动方向的判别。

技能目标

1. 规范V型带传动、多楔带传动、同步齿带传动及链传动的安装、调试及维护；

2. 规范减速器的拆装。

素养目标

1. 正确认识汽车机械传动与后续专业课程的关系；

2. 培养创新和实践能力、团结协作精神、认真负责的工作态度和一丝不苟的工作作风。

建议学时

28学时。

第一节　带　传　动

想一想

(1)带传动工作原理、特点如何?
(2)汽车上哪些地方应用了带传动?试举例说明。

一、带传动的工作原理

1 带传动的组成

带传动一般由主动带轮、从动带轮、张紧在带轮上的传动带和机架组成,如图7-1所示。

2 带传动的工作原理

带传动是利用张紧在带轮上的传动带与带轮的摩擦或啮合来传递运动和动力的一种机械运动,图7-2所示的是带传动在汽车发动机上的应用。发动机前端附件传动轮系是一个包括空调压缩机、动力转向泵、发电机、机油泵等附件的系统,它们通过V型带、多楔带或者同步齿带连接。

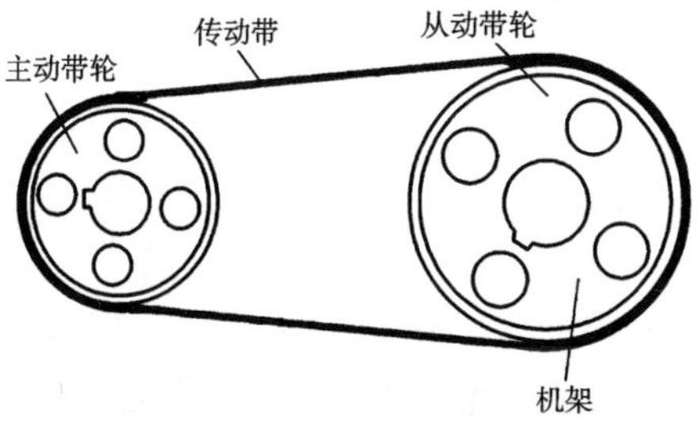

图7-1　带传动的组成

图7-2　汽车发动机上的带传动

二、带传动的主要类型、特点及应用

1 带传动的类型

带传动的类型较多。根据传动原理的不同,带传动可分为摩擦型传动和啮合型传动两大类;根据带的截面形状可分为平带传动、V 型带传动、多楔带传动、同步齿带传动及圆带传动等类型。汽车上主要应用 V 型带传动、多楔带传动及同步齿带传动。

1 摩擦型带传动

摩擦型带传动是利用传动带和带轮之间的摩擦力传递运动和动力。按照带的截面形状不同,主要有 V 型带传动及多楔带传动。

(1)V 型带传动。V 型带传动又称三角带传动,工作时带的两侧面为工作面,与带轮的环槽侧面接触,如图 7-3 所示。在相同的初拉力条件下,V 型带传递的功率是平带的 3 倍,因此其应用较广。

(2)多楔带传动。多楔带传动中带的截面形状为多楔形,其工作面为楔的侧面,柔软、摩擦力大。图 7-4 所示的是多楔带在汽车发动机上的应用。汽车发动机的风扇、发电机、水泵、空调压缩机、动力转向泵、增压器等,都应用了多楔带传动。

图 7-3　V 型带传动

图 7-4　多楔带在汽车发动机上的应用

用多楔带传动比 V 型带传动的好处有以下几点:

①多楔带在同一根传动带上可以布置 5 槽、7 槽等多槽结构,因而与带轮槽的接触面积比单根 V 型带大,传递的转矩大。

②发动机前端轮系安装布置上,有时需要一根传动带带动 4 ~ 5 个带轮,多楔带可以满足该要求,因而它背面可以与光面的惰轮接触传动。而 V 型带一般主动轮只能带动 1 ~ 2 个被动带轮。

用多楔带传动比 V 型带传动的不足则主要是对带轮的安装精度和对槽型要求高,否则容易跳槽损坏传动带;而 V 型带带轮的安装精度要求相对低一些,适应能力强。

2 啮合型带传动

啮合型带传动也称同步齿带传动或齿形带传动,它是靠传动带上的齿与带轮上的齿槽的啮合作用来传递运动和动力,如图 7-5 所示。图 7-6 所示的是同步齿带传动在汽车发动机上的应用。

图 7-5　同步齿带传动

图 7-6　汽车发动机同步齿带传动

2 V 型带的结构和标准

1 V 型带的结构

普通 V 型带为无接头的环形带，其截面呈等腰梯形，两侧面为工作面，如图 7-7 所示。其截面结构由包布层、伸张层、强力层和压缩层组成。包布层是由几层橡胶帆布制成，是带的保护层；伸张层由橡胶制成，V 型带弯曲时起伸张作用；强力层由几层帘布或粗线绳组成，用来承受基本拉力，近年来有采用合成纤维作为强力层，以提高带的承受能力；压缩层也是由橡胶制成，V 型带弯曲时承受压缩。强力层是承受负载拉力的主体，在带与带轮弯曲变形中处于不发生变形的中性层。根据其材料的组成，可分为帘布结构和线绳结构两种。帘布结构抗拉强度高，制造方便，用于一般场合；而线绳结构比较柔软，抗弯强度高，适用于转速较高、带轮直径较小的场合。

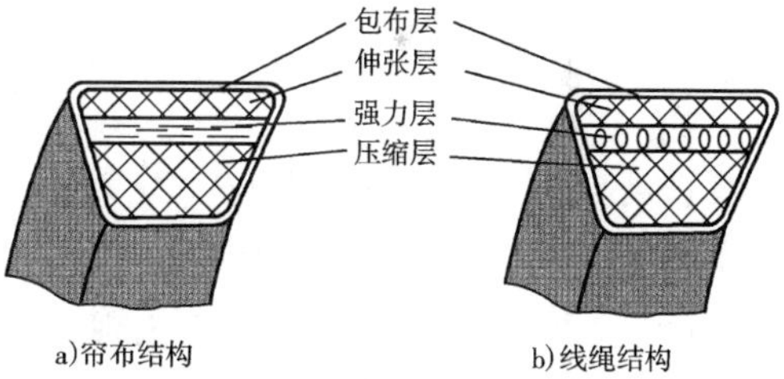

图 7-7　V 型带的结构

2 V 型带的标准

V 型带已标准化，GB/T 1171—2017 规定，普通 V 型带按截面尺寸由小到大分为 Y、Z、A、B、C、D、E 七种型号，其中 Y 型截面尺寸最小，E 型截面尺寸最大，其传递功率也最大。V 型带各型号的截面尺寸见表 7-1。

V 型带的截面尺寸各不相同，但其两侧面的夹角均为 40°。带的截面宽度越大，对应的高度也相应增加；其截面积也随之变大，所传递的功率也相应增大。其中 Y 型的截面尺寸最小，常用于小功率的传动。

V型带各型号的截面尺寸 表7-1

结构图	截面	Y	Z	A	B	C	D	E
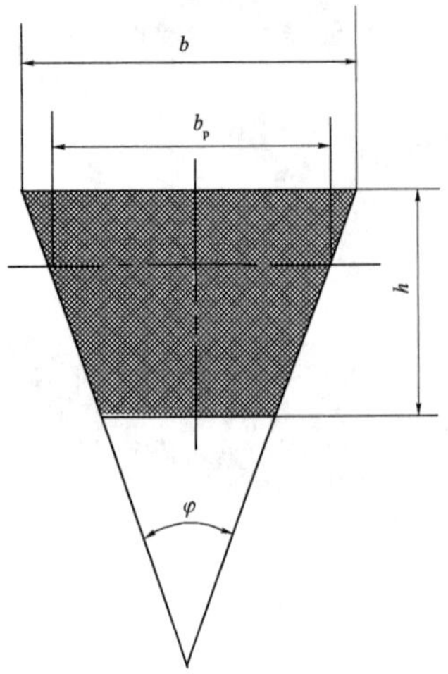	顶宽 b(mm)	6	10	13	17	22	32	38
	节宽 b_p(mm)	5.3	8.5	11	14	19	27	32
	高度 h(mm)	4	6	8	11	14	19	25
	楔角 φ(°)	40						

❸ V型带的标记

普通V型带的标记由带型、基准长度和标准编号三个部分组成,印刷在带的外表面上。

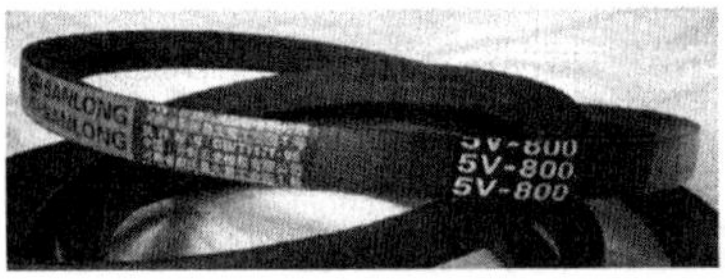

图7-8 V型带标识

以A1430 GB 1171为例,A表示型号为A型;1430表示带基准长度为1430mm。根据供需双方协商,可在标记中增加内周长度。

V型带的标记、制造年月和生产厂名,通常压印在带的顶面,如图7-8所示。

❹ V型带传动的特点

V型带传动的主要优点有:

(1)具有良好的弹性,可起到吸振、缓冲作用,因此传动平稳、噪声小。

(2)过载时,带与带轮之间会出现打滑,可防止其他零件损坏。

(3)结构简单,安装和维护要求不高,不需要润滑,成本低。

V型带传动的主要缺点有:

(1)传动效率低,带传动对轴与轴承的压力较大。

(2)V型带使用寿命较短,不适用于高温、有油和水的场合。

❺ V型带传动的主要失效形式

带在带轮上打滑,不能传递动力;带由于疲劳产生脱层、撕裂和拉断;带的工作面磨损;从动轴的扭振。

3 多楔带的结构和标准

❶ 多楔带的结构

多楔带是指以平带为基体、内表面排布有等间距纵向40°梯形楔的环形橡胶传动带,其工作面为楔的侧面,如图7-9所示。

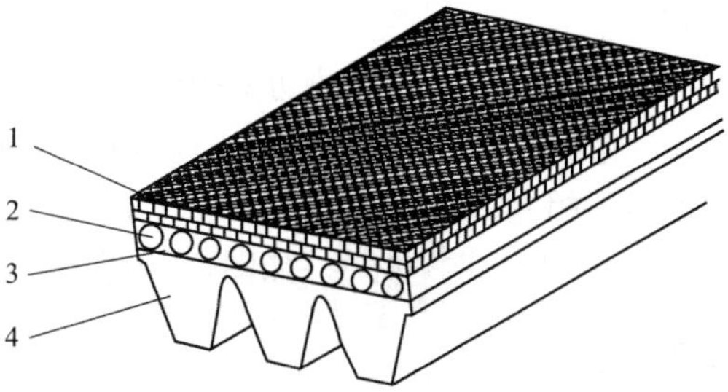

图 7-9　多楔带的结构
1-带背织物;2-抗拉体;3-黏合胶;4-楔胶

多楔带综合了平带的柔软性和 V 型带的强功率传动性。此带的主要组成部分为：抗拉伸的聚酯绳芯、包住绳芯的缓冲弹性复合物和制成带楔的弹性复合物。带楔弹性复合物通过短纤维补强并在轴向上得到增强，带的背衬不是弹性体就是纤维背衬。

2 多楔带的型号及截面尺寸

多楔带的型号用来表示截面形状和尺寸。目前市场上的类型有：P_H、P_J、P_K、P_L、P_M。汽车多楔带一般采用 P_K 型号。多楔带的型号及截面尺寸，见表 7-2。

多楔带的型号及截面尺寸　　表 7-2

型　　号	楔距 P_b(mm)	带高 h (mm)	楔角 α(°)
P_H	1.6	3	40
P_J	2.34	4	40
P_K	3.56	6	40
P_L	4.7	10	40
P_M	9.4	17	40

3 多楔带的标记

汽车多楔带的尺寸特性标记由带楔数、型号和有效长度 3 个部分组成。

例如，“6 P_K 1500”的含义为：

6——带楔数

P_K——带型号

1500——有效长度(mm)

4 多楔带传动的特点

(1)多楔带与带轮的接触面积和摩擦力较大，因而传动能力大。

(2)其结构决定工作应力小，可在较小的带轮上工作。

(3)传动振动小、散热快、运转平稳、使用伸长小，因而寿命长。

(4)节能效果明显，传动效率高。

(5)结构紧凑，占据空间小。

(6)带体薄，富有柔软性，适应高速传动，带速可达 40m/s。

(7)耐热、耐油、耐磨。

此外，多楔带的背面也能传动，而且可使用自动张力调整器，使传动更加安全、可靠。

5 多楔带的主要失效形式

多楔带的使用寿命实质上是根据多楔带传动功率的运行时间来计量的。多楔带的有效寿命也可以用运行的时间来计量，不过它要求在一定的效率下传动所需的力矩。这个时间可能与胶带有能力运行的时间不相同。特别是如果多楔带有滞停现象，这时灾难性失效就会发生，带楔会发生径向断裂，使部分带楔脱落，如图7-10所示。

4 同步齿带的结构及特点

1 同步齿带的结构

同步齿带是以钢丝绳或玻璃纤维为强力层，外覆聚氨酯或氯丁橡胶的环形带，带的内周制成齿状，其与带轮上的凸齿相啮合。常见的同步齿带的齿形为梯形齿和圆弧齿，如图7-11所示。

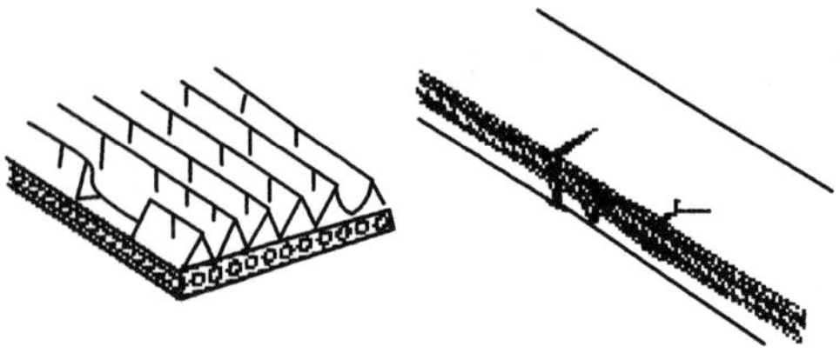

图7-10 失效的多楔带

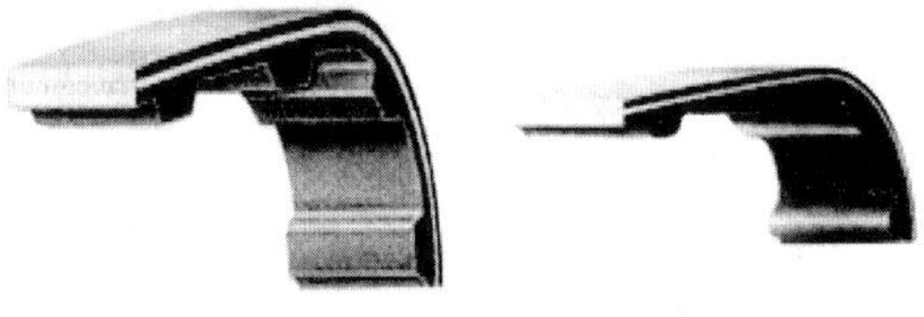

a)梯形齿 b)圆弧齿

图7-11 同步齿带的结构

同步齿带传动是由一条内周表面设有等间距齿的环形传动带和具有相应齿的带轮所组成，运行时，带齿与带轮的齿槽相啮合传递运动和动力。它是综合了传动带传动、链传动、齿轮传动各自优点的新型带传动。

2 同步齿带传动的特点

(1)传动准确，具有恒定的传动比。

(2)传动平稳，具有缓冲、减振能力，噪声低。

(3)传动效率高，可达0.98，节能效果明显。

(4)维护方便，不需润滑，维护费用低。

(5)速比范围大。

(6)可用于长距离传动。

(7)对轴作用力小，结构紧凑，耐油，耐磨性好，抗老化性能好。

3 同步齿带传动的主要失效形式

带体疲劳断裂；带齿剪断和压溃；带侧、带齿磨损，包布剥离；承载层伸长、节距增大、形成齿的干涉、爬齿；冲击、过载使带体断裂。

三 带轮的结构

1 带轮的结构

带轮通常由轮缘、轮辐和轮毂三部分组成，如图7-12所示。轮毂是带轮与轴配合的内圈，其轮毂内径等于轴的直径；带轮的外圈是轮缘，在轮缘上面有梯形槽，槽数及结构尺寸与所选的带型号相对应；轮毂与轮缘连接的部分称为轮辐。

2 带轮的结构类型

V 型带轮的结构类型一般有实心式、腹板式、孔板式、轮辐式几种，如图 7-13 所示。直径较小的带轮，其轮缘与轮毂直接相连，没有轮辐的部分，即采用实心式带轮；中等直径的带轮采用腹板式或孔板式；大带轮采用轮辐式带轮。

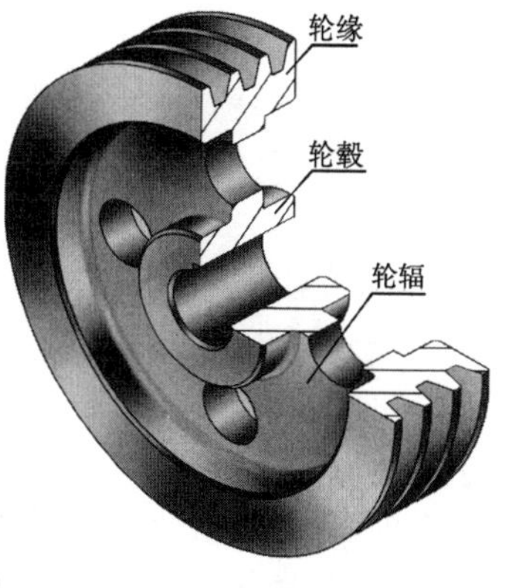

图 7-12　带轮的结构

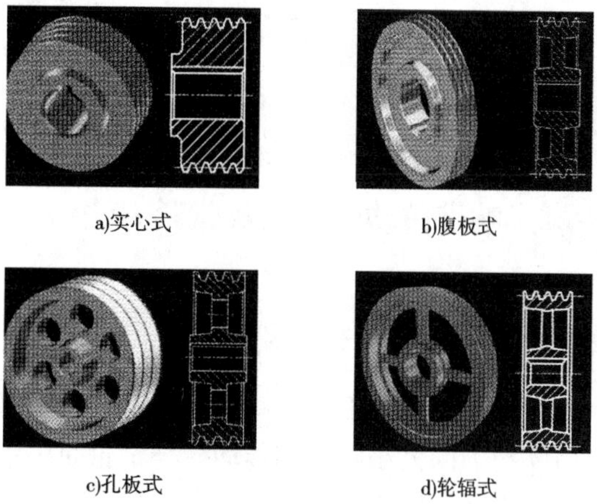

图 7-13　普通 V 型带轮结构

四 带传动的平均传动比

在带传动中，主动带轮转速 n_1 与从动带轮转速 n_2 之比称为带传动的传动比，用 i 表示。若不考虑传动带在带轮上的滑动，则传动带的速度与两轮的圆周线速度相等。

在图 7-14 中，d_1、d_2 分别为主动带轮和从动带轮的直径，单位为 mm；n_1、n_2 分别为主、从动带轮的转速，单位为 r/min；v 为传动带的速度，单位为 m/s。那么传动带的速度为：

$$v = \frac{\pi d_1 n_1}{60} \times 1000 = \frac{\pi d_2 n_2}{60} \times 1000 (\mathrm{m/s})$$

则

$$\frac{n_1}{n_2} = \frac{d_2}{d_1}$$

因此，在理想状态下摩擦带传动的传动比为：

$$i = \frac{n_1}{n_2} = \frac{d_2}{d_1}$$

实际上，由于弹性滑动的存在，使从动轮圆周速度 v_2 低于主动轮圆周运动速度 v_1。其降低率称为滑动率，用 ε 表示，在一般情况下为 1% ~2% 。

$$\varepsilon = \frac{v_1 - v_2}{v_1} = \frac{n_1 - in_2}{n_1}$$

故带传动实际的平均传动比为：

$$i=\frac{n_1}{n_2}=\frac{d_2}{d_1}(1-\varepsilon)$$

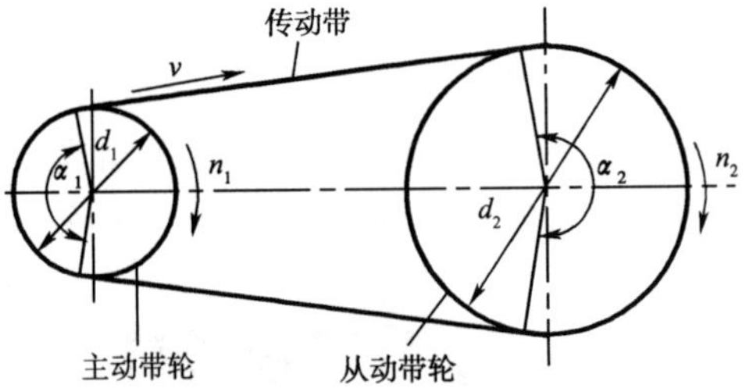

图7-14　带传动示意图

五 影响带传动的因素及张紧方法

1 影响带传动的主要因素

影响带传动的主要因素有初拉力、包角、传动带速度、弯曲应力等。

(1)初拉力的大小影响到传动带与带轮间压紧力的大小,即影响所能产生的摩擦力的大小,因而也就影响有效圆周力的大小。初拉力越大,带给轮面的压力越大,带与带轮间摩擦力越大,即传动载荷的能力越大,且不会打滑。但初拉力过大,会降低带的使用寿命,增加对轴和轴承的压力。因此初拉力大小要适当,一般可凭经验来控制,即在带与两带轮切点的跨度中点,以大拇指用9.8N的力按下10~15mm为宜。

(2)包角越大,在轮面上的接触弧越长,摩擦力也随之增大,因此必须保证有足够大的包角。由于小带轮包角总是小于大带轮包角,故只需保证小带轮的包角即可。

(3)传动带沿带轮作圆周运动时产生离心力,传动带速度越大,产生的离心力越大。离心力将传动带拉长,使传动带与带轮间压力减小,摩擦力也随之减小,有效圆周力降低。所以速度过高对传动不利。

(4)传动带在传动过程中,其截面上存在循环变化的弯曲应力,它是影响传动带疲劳寿命的主要因素。传动带每转过1周,弯曲应力变化4次,变化频繁的弯曲应力使传动带发热和产生疲劳现象,甚至会疲劳断裂导致失效。为了保证传动带有一定的使用寿命,需限制带轮的最小直径,带轮直径越小,传动带在带轮上弯曲越厉害,此外还与厚度有关。因此,对一定厚度的传动带,其带轮直径一般不得小于荐用值d_{min}。

2 带传动的张紧目的

(1)根据带的摩擦传动原理,传动带必须在预张紧后,达到合适的初拉力才能正常工作。传动带的张紧控制要符合拇指用9.8N的力按下10~15mm的要求,如图7-15所示。

当主动轮转动时,带卷入主动轮的一边被拉紧,称为紧边,拉力增大;带卷出主动轮的一边被放松,称为松边,拉力减小。传动带两边的拉力之差称为带传动的有效拉力,是带传动所传递的圆周力。为增加带传动的圆周力,带传动的下边选为紧边,上边选为松边。

(2)传动带运转一定时间后,会产生永久变形使带松弛,使初拉力减小而降低带传动的工作能力,因而必须重新张紧或更换。

带传动中,当工作负荷超过带与带轮之间的最大静摩擦力时,带与带轮将发生明显的相对滑动,这种现象称为打滑。带打滑时,从动轮转速急剧下降,传动失效,应当避免。在正常传动中,由于橡胶V型带受到紧边与松边的不同拉力,在与带轮接触的弧长上,随着拉力的变化,橡胶V型带带轮上发生了微小的滑动,称之为弹性滑动,使传动比失去准确性。由于橡胶制品的弹性特点,带传动的弹性滑动是不可避免的。

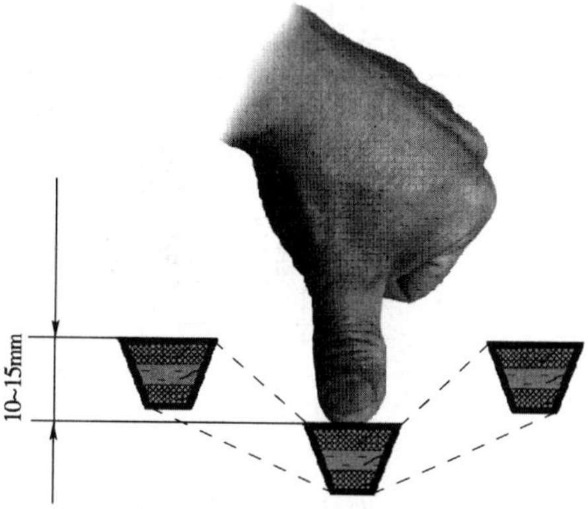

图7-15　带的张紧程度

3 带传动的张紧装置

带传动的张紧方法通常有调整中心距和使用张紧轮。

1 调整中心距

如图7-16所示,通过调整螺栓来改变中心距,从而达到定期张紧传动带的目的。

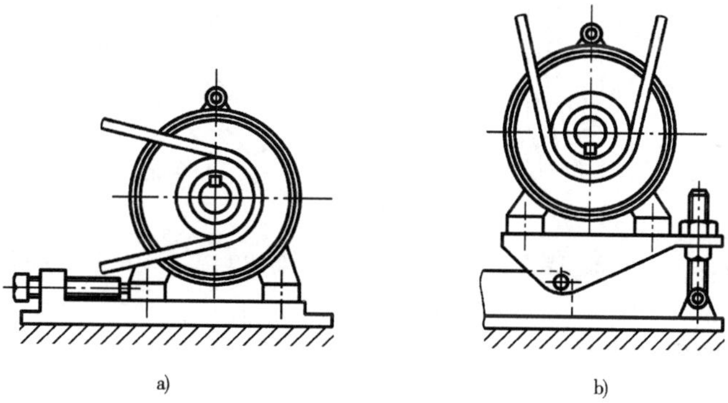

图7-16　带传动张紧装置

2 采用张紧轮

如图7-17所示,采用张紧轮实现定期张紧或自动张紧传动带的目的。张紧轮一般应放在松边的内侧,使传动带只受单向弯曲。同时张紧轮应尽量靠近大轮,以免过分影响在小带轮上的包角。张紧轮的轮槽尺寸与带轮的相同。

六 带传动的安装、使用和维护

1 带传动的安装

(1)按要求选取带型、基准长度和根数。

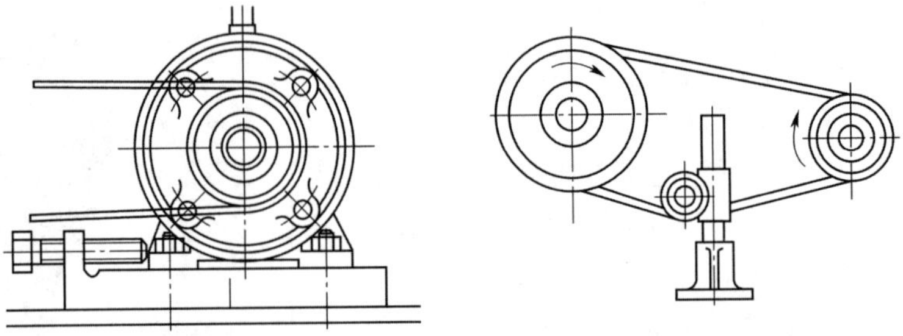

图 7-17　采用张紧轮

(2)安装带轮时,两带轮轴线应相互平行,主动轮和从动轮槽必须调整在同一平面内,且两带轮装在轴上不得晃动,否则会使传动带侧面过早磨损,如图 7-18 所示。

(3)套装带时不得强行撬入,应先将中心距缩小,将带套在带轮轮槽上后,再慢慢调大中心距,使带张紧。带的张紧程度调整应适当,一般可根据经验来调整。

(4)带在轮槽中应有正确的位置,安装在轮槽内的带顶面应与带轮外缘相平,带与轮槽底面应有间隙,如图 7-19 所示。

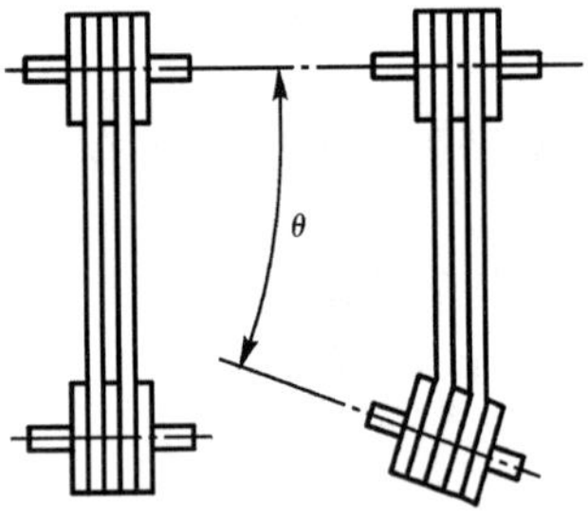

图 7-18　V 型带的安装图

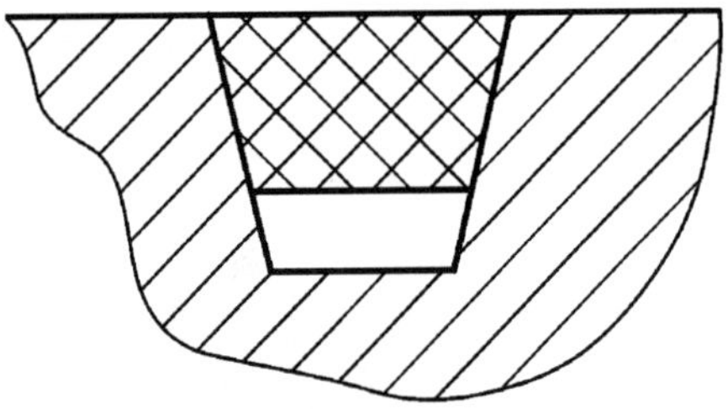

图 7-19　V 型带在轮槽中的位置

2 带传动的使用和维护

为了延长带的使用寿命,确保带传动的正常运行,必须正确使用和维护。

(1)传动带的使用温度范围为:－40～120℃。

(2)新带运转 24h 或 48h 应检查和调整初拉力。运转中也要定期检查并及时调整,以保证带传动能获得足够的传递动力,从而使带传动工作正常。

(3)严防传动带与矿物油、酸、碱等介质接触,也不宜在阳光下曝晒。

(4)多根传动带的传动,坏了少数几根,不要用新传动带补上,以免新旧传动带并用,长短不一,受载不均匀而加速新传动带损坏。这时可用未损坏的旧传动带补全或全部换新传动带。

(5)为了确保安全,传动装置须设防护罩,以保证传动件不外露。

(6)传动带工作一段时间后,会因变形伸长,导致张紧力逐渐减小,严重时出现打滑。因此,要重新张紧传动带,调整传动带的初拉力。

(7)带传动的拆装必须在传动停止后进行,绝不允许用肢体去接触任何转动零件,以避免出现伤亡事故。

第二节　链　传　动

想一想

(1)链传动与带传动的不同之处在哪里?
(2)链传动应用在哪些领域?试举例说明。

一　链传动的工作原理、应用、特点及类型

1　链传动的组成

链传动是由装在平行轴上的主动链轮、从动链轮、绕在链轮上的环形链条及机架组成,用以传递两平行轴间的运动和动力,如图 7-20 所示。

2　链传动的工作原理、应用

链轮上制有特殊齿形的齿,以环形链条作中间挠性件,工作时靠链条与链轮轮齿的啮合来传递运动和动力,如图 7-21 所示。

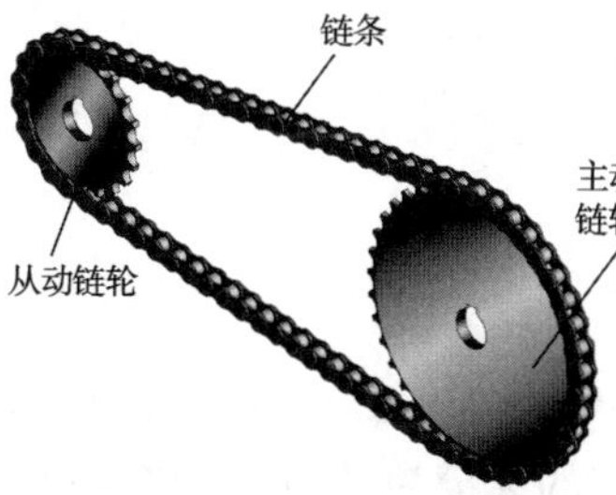

图 7-20　链传动的组成

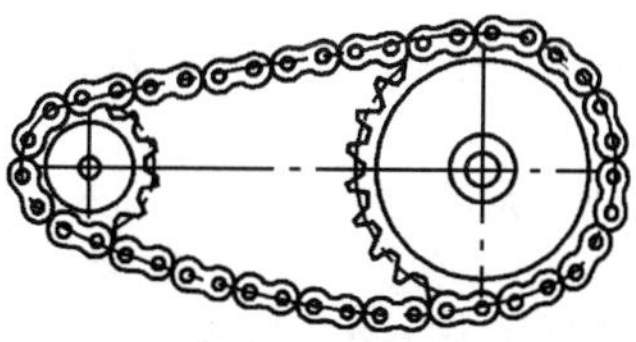

图 7-21　链传动的工作原理

链传动适用于中心距较大的两轴线或多轴线相互平行,且只要求平均传动比准确的场合,如矿山机械、农业机械、起重运输机械、摩托车及汽车等。

3　链传动的特点

链传动与带传动相比,具有以下优点:

(1)由于链传动是啮合传动,能保持准确的平均传动比,所以工作可靠,效率较高。

(2)链条装在链轮上,不需要很大的张紧力,对轴的压力小。

(3)能传递较大的功率,过载能力强。

(4)维护容易,并有一定的缓冲减振作用。

(5)能在较恶劣的环境(如高温、多尘、油污、潮湿)下工作。

链传动的主要缺点有:

(1)安装精度要求高,瞬时传动比不恒定。传动的平稳性较差,不适合高速转动,工作时有噪声。

(2)磨损后容易发生跳齿,易脱链。

(3)价格较高。

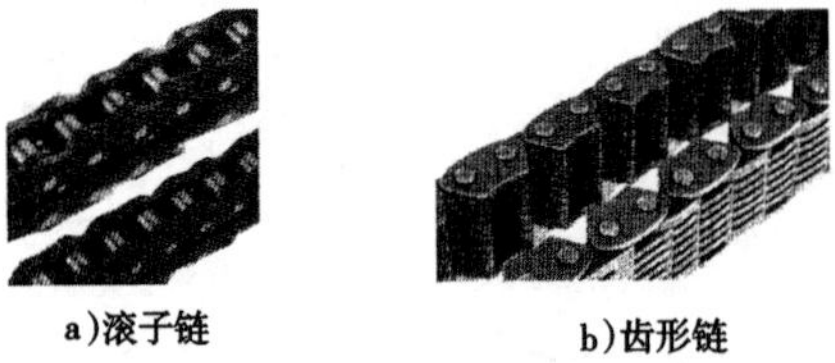

图7-22　链传动的类型

4 链传动的类型

链传动有多种分类形式,常用的是按传动链结构分为滚子链和齿形链两种,如图7-22所示。本书仅介绍滚子链。

二 滚子链的结构及接头形式

1 滚子链的组成

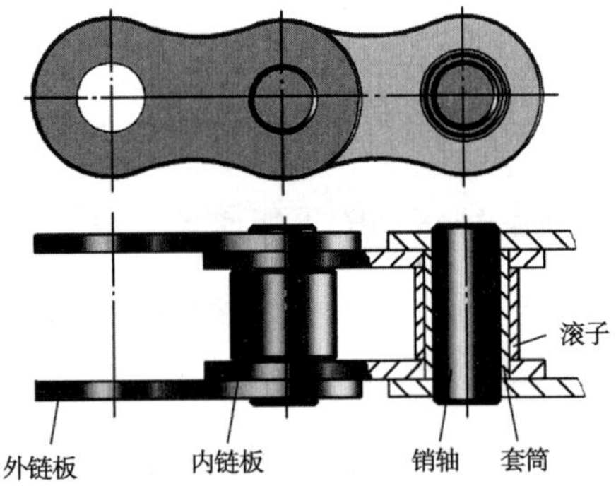

图7-23　滚子链的组成

滚子链又称套筒滚子链。滚子链由滚子、套筒、轴销、内链板和外链板五部分组成,如图7-23所示。内链板与套筒、外链板与轴为过盈配合,套筒与销轴、滚子与套筒则为间隙配合,可相互自由转动,以使内、外链板构成可相对转动的活络环节,并减少链条与链轮间的摩擦与磨损。滚子链上相邻两销轴中心的距离称为节距,用 p 表示,单位为mm。

2 滚子链的标记

滚子链已经标准化,国家标准《传动用短节距精密滚子链、套筒链、附件和链轮》(GB/T 1243—2006)已规定了标准尺寸,见表7-3。滚子链的标记为:链号—排数×整根链的链节数　标准编号。

滚子链的常用链号与节距　表7-3

链号	08A	10A	12A	16A	20A	24A
节距 p (mm)	12.70	15.875	19.05	25.40	31.75	38.10

如某链条代号为"20A—2×80 GB/T 1243—2006",表示节距为31.75mm的A系列、双排、80节的标准编号为GB/T 1243—2006的滚子链。

如某链条代号为"10A—60 GB/T 1243—2006",表示节距为15.875mm的A系列、单排、60节的标准编号为GB/T 1243—2006的滚子链。

3 滚子链的种类及接头形式

滚子链有单排链、双排链、多排链等几种。多排链的承载能力与排数成正比,但由于精度的影响,各排的载荷不易均匀,故排数不宜过多,一般不超过 4 排。

为了形成链节首尾相接的环形链条,要用接头加以连接。链条接头处的固定型式有 3 种:开口销式、卡簧式和过渡链节式,如图 7-24 所示。当链节数为偶数时,接头处正好是内外链板相接,可将一侧外链板与销轴做成固定的接头,装配后用开口销(用于大节距链,图 7-24a)或弹性锁片(用于小节距链,图 7-24b),将另一侧链板锁住。当链节数为奇数时,必须采用折曲的过渡链节图 7-24c)。由于过渡链节的链板受到附加弯矩作用,其强度仅为正常链节的 80% 左右,所以在一般情况下链节数取偶数为宜。

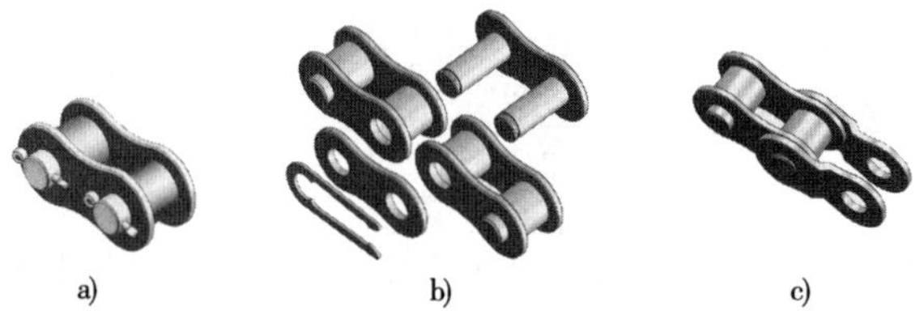

图 7-24 滚子链的接头型式

三 滚子链链轮端面齿形及链轮结构

1 滚子链链轮端面齿形

国家标准《传动用短节距精密滚子链、套筒链、附件和链轮》(GB/T 1243—2006)规定的滚子链链轮端面齿形,如图 7-25 所示。它由三段圆弧和一段直线 bc 组成。

链轮的主要尺寸:aa 弧、ab 弧、cd 弧。

分度圆直径:$d = p/\sin(180°/z)$;

齿顶圆直径:$d_a = p[0.54 + \cot(180°/z)]$;

分度圆齿高:$h_a = 0.27p$;

齿根圆直径:$d_f = d - d_1$。

式中:d_1——链的滚子外径(mm);

z——链轮齿数。

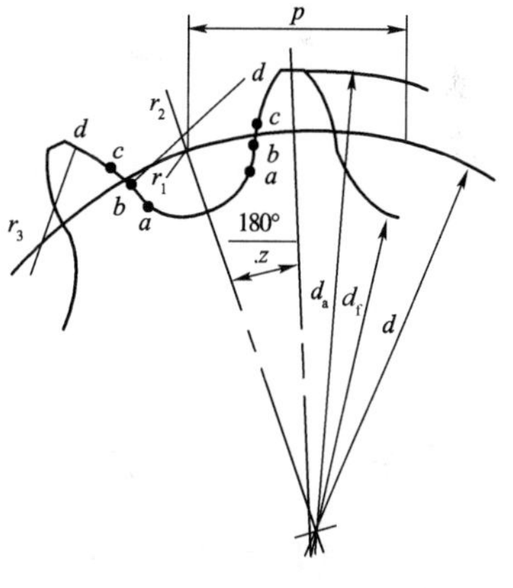

图 7-25 滚子链链轮的端面齿形

2 链轮的结构

链轮上的齿形按《传动用短节距精密滚子链、套筒链、附件和链轮》(GB/T 1243—2006)中规定的参数制造,目前多采用三圆弧一直线齿形。链轮的外形结构与链轮的直径大小有关,如图 7-26 所示。小直径一般制成实心式;中等直径可制成孔板式;大直径的链轮常采用螺栓连接的组合式或焊接结构。

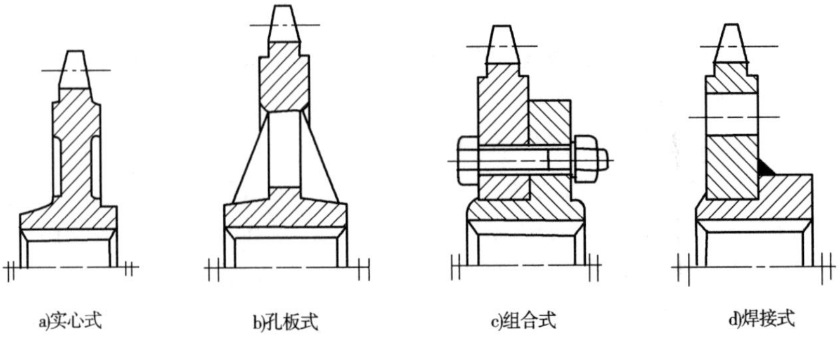

图 7-26　链轮结构

四 链传动的平均传动比

如图 7-27 所示,由于链条绕入链轮后形成折线,因此链传动相当于链条绕在一对多边形轮上的传动。边长相当于链条的节距 p,边数相当于链轮的齿数 z,链轮每转一周时,链条转过的长度为 pz。设 z_1、z_2 为两链轮的齿数;n_1、n_2 为两轮的转速(r/min),则链条的平均速度为:

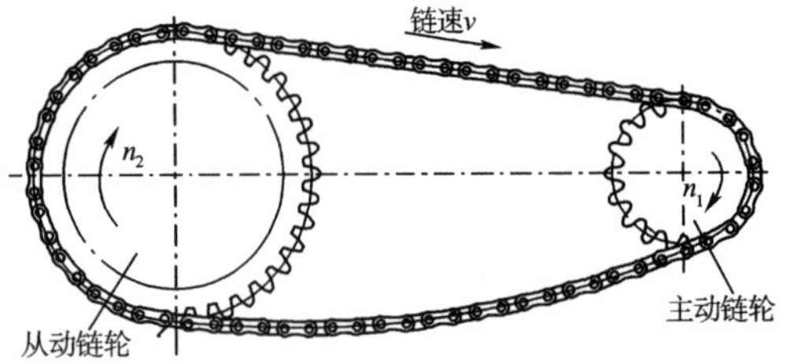

图 7-27　链传动示意图

$$v=\frac{z_1pn_1}{60}\times1000=\frac{z_2pn_2}{60}\times1000(\mathrm{m/s})$$

由上式可得到链传动的平均传动比为:

$$i_{12}=\frac{n_1}{n_2}=\frac{z_2}{z_1}$$

五 链传动的安装、维护及失效形式

1 链传动张紧的目的

链传动的紧边与松边正好与带传动相反,松边在下、紧边在上,但松边的垂度不宜过长,以防脱链。链传动张紧的目的,主要是为了避免在链条的垂度过大时,产生啮合不良和链条的振动现象;同时也为了增加链条与链轮的啮合包角。当两轮轴心连线倾斜角大于 60°时,通常设有张紧装置。

2 链传动的安装

链传动的两轴应平行,两链轮应位于同一平面内,如图 7-28 所示。误差 δ/a 应小于 0.002 ~0.005(a 表示两链轮的中心距,δ 表示两链轮各自所在平面之间的距离),超差会引起脱链和不正常的磨损。链传动的布置按两链轮中心连线的位置可分为水平布置、倾斜布置和垂直布置3种形式，一般宜采用水平或接近水平的位置，并使松边在下边，如图7-29所示。

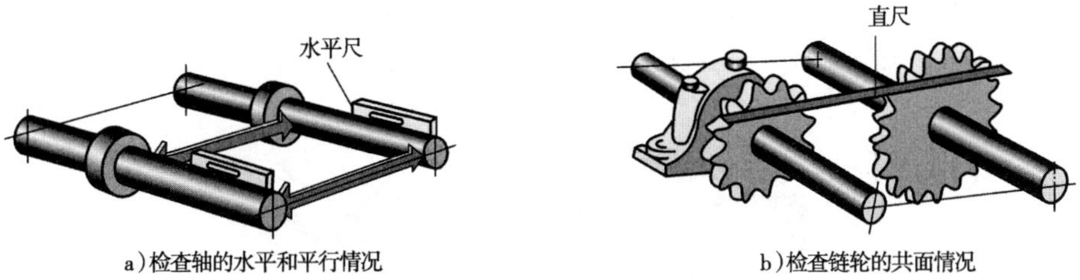

图7-28　链轮的安装

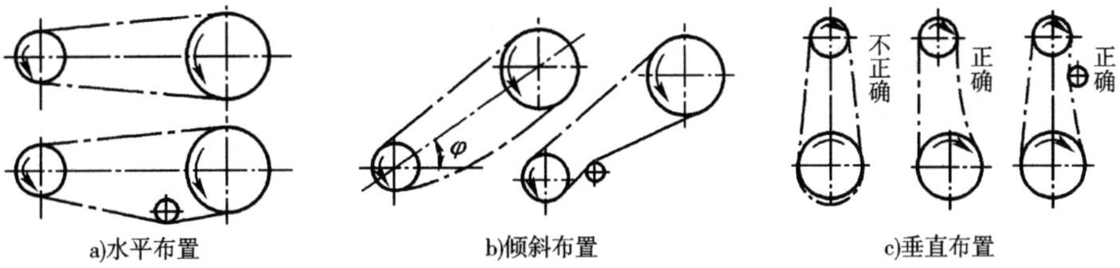

图7-29　链传动的布置

3 链传动的张紧方法

链传动的张紧方法通常有以下两种。

（1）增大两轮中心距。

（2）用张紧装置张紧。图7-30所示的是常见的张紧装置，张紧轮直径稍小于小链轮直径，并置于松边靠近小链轮。链传动可用张紧轮控制链条的松紧，链条过紧会出现咬链。

图7-30　链传动的张紧装置

4 链传动的润滑

链传动有良好的润滑时，可以缓和冲击，减少传动摩擦和磨损，减少噪声，提高工作能力和传动效率,延长使用寿命。不良的润滑会降低链的使用寿命。温度低时宜采用黏度小的润滑油,温度高时采用黏度大的润滑油。通常采用LAN32、LAN46、LAN68、LAN100的全损耗系统用油或普通开式齿轮油润滑。润滑的方法有多种形式,如人工定期润滑、滴油润滑、油浴润滑、飞溅润滑和压力润滑,如图7-31所示。不管采用何种润滑方式,润滑油应加在松边上,因为松边链节松弛,润滑油容易流到需要润滑的一些缝隙表面。

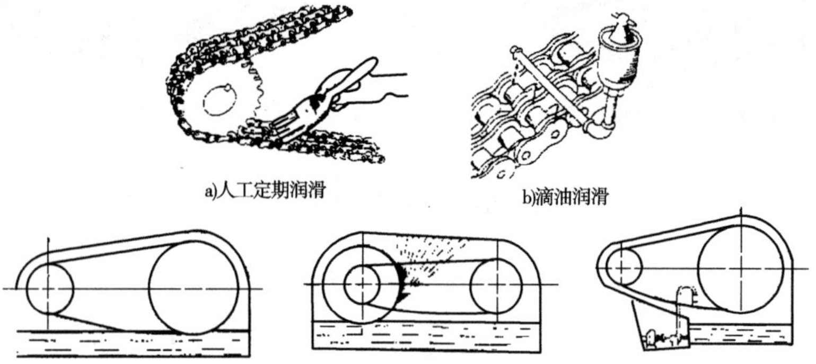

a)人工定期润滑 b)滴油润滑 c)油浴润滑 d)飞溅润滑 e)压力润滑

图7-31 链传动的润滑

此外,链传动应有良好的工作环境,避免泥沙等污物侵入或与酸、碱、盐等强腐蚀性介质接触,并定期清洗。为防止灰尘侵入、油滴外溅、减少噪声和保护人身安全,应尽可能加装防护罩进行封闭。

5 链传动的失效形式

链传动的失效主要表现为链条的失效。链条的失效形式主要有:链条疲劳破坏;链条铰链的磨损;销轴与套筒的胶合;链条冲击破断;链条的过载拉断。

第三节 齿轮传动

一 齿轮传动原理、特点及分类

齿轮传动是现代机械中应用最广泛的形式之一,如常用的计时钟表、传动玩具等都离不开齿轮传动。汽车底盘传动系统也普遍使用了齿轮传动。

1 齿轮传动原理

一对直齿圆柱齿轮传动如图7-32所示。它是在圆柱体的外圆柱上加工出渐开线的齿形,其由主动齿轮、从动齿轮和机架等组成。齿轮传动是通过主动齿轮的轮齿和从动齿轮的轮齿的直接啮合来传递运动和动力，能改变转速和转向，可用于传递空间任意两轴及以上多轴之间的运动和动力。

图 7-32　圆柱齿轮传动

2 齿轮传动的特点

与其他传动相比，齿轮传动具有以下特点：

1 优点

(1)适应性广。
(2)能保证瞬时传动比恒定，平稳性较高。
(3)结构紧凑、使用寿命较长，可实现较大的传动比。
(4)传动效率高。
(5)可以传递空间任意两轴间的运动。

2 缺点

(1)制造和安装精度要求高，成本高。
(2)不适于距离较大的两轴间的运动传递。

3 齿轮传动的分类

齿轮传动的类型很多，分类方法也很多。按两齿轮的轴线位置分为：平行轴齿轮传动、相交轴齿轮传动、交错轴齿轮传动；按两齿轮的啮合方式分为：外啮合齿轮传动、内啮合齿轮传动、齿轮齿条啮合传动；按轮齿的齿向分为：直齿、斜齿、人字齿、曲齿；按工作条件分为：开式传动、闭式传动；按齿面硬度分为：硬齿面齿轮传动、软齿面齿轮传动。齿轮传动的各种分类见表 7-4。

齿轮传动的分类　　表 7-4

按传动轴空间位置分类	按齿形分类		齿轮传动示意图
平行轴传动	直齿圆柱齿轮传动	外啮合传动	
		内啮合传动	
		齿轮齿条传动	
	斜齿圆柱齿轮传动		

续上表

按传动轴空间位置分类	按齿形分类	齿轮传动示意图
平行轴传动	人字齿轮传动	
相交轴传动	直齿圆锥齿轮传动	
	斜齿圆锥齿轮传动	
	曲齿圆锥齿轮传动	
交错轴传动	交错轴斜齿轮传动	
	蜗杆蜗轮传动	

二 渐开线齿轮各部分的名称和主要参数

1 渐开线

渐开线是一个数学概念,其定义为:将一个圆轴固定在一个平面上,轴上缠线,拉紧一个线头,让该线绕圆轴运动且始终与圆轴相切,那么线上一个定点在该平面上的轨迹就是渐开线,如图 7-33 所示。齿轮的齿形由渐开线和过渡线组成时,就是渐开线齿轮。

渐开线有如下性质:

(1)发生线 AB 沿基圆滚过的长度等于基圆上被滚过的一段弧长。

(2)渐开线上任意一点的法线必与基圆相切。

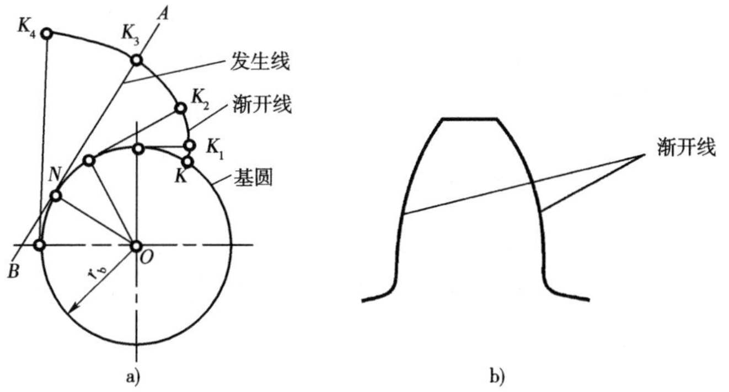

图 7-33 渐开线的形成与渐开线齿廓

(3)渐开线的形状取决于基圆的大小。基圆越小,渐开线越弯曲;基圆越大,渐开线越平直;基圆无穷大时,渐开线变为一条直线,渐开线齿轮变为齿条。

(4)因发生线切于基圆,故基圆内无渐开线。

2 渐开线直齿圆周齿轮各部分名称

目前,绝大多数齿轮都采用渐开线齿廓,它既能保证齿轮传动的瞬时传动比恒定,使传动平稳,而且还容易加工,互换性好。渐开线直齿圆柱齿轮各部位名称和尺寸代号,如图 7-34所示。

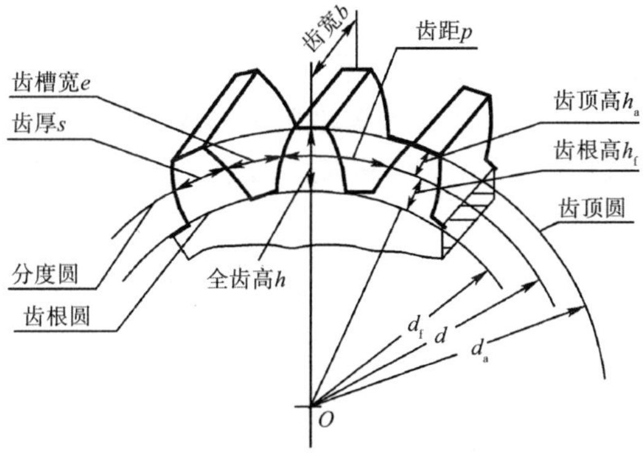

图 7-34 渐开线齿轮各部分名称和尺寸代号

(1)齿顶圆 d_a:通过轮齿顶部的圆周。

(2)齿根圆 d_f:通过轮齿根部的圆周。

(3)分度圆 d:对标准齿轮来说,齿厚与齿槽宽相等的圆。分度圆上的齿厚和齿槽宽分别用 s 和 e 表示,$s=e$。

(4)齿厚 s:一个齿的两侧端面齿廓之间的分度圆弧长。

(5)齿槽宽 e:一个齿槽的两侧端面齿廓之间的分度圆弧长。

(6)齿距 p:两个相邻且同侧端面齿廓之间的分度圆弧长。

(7)齿宽 b:齿轮的有齿部位沿分度圆柱面直母线方向量度的宽度。

(8)齿顶高 h_a:齿顶圆与分度圆的径向距离。

(9)齿根高 h_f:齿根圆与分度圆之间的径向距离。

(10)全齿高 h:齿顶圆与齿根圆之间的径向距离。

3 渐开线直齿圆柱齿轮的基本参数

生产中使用的齿轮不但种类多样,而且参数众多,同一种类的齿轮也具有不同的齿数、大小和宽度等参数。直齿圆周齿轮的基本参数有齿数、模数、压力角等。这些基本参数是齿轮各部分几何尺寸计算的依据。

1 齿数 z

一个齿轮的轮齿总数称为齿数。齿轮设计时,齿数是按使用要求和强度计算确定的。

2 模数 m

齿轮传动中,齿距 p 除以圆周率 π 所得到的商称为模数,即 $m = p/\pi$。

使用模数和齿数可以很方便地计算齿轮的大小,用分度圆直径表示:$d = mz$。

当齿轮的模数一定时,齿数不同,齿形也有差异。齿数越多,齿轮的几何尺寸越大,轮齿渐开线的曲率半径也越大,齿廓曲线越趋平直。当齿数趋于无穷大时齿轮的齿廓变为直线,成为齿条。

模数的大小反映了轮齿的大小。模数越大,轮齿越大,齿轮所能承受的载荷越大;反之,模数越小,轮齿越小,齿轮所能承受的载荷越小。

3 压力角 α

由渐开线的性质可知,渐开线上各点的压力角是不同的。压力角是齿轮运动方向与受力方向所夹的锐角,通常所说的压力角是指分度圆上的压力角。

国家标准中规定分度圆上的压力角为标准值,$\alpha = 20°$。压力角不同,轮齿的形状也不同。

三 齿轮的结构

想一想

观察图 7-35 所示的 4 种齿轮,分别说明其结构特点。

a)齿轮轴　b)实体式齿轮　c)腹板式齿轮　d)轮辐式齿轮

图 7-35　齿轮的结构形式

圆柱齿轮的结构由轮缘、轮毂和轮辐三部分组成,根据圆柱齿轮的齿顶圆直径大小,齿轮的结构分为齿轮轴、实体式齿轮、腹板式齿轮以及轮辐式齿轮等主要形式，其主要特点如下：

(1)齿轮轴：直径较小的齿轮通常直接和传动轴做成一个整体，即做成齿轮轴，如图7-35a)所示。

(2)实体式齿轮：当齿顶圆直径比轴径大很多，同时能保证轮缘最薄处 $e \geq 2.5$mm 以上时，可做成实体式齿轮，如图7-35b)所示。

(3)腹板式齿轮：当齿顶圆直径 $d_a = 200 \sim 500$mm 时，常用锻造方法做成腹板式结构，如图7-35c)所示。

(4)轮辐式齿轮：当齿顶圆直径 $d_a = 500 \sim 1000$mm 时，常采用轮辐式结构，如图7-35d)所示。因轮辐式齿轮结构复杂，故常采用铸铁或铸钢材料制造。

四 渐开线齿轮传动的传动比

在某齿轮传动中，主动齿轮的齿数为 z_1，从动齿轮的齿数为 z_2，主动齿轮每转过一个齿，从动齿轮也转过一个齿。当主动齿轮的转速为 n_1、从动齿轮的转速为 n_2 时，单位时间内主动齿轮转过的齿数 n_1z_1 与从动齿轮转过的齿数 n_2z_2 应相等，即 $n_1z_1 = n_2z_2$。

由此得传动比：

$$i_{12} = \frac{n_1}{n_2} = \frac{z_2}{z_1}$$

渐开线齿轮传动的传动比为恒定值，就保证了渐开线齿轮传动的平稳性。

五 斜齿圆柱齿轮传动的特点

斜齿圆柱齿轮传动和直齿圆柱齿轮传动一样，如图7-36所示。斜齿圆柱齿轮传动仅限于传递两平行轴之间的运动。当一对直齿圆柱齿轮啮合时，轮齿的接触线是与轴线平行的直线，如图7-37a)所示，轮齿沿整个齿宽突然同时进入啮合和退出啮合；而斜齿圆柱齿轮传动时轮齿和轴线倾斜一个角度，由齿顶的一端逐渐地进入啮合，接触线逐渐由短变长，再由长变短，直至完全脱离啮合为止，如图7-37b)所示。因此，在轮齿上所承受的力，也是逐渐由小到大，然后又逐渐减小的，其啮合过程比直齿长，同时啮合的齿数多。斜齿圆柱齿轮传动在汽车发动机和汽车底盘传动系统中被广泛运用。

图7-36　斜齿圆柱齿轮

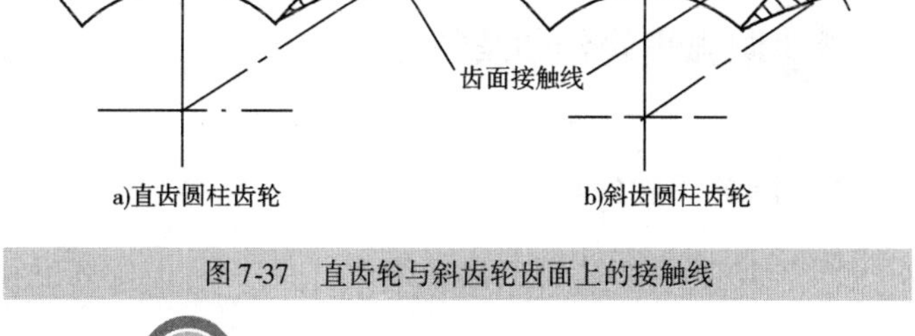

图7-37　直齿轮与斜齿轮齿面上的接触线

斜齿圆柱齿轮传动具有下列特点。

1 优点

(1)工作平稳,冲击和噪声小,适用于高速传动。

(2)重合度较大,有利于提高承载能力。

(3)最小齿数小于直齿轮的最小齿数。

2 缺点

(1)不能当作变速滑移齿轮。

(2)传动中存在轴向力,需要安装能承受轴向力的轴承,使支座结构复杂。为克服此缺点,可采用人字齿轮,但人字齿轮制造困难,成本高。

六 锥齿轮传动的特点及类型

1 锥齿轮传动的特点

如图7-38所示,锥齿轮传动用于相交轴之间的运动与动力的传递,其传动可以看成两个锥顶共点的圆锥体互作纯滚动。两轴间的轴交角 ε 可根据传动的需要来确定,一般采用两轴线互相垂直的锥齿轮传动,即轴交角为90°,如图7-39所示。

图7-38 锥齿轮传动

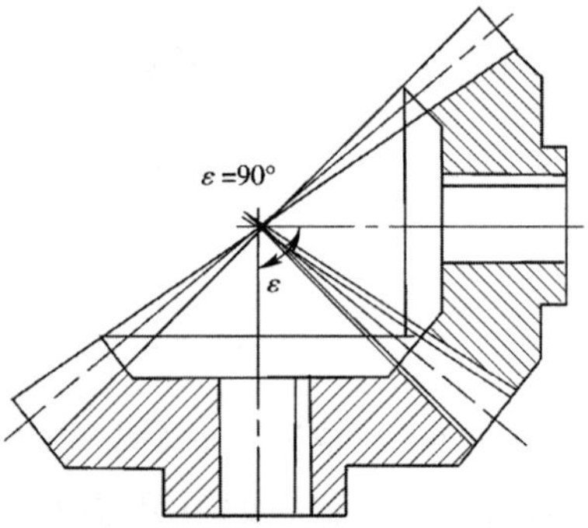

图7-39 锥齿轮两轴间交角

2 锥齿轮的类型

锥齿轮有直齿、斜齿和曲齿等几种类型。直齿锥齿轮的轴向力小,噪声较大,用于低速传动(<5m/s);斜齿锥齿轮的重合度大,噪声小;曲线齿锥齿轮传动平稳,噪声小,承载能力大,用于高速重载的场合,传递功率可达3700kW,圆周速度可达40m/s以上。直齿锥齿轮传动在汽车机械中广泛应用于减速机构。

七 圆弧齿轮传动及特点

1 圆弧齿轮传动

图7-40所示的是圆弧齿轮传动,它是一种以圆弧做齿廓的斜齿轮。在汽车主减速器总

成中多采用圆弧齿轮传动，如图7-41所示。

图7-40　圆弧齿轮传动

图7-41　主减速器总成

2 圆弧齿轮传动的特点

(1)圆弧齿轮齿面接触强度比渐开线齿轮高1~1.5倍以上。

(2)摩擦损失小，效率高（可达0.99~0.995），齿面磨损小。

(3)具有良好的跑合性，跑合后在齿廓法面上呈线接触。

(4)圆弧齿轮无根切现象。小齿轮齿数可小（$z_{1\min}=6\sim8$），其最小齿数主要是受轴的强度及刚度限制。

(5)对中心距及切齿深度、螺旋角的精度要求高。

(6)单圆弧齿轮轮齿的抗弯强度较弱。

八 齿轮传动的失效形式

想一想

机器中的齿轮往往长时间承受较重的负荷工作，你认为它们是如何被损坏而丧失工作能力的？

齿轮传动过程中，若轮齿发生折断、齿面磨损等现象，促使齿轮失去了正常工作能力的现象，称为失效。

齿轮传动的失效主要是指轮齿的失效，较为常见的失效形式有轮齿折断、齿面点蚀、齿面磨损、齿面胶合以及齿面塑性变形等几种形式。

1 轮齿折断

齿轮传动工作时，轮齿像悬臂梁一样承受弯曲载荷，因此根部的弯曲应力最大。当交变的齿根超过齿轮的弯曲疲劳极限应力且多次重复作用后,轮齿就会发生疲劳折断。轮齿折断是指齿轮的一个或多个齿的整体或其局部的断裂。

采用脆性材料(如铸铁、整体淬火钢等)制成的齿轮,因瞬时过载,轮齿容易发生突然折断。通常有疲劳折断和过载折断两种,如图7-42所示。

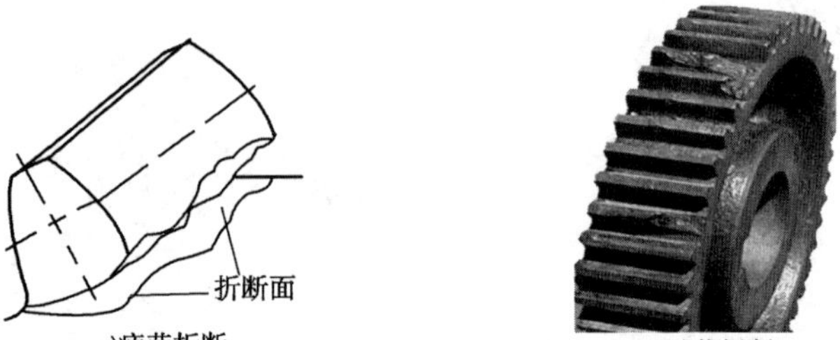

a)疲劳折断　　b)过载折断

图7-42　轮齿折断

2 齿面点蚀

齿轮工作时,轮齿齿面在法向力的作用下将产生接触应力,并按脉动循环变化。当齿面在过高的交变接触应力的反复作用下,齿面上的金属将小块脱落,形成麻点状的凹坑,称为点蚀,如图7-43所示。实践表明,齿面点蚀大多发生在靠近节线的齿根部位。

a)　　b)

图7-43　齿面点蚀

3 齿面磨损

齿面磨损是指在齿轮传动中,当齿面间落入沙砾、铁屑等磨料性物质时,齿面被逐渐磨损的现象。它是开式齿轮传动的主要失效形式之一。齿面磨损一方面导致渐开线齿廓形状被破坏,引起噪声和系统振动;另一方面使轮齿变薄,可间接导致轮齿的折断,如图7-44所示。一般采取改用闭式传动、改善密封和润滑条件、提高齿面硬度等措施来提高抗磨损能力。

4 齿面胶合

胶合是相啮合齿面的金属,在一定高温和压力下直接接触发生粘着磨损,同时随着齿面间的相对运动,使金属从齿面上撕落而引起的一种严重粘着磨损现象,如图7-45所示。胶合又有热胶合和冷胶合之分。

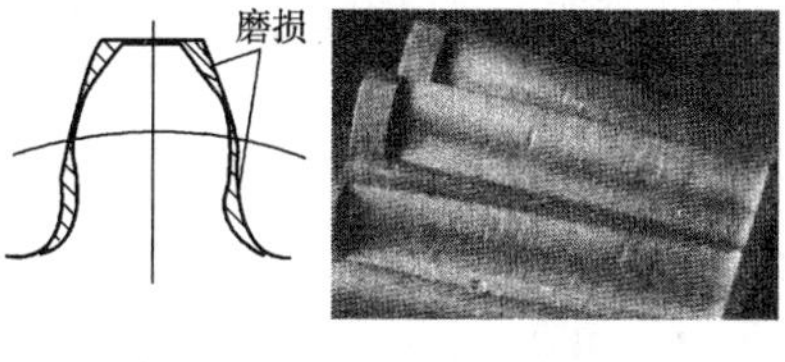

a)　b)

图 7-44　齿面磨损

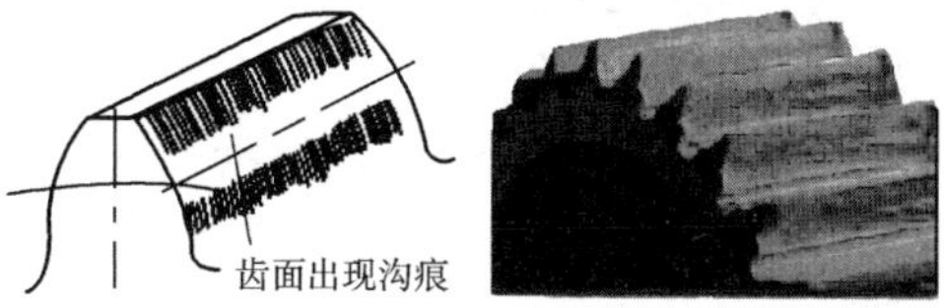

a)　b)

图 7-45　齿面胶合

一般采取使用黏度大或有抗胶合添加剂的润滑油(如硫化油)、提高齿面硬度、改善齿面粗糙度、配对齿轮采用不同的材料、加强散热等措施来防止齿面胶合的发生。

5 齿面塑性变形

在过大的应力作用下,轮齿材料因屈服产生塑性流动而形成齿面或齿体的塑性变形,如图 7-46 所示。在严重过载、起动频繁或重载传动中,较软齿面会发生塑性变形,破坏正确齿形。防止塑性变形的办法是提高齿面硬度和遵守操作规程。

a)　b)

图 7-46　齿面塑性变形

齿轮的失效形式与齿轮传动的工作条件、齿轮材料的性能及不同的热处理工艺、齿轮自身的尺寸、齿廓形状、加工精度等密切相关。使用齿轮时应避免产生冲击载荷,经常检查润滑系统的状况,注意检查齿轮传动的工作情况。

九 齿轮传动的维护方法

1 齿轮传动的维护

看和听是检查齿轮传动最常用的方法,直接检查开式齿轮传动齿轮表面或通过窥视孔观察闭式齿轮传动的齿面啮合状态是最有效的方法;通过耳朵判断齿轮传动的啮合是否发出异常响声。

想一想

齿轮传动为什么要进行润滑?如何选择润滑方式?

润滑对于齿轮传动十分重要。润滑不仅可以减小摩擦、减轻磨损,还可以起到冷却、防锈、降低噪声、改善齿轮的工作状况、延缓齿轮失效、延长齿轮的使用寿命等作用。

齿轮传动的润滑方式如下:

(1)开式及半开式齿轮传动,或速度较低的闭式齿轮传动,通常用人工周期性加油润滑,所用润滑剂为润滑油或润滑脂。根据承载条件选用润滑油或润滑脂的牌号,润滑油或润滑脂的添加量,以够用为准。

(2)通用的闭式齿轮传动,其润滑方法根据齿轮的圆周速度大小而定。当齿轮的圆周速度 $v<12\text{m/s}$ 时,常将大齿轮的轮齿浸入油池中进行浸油润滑。这样,齿轮在传动时,就把润滑油带到啮合的齿面上,同时也将油甩到箱壁上,借以散热。齿轮浸入油中的深度可视齿轮的圆周深度大小而定,对圆柱齿轮通常不宜超过一个齿高,但一般亦不应小于10mm;对圆锥齿轮应浸入全齿宽,至少应浸入齿宽的一半。在多级齿轮传动中,可借浸油齿轮将油带到未浸入油池内的齿轮的啮合面上。油池中的油量多少,取决于齿轮传递功率的大小。对单级传动,每传递1kW的功率,需油量为0.35~0.7L。对于多级传动,需油量按级数成倍地增加。

在齿轮传动中,起动、换挡、加载或卸载力求平稳过渡,避免产生冲击,防止突然过载造成轮齿的折断。

2 齿轮传动的拆卸与安装

(1)对于开式齿轮传动,注意调整好轴两端轴承的水平和垂直距离,以保证齿轮的正常啮合。

(2)对于闭式齿轮传动,由于中心距固定,只要正常安装到位,一般都能达到正常工作要求。

(3)拆卸齿轮时,最好选用压力机压出,采用专用胎具或用塑料棒、铜棒作垫,切忌使用重锤直接敲击轴的端部或齿轮的本体。安装齿轮时应保证齿轮的轴向定位。

第四节 蜗杆传动

一 蜗杆传动的组成

蜗杆传动是由带有螺旋状的蜗杆、类似于斜齿轮的内凹弧形齿的蜗轮和机架组成,如图7-47所示。一般蜗杆为主动件,蜗轮为从动件。蜗杆传动用于传递空间两交错轴之间的运动和动力,通常两轴垂直交错,轴交角 $\varepsilon=90°$。蜗杆每转动一圈,蜗轮被相应拨过一个齿。

图7-47 蜗杆传动的组成

当传动装置的结构尺寸较小又要求较大的传动比时,通常可选用蜗杆传动。蜗杆传动广泛应用于各种机械的传动系统中,如汽车转向器等。

想一想

(1)蜗轮与蜗杆轴线的相对位置关系如何?

(2)蜗杆传动中,是蜗杆带动蜗轮还是蜗轮带动蜗杆?举例说明。

二 蜗杆传动的特点

与齿轮传动相比,蜗杆传动的主要优点为:

(1)传动比大。

(2)传动平稳,噪声小。

(3)结构紧凑,体积小、质量小。

(4)蜗杆传动可以实现自锁,有安全保护作用。

蜗杆传动的主要缺点为:

(1)齿面磨损严重,传动效率较低。

(2)为减小齿面磨损,蜗轮常用较贵重的金属制造,故成本较高。

三 蜗杆传动中蜗轮、蜗杆的转向判定

1 蜗杆与蜗轮螺旋方向判定

蜗轮与斜齿轮一样,也分左旋齿和右旋齿,如图 7-48 所示。蜗杆、蜗轮的螺旋方向可用右手法则判定。具体方法是用右手四指表示轴线方向,掌心面向自己,大拇指指向与蜗杆或蜗轮的指向一致,则为右旋蜗杆或蜗轮;反之为左旋蜗杆或蜗轮。

2 蜗杆传动旋转方向判定

蜗轮的旋转方向,不仅与蜗杆的旋转方向有关,而且还与蜗杆的螺旋方向有关。当已知蜗杆的旋转方向及螺旋方向后,可判定蜗轮的旋转方向:当蜗杆是右旋(或左旋)时,伸出右手(或左手)半握拳,用四指顺着蜗杆的旋转方向,这时与大拇指指向相反,就是蜗轮的旋转方向,如图 7-49 所示。

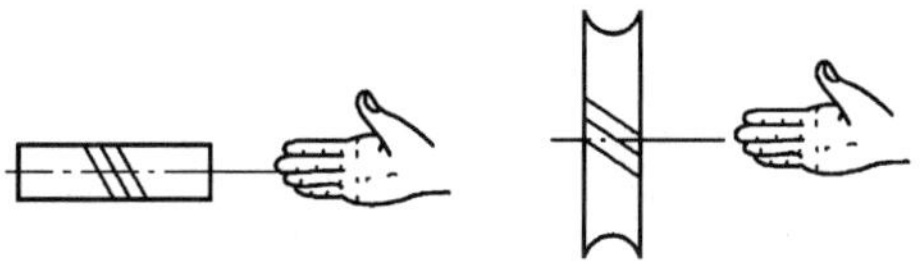

a)右旋蜗杆　　b)右旋蜗轮

图 7-48　蜗杆蜗轮螺旋方向判定

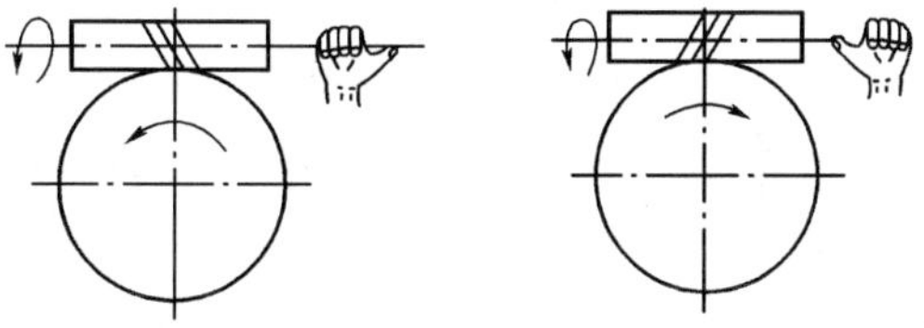

图 7-49　蜗轮旋转方向判定

四 蜗杆传动的失效形式

蜗杆传动的失效形式与齿轮传动相似,但是蜗杆传动的两轴成空间 90°相错,所以在蜗杆传动中,蜗杆、蜗轮的齿廓间将产生较大的相对滑动,摩擦、磨损和发热严重,使蜗杆传动失效。由于蜗轮材料的强度往往低于蜗杆材料的强度,所以失效大多发生在蜗轮轮齿上,如图 7-50 所示。蜗杆传动的失效形式有点蚀、胶合、磨损和齿根折断。对于开式蜗杆传动,主

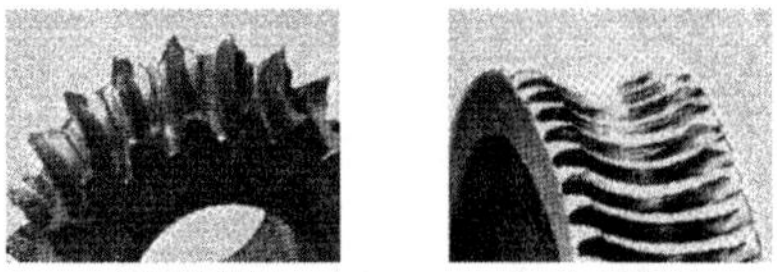

a)齿面磨损　　b)齿面点蚀

图7-50　蜗轮的失效形式

要失效形式是磨损;而闭式蜗杆传动的润滑条件较好,主要失效形式是胶合。常用增加风扇来强制降低润滑油的温度,以防止产生胶合。

为防止产生胶合,选择两种不同的材料作为蜗杆与蜗轮是最好抗胶合的方法。

五 蜗杆传动的拆装与维护

蜗杆传动时,由于蜗杆的齿面嵌入蜗轮的凹弧齿中,所以安装时应先装入蜗轮后再装入蜗杆,最后装入蜗杆两端的滚动轴承;拆卸时一定要先拆卸掉蜗杆一端的滚动轴承,使蜗杆与蜗轮脱离啮合后,才能将蜗杆及另一端滚动轴承一起拆下。拆卸的注意事项与齿轮传动相同,切忌强拆硬敲。滚动轴承的安装应当到位,方可防止蜗杆在传动中左右窜动。

由于蜗杆传动的滑动速度大,效率低,发热量大,因此润滑对蜗杆传动来说,具有特别重要的意义。若润滑不良,传动效率将显著降低,并且会带来剧烈的磨损和产生胶合破坏的危险。所以往往采用黏度大的矿物油进行良好润滑,在润滑油中还常加入添加剂,提高其抗胶合能力。

蜗杆传动所采用的润滑油、润滑方法及润滑装置与齿轮传动基本相同。

第五节　齿　轮　系

想一想

(1)如何提高齿轮传动的传动比?

(2)有什么方法可以利用齿轮传动来实现输出轴不同的转速?

(3)有什么方法可以利用齿轮传动来实现大的传动比?

(4)有什么方法可以实现输出轴的正反转?

一 齿轮系的分类和应用

在实际应用中,往往需要由多对齿轮传动组成传动系统,来实现从动轴的降速、多种变速和变向。这种由一系列相互啮合的齿轮组成的传动装置称为齿轮系,如图7-51所示。

图7-51　齿轮系

1 齿轮系的分类

齿轮系传动时,根据各齿轮轴线的位置是否固定，可分为定轴轮系和周转轮系两大类，如图 7-52 所示。

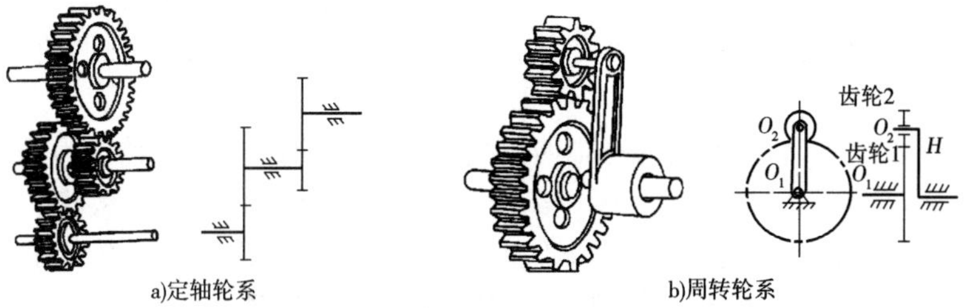

图 7-52　齿轮系的分类

1 定轴轮系

轮系运转时，所有齿轮的轴线位置保持固定的轮系，称为定轴轮系。

2 周转轮系

齿轮系运动中，至少有一个齿轮的轴线围绕另一个齿轮的固定轴线旋转的，这样的轮系称为周转轮系。如图 7-52b）所示齿轮 2 除绕自身轴线回转外，还随同构件 H 一起绕齿轮 1 的固定几何轴线回转。齿轮 2 称为行星轮，H 称为行星架或系杆，齿轮 1 称为太阳轮。

2 齿轮系的应用

齿轮系在大多数机械传动中，将主动轴的较快转速转变为从动轴的较慢转速，或者将主动轴的一种转速变换为从动轴的多种转速，或者改变从动轴的旋转方向。在汽车底盘广泛运用齿轮系传动，如手动变速器、自动变速器、分动器、差速器及汽车起动装置。

齿轮系的功用大致可归纳为以下几个方面：

1 齿轮系可获得较大的传动比

采用轮系传动可以获得较大的传动比，以满足低速工作的要求，如图 7-53 所示。若 $z_1 = 100, z_2 = 101, z_{2'} = 100, z_3 = 99$，可使从系杆 H 到轮 1 的传动比达 10000。

2 齿轮系可实现较远距离的两轴之间的传动

如图 7-54 所示，用 4 个小齿轮 a、b、c 和 d 组成的齿轮系，代替一对大齿轮 1、2 来实现啮合传动，采用齿轮系传动使机械结构紧凑，节省了材料，方便制造和安装，并能进行远距离传动。

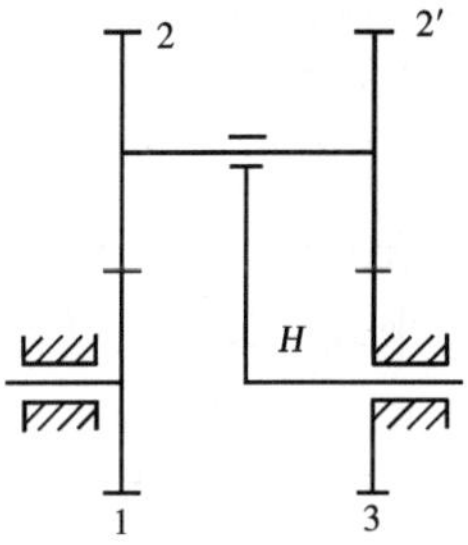

图 7-53　大传动比传动

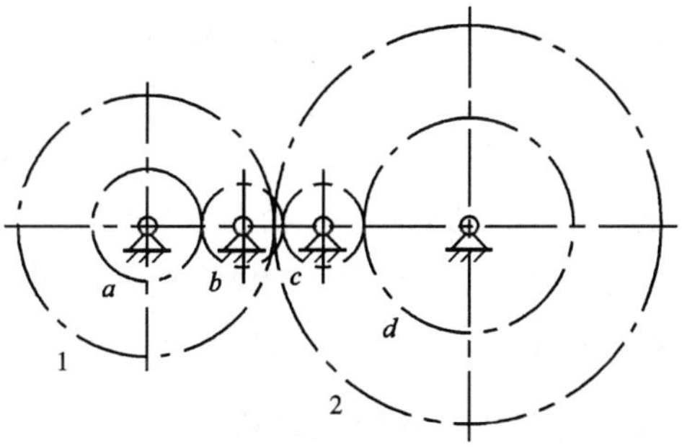

图 7-54　远距离传动

3 齿轮系可实现变速的要求

在主动轴转速不变的情况下,利用轮系可使从动轴获得多种工作转速,采用滑移齿轮等变速机构,可改变传动比,实现多级变速要求。如汽车变速器,可以实现低速、中速、高速挡位的变化。

图7-55所示的是汽车上常用的三轴四速变速器传动简图。图中轴Ⅰ为输入轴,轴Ⅲ为输出轴,轴Ⅱ和Ⅳ为中间传动轴。当牙嵌离合器的 x 和 y 半轴结合,滑移齿轮4、6空套时,Ⅲ轴得到与Ⅰ轴同样的高转速;当离合器脱开,运动和动力由齿轮1、2传给Ⅱ轴,当移动滑移齿轮使4与3啮合,或6与5啮合,Ⅲ轴可得到中速或低速挡。

4 可改变从动轴回转方向

在图7-55中,当移动齿轮6与Ⅳ轴上的齿轮8啮合,Ⅲ轴转速反向,可得倒车挡。

5 齿轮系可实现运动的合成和分解

采用行星轮系可将两个独立运动合成为一个运动,或将一个运动分解成两个独立的运动。如图7-56所示的行星轮系中,其系杆 H 的运动是齿轮1和3运动的合成。

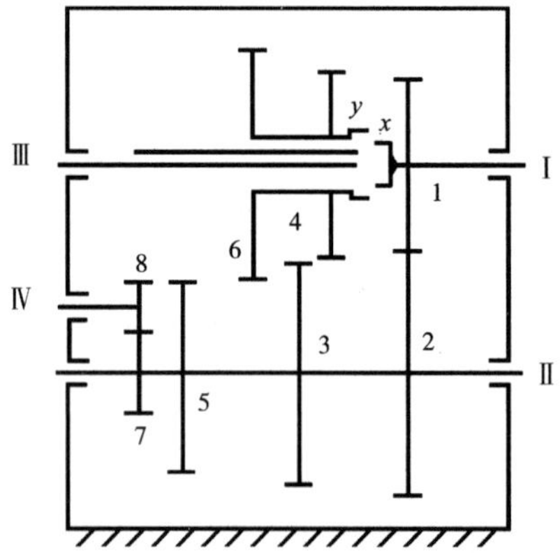

图7-55 变速传动

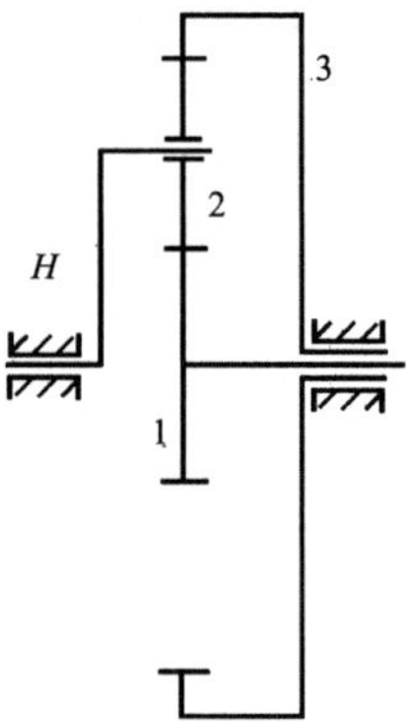

图7-56 运动的合成和分解

二 定轴齿轮系传动比计算

齿轮系中,输入轴与输出轴之间的转速或角速度之比,称为齿轮系的传动比。齿轮系传动比的计算包括:传动比大小的计算和确定输入轴与输出轴的转向关系。

对于各轴线平行的定轴轮系,依据两圆柱齿轮内啮合时转向相同为“+”、两齿轮外啮合时转向相反为“-”的原则确定齿轮系各轴的转向关系,“+”表示输入轴与输出轴转向相同,“-”表示输入轴与输出轴转向相反。另外还可以用作图法来确定齿轮的转向:外啮合齿轮传动,用反方向箭头表示;内啮合齿轮传动,用同方向箭头表示。

1 一对齿轮啮合传动比的计算

图7-57所示的是一对齿轮啮合情况。判断两轴的转向,对于平行轴传动,两轴转向相同时

(图 7-57a)的内啮合)传动比为正值;两轴转向相反时(图 7-57b)的外啮合)传动比为负值。

$$i_{12}=\frac{n_1}{n_2}=\frac{\omega_1}{\omega_2}=\pm\frac{z_2}{z_1}$$

对于非平行轴传动,其中传动比不能用正负号表示,齿轮的转向只能标注在图上,如图 7-57c)、图 7-57d)所示。

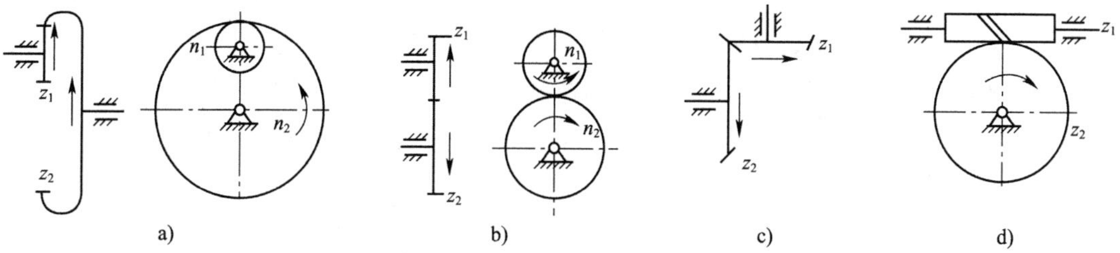

图 7-57　一对齿轮啮合情况

2 定轴轮系传动比的计算

轮系中主动轴与从动轴间的转速或角速度之比,称为轮系的传动比。如图 7-58 所示的定轴轮系中,齿轮 1 为主动轮,通过齿轮2—3—4将运动和动力传递给齿轮 5,则轮系的传动比大小为 :

$$i_{15}=\frac{n_1}{n_5}=\frac{\omega_1}{\omega_5}$$

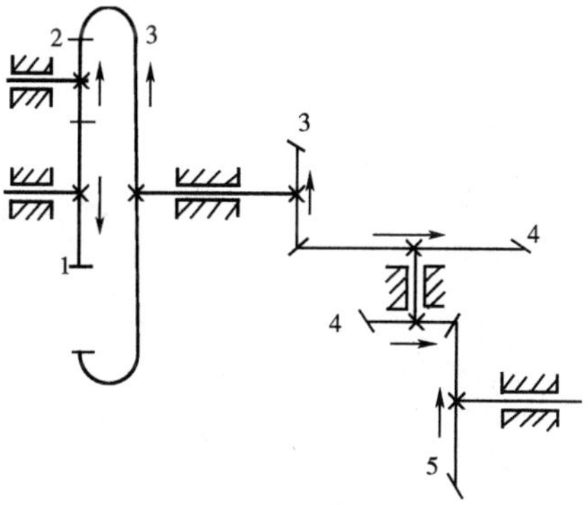

图 7-58　定轴轮系

下面讨论传动比 i_{15}的计算方法。

轮系中各对啮合齿轮的传动比的大小:

$$i_{12}=\frac{n_1}{n_2}=\frac{\omega_1}{\omega_2}=-\frac{z_2}{z_1}\text{(转向相反)}$$

$$i_{23}=\frac{n_2}{n_3}=\frac{\omega_2}{\omega_3}=\frac{z_3}{z_2}$$

$$i_{34}=\frac{n_3}{n_4}=\frac{\omega_3}{\omega_4}=\frac{z_4}{z_3}$$

$$i_{45}=\frac{n_4}{n_5}=\frac{\omega_4}{\omega_5}=\frac{z_5}{z_4}$$

其中,由于同一轴上的齿轮转速大小相等,转向相同,所以 $n_3=n_3$、$n_4=n_4$。

若将上列各式的两边连乘起来,于是可得

$$i_{12}\times i_{23}\times i_{34}\times i_{45}=\frac{n_1}{n_2}\frac{n_2}{n_3}\frac{n_3}{n_4}\frac{n_4}{n_5}=-\frac{z_2}{z_1}\frac{z_3}{z_2}\frac{z_4}{z_3}\frac{z_5}{z_4}$$

即

$$i_{15}=\frac{n_1}{n_5}=-\frac{z_2}{z_1}\frac{z_3}{z_2}\frac{z_4}{z_3}\frac{z_5}{z_4}=-\frac{z_5}{z_1}$$

“ - ”号表示齿轮 1 与 5 转向相反(也可用标注箭头来确定)。其中齿轮 2 同时和两个齿轮啮合,它既是从动轮又是主动轮,它的齿数不影响传动比的大小,只改变后面齿轮的转向,这种齿轮称为惰轮。

上面式子说明:定轴轮系的传动比等于组成该轮系的各对啮合齿轮传动比的连乘积;其大小等于各对啮合齿轮中所有从动齿轮齿数的连乘积与所有主动齿轮齿数的连乘积之比。即

$$定轴轮系的传动比(i_{1n})=\frac{首轮(输入轴)转速}{末轮(输出轴)转速}=\frac{所有从动齿轮齿数的连乘积}{所有主动齿轮齿数的连乘积}$$

【例题】 如图7-59所示的某汽车变速器的齿轮系,可实现4种不同的转速。图中输入轴与输出轴在同一轴线上,但两轴独立转动,只有当输入轴上的齿轮2与输出上的齿轮3的(图中未画出)相啮合时,输入轴才与输出轴连成一体。各齿轮齿数分别为$z_1=15$,$z_2=17$,$z_3=20$,$z_4=27$,$z_5=30$,$z_6=27$,$z_7=22$,$z_8=15$,$z_9=12$,当输入轴的转速为2000r/min时,分别求出4个挡的转速大小。

解:(1)如图7-59所示的倒挡齿轮啮合传动图,最右侧下、中、上3个齿轮9、10、5之间啮合为低速挡。其齿轮啮合路线为$z_1 \to z_6 \to z_9 \to z_{10} \to z_5 \to$输出轴。

$$i_{入出}=i_{15}=\frac{n_1}{n_5}=i_{16}i_{910}i_{105}=(-1)^3\frac{z_6}{z_1}\frac{z_{10}}{z_9}\frac{z_5}{z_{10}}=-\frac{27\times15}{30\times12}=-4.5$$

$$n_5=\frac{n_1}{-4.5}=\frac{2000}{-4.5}\approx-444.4(\text{r/min})$$

表明转向相反,用于倒车。

(2)如图7-60所示的一挡齿轮啮合传动图,其传动路线为$z_1 \to z_6 \to z_8 \to z_4 \to$输出轴。

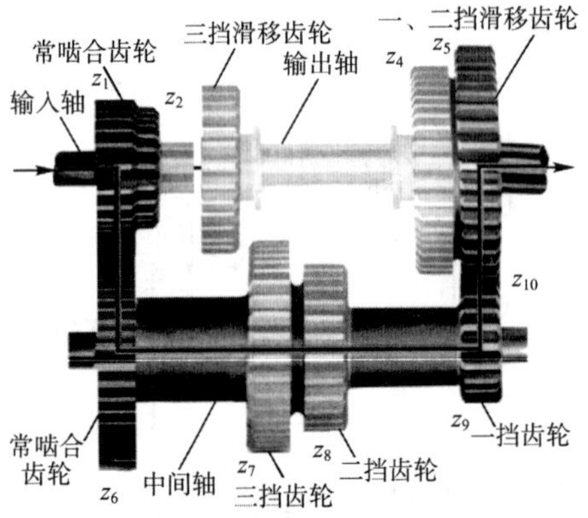

图7-59 倒挡传动

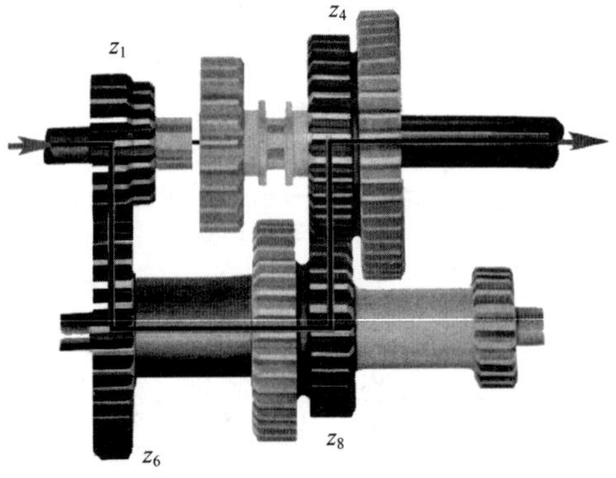

图7-60 一挡传动

$$i_{入、出}=i_{14}=\frac{n_1}{n_4}=i_{16}i_{84}=(-1)^2\frac{z_6}{z_1}\frac{z_4}{z_8}=\frac{27\times27}{15\times15}=3.24$$

$$n_4=\frac{n_1}{n_{14}}=\frac{2000}{3.24}\approx617.28(\text{r/min})$$

表明转向相同。

(3)如图7-61所示的二挡齿轮啮合传动图,其齿轮啮合路线为$z_1 \to z_6 \to z_7 \to z_3 \to$输出轴。

$$i_{入、出}=i_{14}=\frac{n_1}{n_3}=i_{16}i_{73}=(-1)^2\frac{z_6}{z_1}\frac{z_3}{z_7}=\frac{27\times20}{15\times22}\approx1.64$$

$$n_3=\frac{n_1}{n_{13}}=\frac{2000}{1.64}\approx1219.5(\text{r/min})$$

表明转向相同。

(4)如图7-61所示的输入轴外齿轮 z_2 右移进入输出轴的齿轮 z_3 的内齿后，两轴合成一体，z_1 和 z_6 脱离啮合，输入轴的转速直接由输出轴传出，即三挡转速为：

$$n_{入}=n_{出}=2000(\text{r/min})$$

得出四个挡的输出转速分别为 -444.4r/min、617.28r/min、1219.5r/min 和 2000r/min。

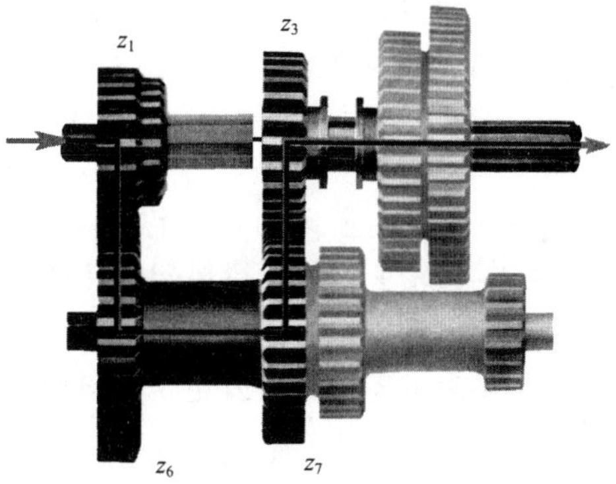

图7-61　二挡传动

三 周转轮系的应用

1 周转轮系的结构

如图7-62所示的一单排内外啮合的周转轮系中，外齿轮1、内齿轮3位于中心位置绕着轴线 O_1 回转——称为中心轮；齿轮2同时与外齿轮1和内齿轮3相啮合，其既作自转又作公转——称为行星轮；支持行星轮的构件 H——称为行星架 H。注意：在周转轮系中，两中心轮和行星架的回转轴线一定要重合，否则，轮系无法转动。用作动力传动的周转轮系通常都采用具有多个行星轮，并使其均匀分布在轮的四周，如图7-63所示。

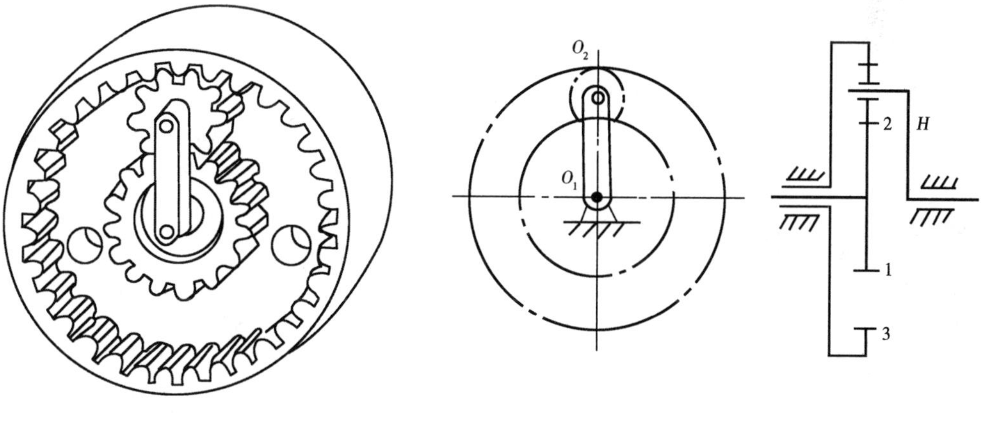

a)　　b)

图7-62　单排内外啮合的周转轮系

2 周转轮系传动比的计算

如图7-62、图7-63所示，由于行星轮的运动有自转和公转，所以周转轮系传动比的计算

方法不同于定轴轮系,但它们之间又有内在的联系。假想行星架相对固定,使周转轮系转化为假想的定轴轮系,则有:

$$i_{13} = \frac{n_1}{n_3} = \frac{(n_1 - n_H)}{(n_3 - n_H)} = -\frac{z_3}{z_1}$$

式中:i_{13}——假想行星架相对固定时,齿轮1与齿轮3的传动比;

n_1——齿轮1相对于行星架的转速,即 $n_1 = n_1 - n_H$;

n_3——齿轮3相对于行星架的转速,即 $n_3 = n_3 - n_H$;

"-"——表示齿轮1与齿轮3转向相反。

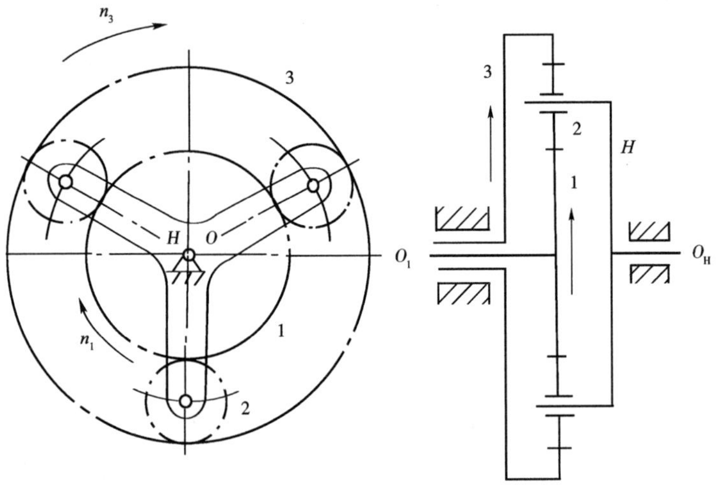

图7-63　具有3个行星轮的周转轮系

3 周转轮系的分类

(1)差动轮系:中心轮的转速都不为0的周转轮系。

(2)行星轮系:有一个中心轮的转速为0的周转轮系。汽车自动变速器上常采用行星轮系。

思考与练习

一、选择题

1. 齿轮传动中大体有3种齿廓曲线的齿轮,其中(　　)齿轮制造容易、便于安装,互换性亦好,应用最广。

A. 渐开线　　B. 摆线　　C. 圆弧

2. 齿轮传动能保证两轮(　　)恒等于常数。

A. 传动比　　B. 平均传动比　　C. 瞬时传动比

3. 斜齿圆柱齿轮传动与直齿圆柱齿轮传动相比最大的优点是(　　)。

A. 传动效率高　　B. 传动比恒定　　C. 传动平稳、噪声小

4. 能够实现相交轴之间的运动与动力的传递的齿轮传动机构是(　　)。

A. 直齿圆柱齿轮机构　　B. 斜齿圆柱齿轮机构　　C. 圆锥齿轮机构

5. 蜗杆传动用于传递两个(　　)轴之间的运动和动力。

A. 平行　　B. 相交　　C. 空间交错

二、填空题

1. 带传动与链传动用于传递________和________,是机械传动中重要的传动形式。

2. 带传动是由________、________、________及机架组成。

3. 带传动根据其传动原理分为________和________两大类。摩擦型带传动它主要是靠________和________接触面之间________的来传递动力和运动;而啮合型带传动即为________,它是靠________与________的啮合传递运动和动力的。

4. 在所有的带传动中,________应用最广。

5. V 型带已标准化,国家标准规定的普通 V 型带按截面尺寸由小到大有________________七种型号。

6. 同步齿带传动是由一条内周表面设有________的环形传动带和具有相应齿的________所组成,运行时带齿与________相啮合传递运动和动力。

7. 链传动由轴线平行的________、________、________以及机架组成。工作时靠________与________的啮合来传递运动和动力。

8. 常用的传动链主要有________和________两种。其中________传动应用最为广泛,一般所说的链传动即指________传动。

9. 滚子链有________、________和________等几种。

10. 链轮的外形结构与链轮的直径有关。小直径一般制成________;中等直径可制成________;大直径的链轮常采用________或________。

11. 链传动张紧的目的,主要是为了避免在链条的垂度过大时,产生________和链条的________现象;当两轮轴心连线倾斜角大于________时,通常设有张紧装置。张紧方法有________和________两种。

12. 渐开线齿轮传动的________为恒定值,就保证了渐开线齿轮传动的________。

13. 齿轮传动常见的失效形式有________、________、齿面磨损、________以及齿面塑性变形等几种形式。

14. 由一系列________组成的传动系统称为轮系,根据各齿轮轴线的位置是否固定,可分为________和________两大类。

15. 齿轮系传动比的计算包括________________。

16. 一对外啮合齿轮传动两轮转向________;一对内啮合齿轮传动两轮转向________。

17. 周转轮系中,行星架和中心轮的回转轴线________。

18. 周转轮系中,绕固定轴线转动的齿轮为________,兼有自转和公转的齿轮为________。

三、判断题

1. 在制造、安装过程中,一对相互啮合的齿轮中心距的微小误差会改变其瞬时传动比,因此在制造、安装时要求较高。（　　）

2. 斜齿圆柱齿轮螺旋角越大,轮齿越倾斜,则传动的平稳性越好,但轴向力也越大。（　　）

3. 蜗杆传动与其他齿轮传动相比较,最大的特点是传动比大,是其他齿轮机构所无法实现的。（　　）

4. 蜗杆传动的两轴线成空间90°相错,所以在传动中将产生较大的相对滑动。（　　）

5. 惰轮对轮系的传动比大小有影响。（　　）

6. 轮系的作用仅在于能实现变速和变向运动。（　　）

7. 周转轮系传动比可按定轴轮系传动比计算公式计算。（　　）

8. 轮系中的某个中间齿轮可以既是前级的从动轮,又是后级的主动轮。（　　）

四、问答题

1. V型带传动、多楔带传动及同步齿带传动各有什么特点?

2. 齿轮传动的特点是什么?

3. 蜗杆传动的特点是什么?

4. 如何判断输出轴的转向?

5. 周转轮系与定轴轮系相比在结构上有何不同?

单元八
汽车液压传动与气压传动

本章描述

液压传动以油液作为工作介质，而气压传动则以气体作为工作介质，实现动力或信息传递。掌握液压传动、气压传动在汽车上的运用，有助于理解汽车液压制动装置、液压助力转向装置、自动变速器的液力传动装置、自动变速器液压控制装置、气压制动装置以及汽车维修企业的气动设备的工作原理并且使用它们。

知识目标

1. 了解液压传动和气压传动的工作原理、基本参数和传动特点；
2. 知道液压传动和气压传动系统各组成元件作用、工作原理。

技能目标

1. 会画常见液压传动和气压传动系统元件图形及符号；
2. 能对汽车液压传动和气压传动系统元件实物进行拆装；
3. 能正确使用汽车维修企业的气动设备。

素养目标

1. 提高使用液压、气压设备的安全意识；
2. 培养严谨、敬业的工作作风。

建议学时

18 学时。

第一节　认识液压传动与气压传动

想一想

(1)液压传动、气压传动与机械传动有何区别?

(2)汽车上哪些装置应用了液压传动、气压传动?

一 液压传动系统的工作原理

1 液压传动系统的组成

液压传动系统由4个部分组成:动力元件、执行元件、控制元件及辅助元件,各部分的作用如下:

1 动力元件

将机械能转化成液压能,向液压系统提供压力油,是系统的动力源,如油泵。

2 执行元件

将液压能转化成机械能,在压力油的作用下,完成对外做功,如液压缸、液压马达。

3 控制元件

控制油液的流动方向、调节压力和流量,如各种控制阀(溢流阀、节流阀、换向阀等)。

4 辅助元件

清洁、散热、密封及储存等,如储油罐、油管、管接头、过滤器、蓄能器、密封件等。

2 液压传动系统的工作原理

液压传动系统利用液压泵将原动机的机械能转换为液体的压力能,通过液体压力能的变化来传递能量,经过各种控制阀和管路的传递,借助于液压执行元件(如液压缸、液压马达),把液体压力能转换为机械能,驱动工作机构实现直线往复运动和回转运动。其中液体工作介质一般为矿物油。图8-1所示的是液压千斤顶的组成及工作原理示意图。

当向下压杠杆1时,小活塞3使油腔4内的液体经油管9、止回阀7进入油腔10,并使大活塞11上升,顶起重物 W 。适当地选择大、小活塞面积和杠杆比,就可以用人力升起很重的负载 W 。

3 液压传动系统的特点

与机械传动、电力传动等相比,液压传动的特点有:

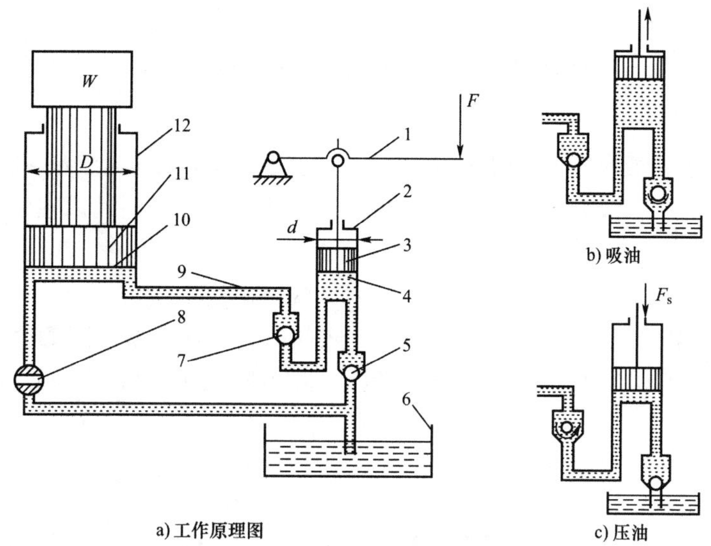

图 8-1　液压千斤顶的组成及工作原理图

1-杠杆;2-泵体;3、11-活塞;4、10-油腔;5、7-止回阀;6-油箱;8-放油阀;9-油管;12-缸体

(1)结构紧凑,传动力大。

(2)定位精确,运动平稳,易于实现自动控制。

(3)速度可无级调速(可任意地控制与调节速度和压力,运动速度和方向的改变能在很短时间内实现)。

(4)机件润滑良好,寿命长。

(5)传动效率较低,不宜作远距离传递,不宜在高温或低温条件下工作。

(6)不能保证精确传动比,液压油易泄漏。

(7)液压元件精度要求高,制造成本高。

4 液压传动系统的参数

液压传动系统有两个基本参数:压力、流量。

1 压力

液压传动系统中的压力,其实是压强。压强是作用在液体单位面积上的力,一般用 P 表示,而作用在活塞有效面积上的力,用 F 表示。由帕斯卡原理知道,在密闭容器内,静止液体中任一点的压强处处相等。如图 8-2 所示,当活塞和重物的有效作用面积分别为 A_1、A_2,且 $A_1 < A_2$ 时,有下列关系式:

因为　$$p = F/A_1 = G/A_2$$

所以　$$F < G$$

式中:F——作用在油液表面上的外力(N);

G——重物重力(N);

A_1——外力作用面积(m^2);

A_2——举起重物 G 的活塞面积(m^2);

p——油液压力(Pa)。

从公式中可以看出,当重物 G 一定时,减小动力 F 作用面积 A_1 可以获得省力 F 的效果。

2 流量

单位时间内进出液压缸或通过管道某一截面的液体的体积称为流量,符号为 q(m^3/s)。如图8-3所示,若在时间 t 内流过的液体体积为 V,s 为活塞单位时间内在缸内的移动距离,则流量为:

$$q = V/t = As$$

另外,液体沿液管流动时,由于液体对管壁之间以及液体分子之间的摩擦,会产生一定的损失,这种损失称为压力沿程损失。管道越长,流速越快,损失就越大;相反,管道越短,损失就越小。

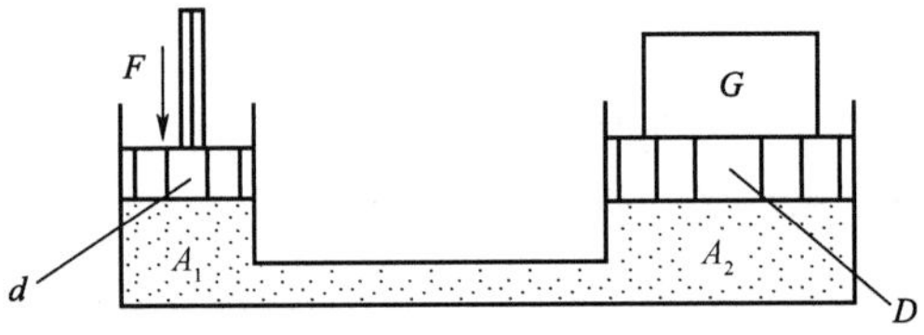

图8-2 作用力与活塞有效作用面积的关系

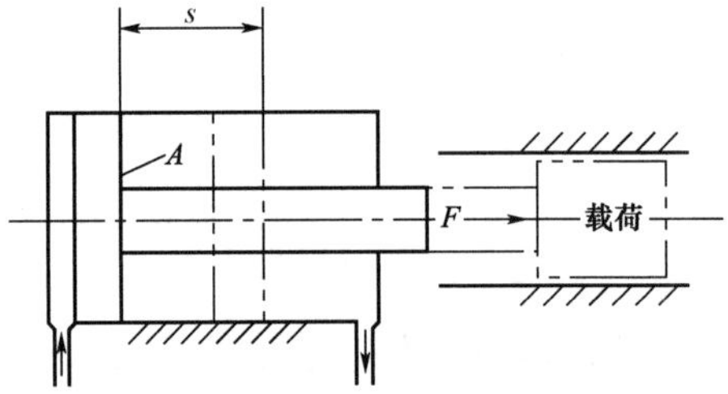

图8-3 通过液压缸的流量

二 气压传动系统的工作原理

1 气压传动系统的组成

气压传动系统由4个部分组成:动力元件、执行元件、控制元件及辅助元件,各个部分的作用如下:

1 动力元件

将机械能转化成气压能,向气压系统提供压力气体,是系统的气压发生装置,如空气压缩机。

2 执行元件

将气压能转化成机械能,在压力气体的作用下,完成对外做功,如气缸、气压马达。

3 控制元件

控制气体的流动方向、调节压力和流量,如各种控制阀。

4 辅助元件

清洁、润滑、密封及储存设备等,如除油器、储气罐、密封件、管件等。

2 气压传动系统的工作原理

以压缩气体为工作介质，靠气体的压力传递动力或信息，将压缩气体经由管道和控制阀输送给气动执行元件，把压缩气体的压力能转换为机械能而做功。如图 8-4 所示，气体被空气压缩机压缩，经冷却器、除油器、干燥器到达储气罐，储存压缩空气并稳定压力。然后经过滤器、调压器（减压器）形成清洁稳压的压缩气体。经过处理的压缩空气，再经气压控制元件进入气压执行元件，推动活塞带动负载工作。油雾器的作用是将润滑油喷成雾状，悬浮于压缩空气内，使控制阀及气缸得到润滑。

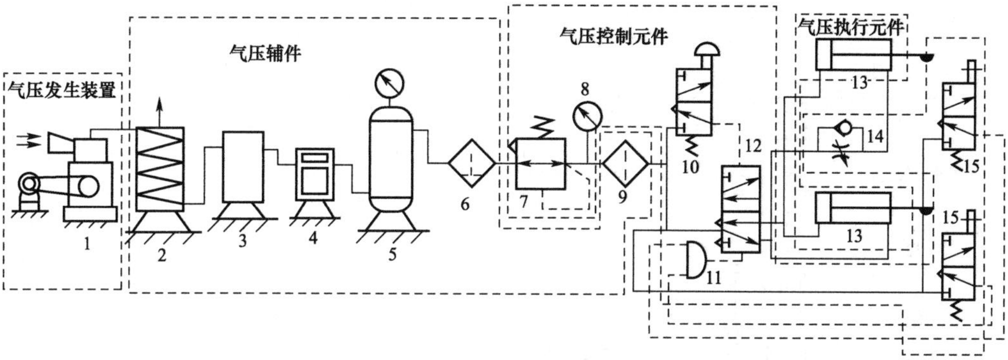

图 8-4　气压传动的工作原理图

1-空气压缩机；2-冷却器；3-除油器；4-干燥器；5-储气罐；6-过滤器；7-调压器（减压器）；8-气压表；9-油雾器；10、11、12、14、15-控制阀；13-气缸

3 气压传动系统的特点

气压传动与机械传动、液压传动、电力传动相比，有以下特点：

（1）空气工作介质获得容易，用后的空气排到大气中，处理方便。

（2）因空气的黏度很小，其损失也很小，所以便于集中供气、远距离输送。

（3）气压传动动作迅速、维护简单。

（4）工作环境适应性好，特别在恶劣工作环境中，控制性好。

（5）由于空气具有可压缩性，因此工作速度稳定性较差。

（6）因工作压力低，且机构尺寸不宜过大，所以总输出力较小。

（7）噪声较大。

（8）气动控制系统不宜用于元件级数过多的复杂回路。

4 气压传动系统的基本参数

气压传动系统的基本参数主要是系统工作压力，在系统中采用气压表显示。

三 液压传动与气压传动元件的图形符号

为了便于分析和使用，每一系统组成元件都有特定的图形符号。表 8-1 列出了常见液压、气压传动元件的图形符号。

常见液压、气压传动元件图形符号

表 8-1

液压传动系统			气压传动系统		
名称	符号	说明	名称	符号	说明
(1)动力元件					
液压泵		一般符号	压缩机	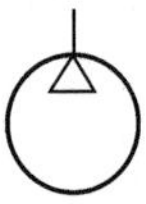	一般符号
(2)执行元件					
液压马达		一般符号	气缸	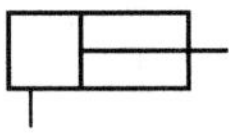	一般符号
液压缸 单活塞缸	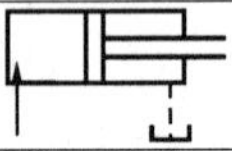	详细符号			
液压缸 单活塞缸	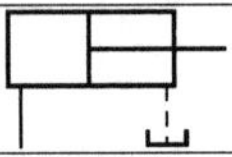	简化符号			
液压缸 双作用缸	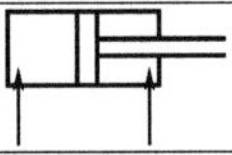	详细符号			
液压缸 双作用缸	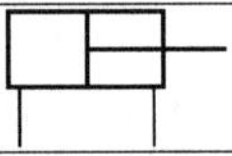	简化符号			
(3)控制元件					
止回阀	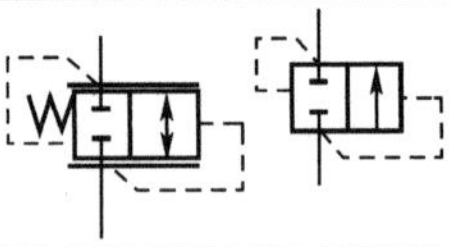	详细符号	止回顺序阀	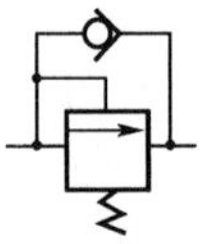	一般符号
止回阀	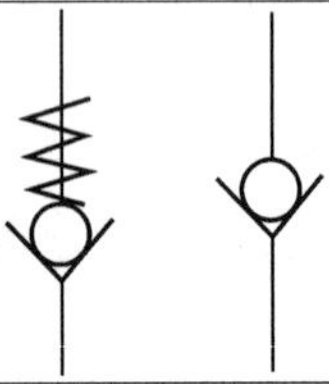	简化符号(弹簧可省略)			
溢流阀	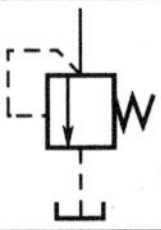	一般符号			
减压阀	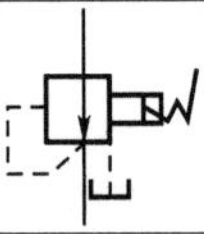	一般符号	安全阀	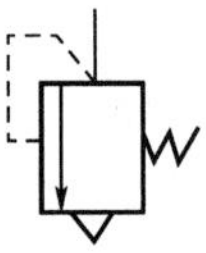	一般符号
顺序阀	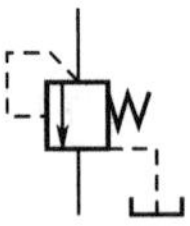	一般符号			
节流阀		一般符号			

续上表

液压传动系统			气压传动系统		
名称	符号	说明	名称	符号	说明
(4)辅助元件					
油箱 管端在油箱底部		一般符号	冷却器	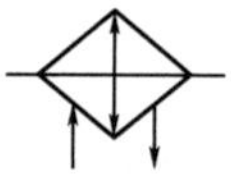	一般符号
油箱 局部泄油或回油		一般符号	除油器	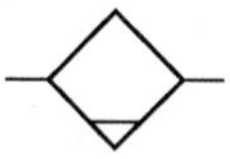	一般符号
过滤器 过滤器	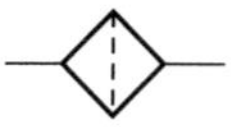	一般符号	储气罐	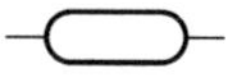	一般符号
过滤器 空气过滤器	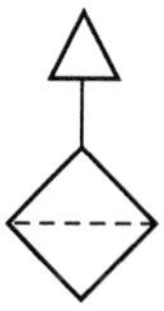	一般符号	气压源		一般符号
			过滤器	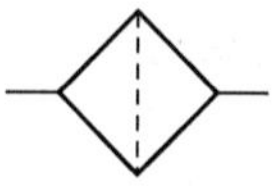	一般符号
			油雾器	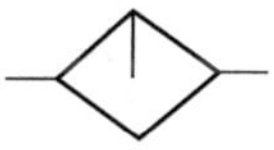	一般符号
冷却器	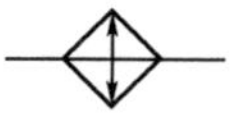	一般符号	消声器	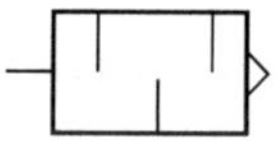	一般符号
(5)其他气、液传动系统符号					
管路		压力管路 回油管路	交叉管路		两管路交叉不连接
连接管路		两管路相交连接	柔性管路		一般符号
控制管路		可表示泄油管路	单向放气装置(测压接头)	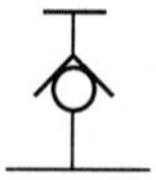	一般符号

第二节　液压传动与气压传动的主要元件

想一想

(1)液压传动、气压传动为什么需要动力元件、执行元件、控制元件及辅助元件才能构成一个完整的系统?

(2)汽车上的各种液压系统、气压系统具体由哪些元件组成?

一 液压传动系统的动力元件

液压传动系统的动力元件就是人们所说的油泵。按运动部件的形状和运动方式分为柱塞泵、齿轮泵、叶片泵等;按排量是否变量分为定量泵、变量泵;按运动部件转动和油液输出方向分为单向泵、双向泵。图8-5所示的是常用液压泵的图形符号。

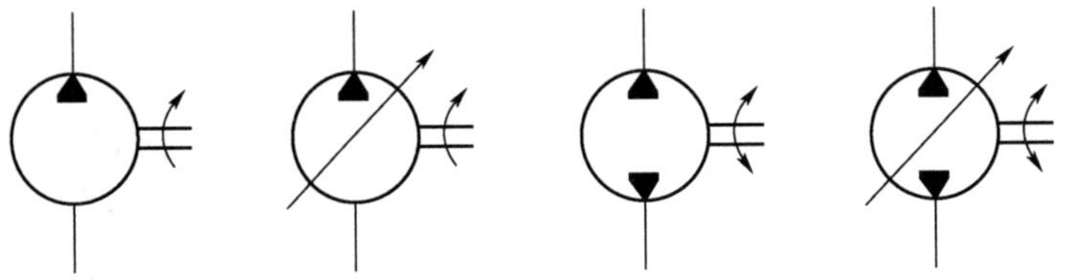

a)单向定量液压泵　b)单向变量液压泵　c)双向定量液压泵　d)双向变量液压泵

图8-5　常用液压泵的图形符号

1 柱塞泵

柱塞泵的原理是利用偏心轮推动柱塞往复运动,实现吸油和泵油,如图8-6所示。

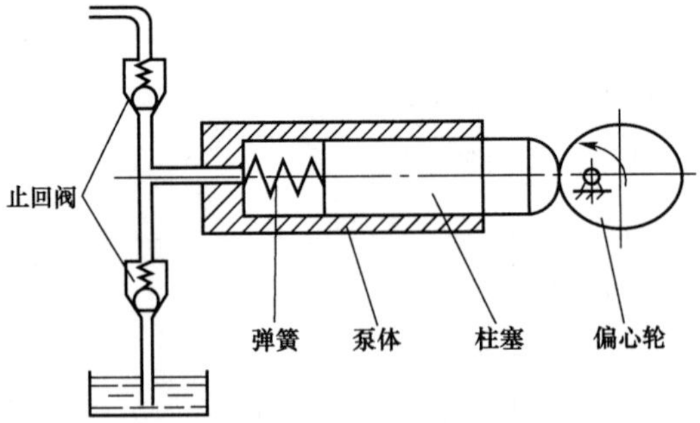

图8-6　柱塞泵

2 齿轮泵

如图8-7所示齿轮泵,两啮合的轮齿将泵体、前后盖板和齿轮包围的密闭容积分为两部分,轮齿进入啮合的一侧密闭容积减小,油液从齿间被挤出,经压油口排油,退出啮合的一侧密闭容积增大,形成局部真空,经吸油口吸油。汽车发动机润滑系统采用的是齿轮泵。

3 叶片泵

叶片泵由转子1、定子2、叶片3和端盖等组成,如图8-8所示。定子具有圆柱形内表面,定子和转子之间有偏心距 e ,叶片装在转子槽中,并可在槽内滑动。由定子内环、转子外圆组成密闭工作容积。由于定子内环由大半径圆弧、小半径圆弧线组成,故密闭容积将随转子旋转而变化。当传动轴带动转子旋转,叶片在离心力作用下紧贴定子内表面,由吸油口吸入工作液,暂存于 a 腔,经叶片挤压输送至 b 腔,再由出油口排出。叶片泵的特点是可作为变量泵使用。

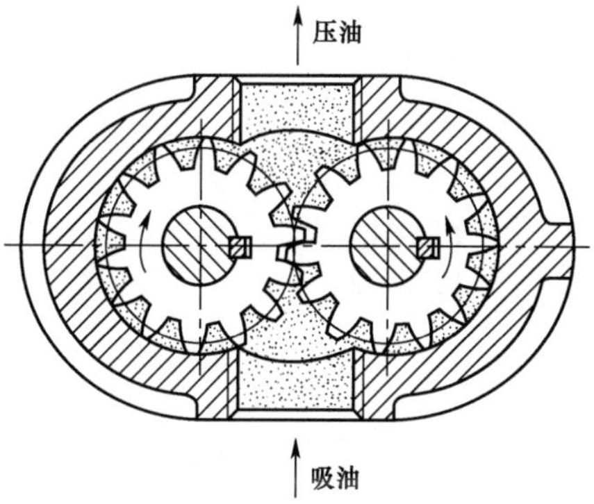

图8-7　齿轮泵

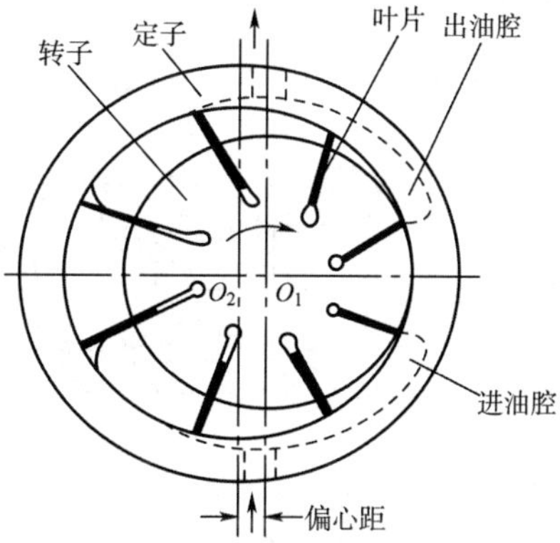

图8-8　叶片泵

O_1-定子圆心;O_2-转子圆心

二 液压传动系统的执行元件

液压传动系统的执行元件包括液压马达和液压缸。液压马达与泵在原理上有可逆性,但因用途不同而在结构上有些差别:液压马达将液压能转变为机械能,并以转矩和转速的形式输出,要求正反转,其结构具有对称性,如图8-9所示;而泵为了保证其自吸性能,结构上采取了某些措施,使之不能通用。

液压缸也是将液压能转变为机械能的装置,它将液压能转变为直线运动或摆动的机械能。

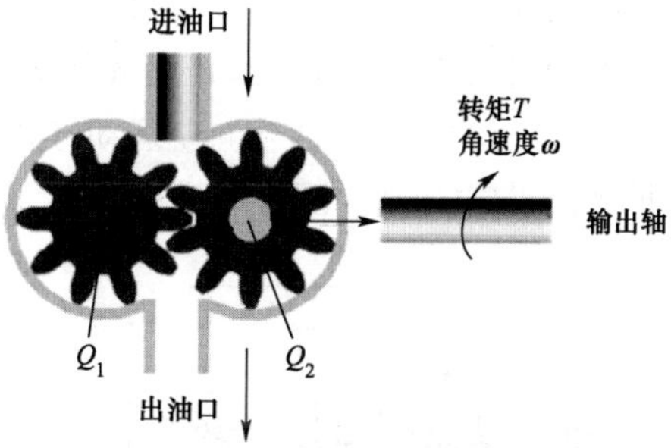

图8-9　液压马达

三 液压传动系统的控制元件

液压控制阀(简称液压阀)是液压传动系统中控制油液流动方向、压力及流量的元件。液压控制阀利用阀芯在阀体内的相对运动来控制阀口的通断及开口大小,以实现方向、压力及流量的控制。

液压控制阀具有以下共同结构特点:

(1)基本结构由阀体、阀芯和阀芯驱动件组成。

(2)阀体有阀体孔或阀座孔和外接油管的进出油口。

(3)阀芯有3种结构:滑阀、锥阀和球阀。

(4)驱动装置有:手动、弹簧、电磁或液压力。

根据用途和工作特点不同,液压控制阀主要分为三大类:

(1)方向控制阀:止回阀、换向阀等。

(2)压力控制阀:溢流阀、减压阀、顺序阀等。

(3)流量控制阀:节流阀、调速阀等。

1 止回阀

止回阀控制油液只能按某一方向流动,而反向截止,如图8-10所示。

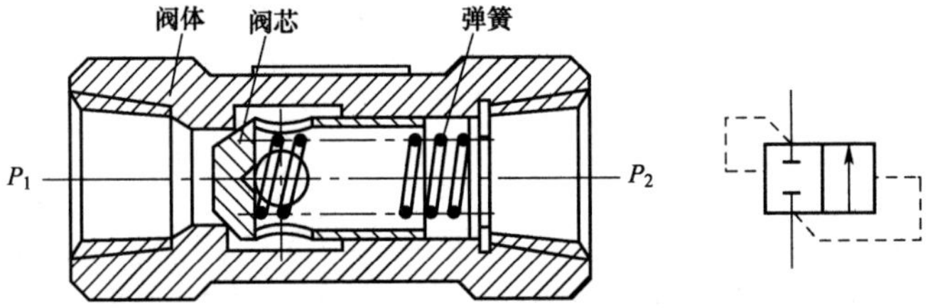

图8-10 止回阀

止回阀的要求:正向液流压力损失小,反向截止密封性能好。

止回阀的应用:安装在泵的出口,泵工作时,防止系统压力冲击;泵不工作时,防止系统的油液倒流;也可用作背压阀,或与其他阀并联组成复合阀。

2 换向阀

如图8-11所示,换向阀的原理是靠阀芯(滑阀)在阀体内作轴向运动,从而使相应的油路接通或断开的换向阀。滑阀是一个具有多个环形槽的圆柱体(图示阀芯有3个台肩),而阀体孔内有若干个沉割槽(图示阀体为5槽)。每沉割槽都通过相应的孔道与外部相通,其中P为进油口,T为回油口,而A和B则通液压缸两腔。当阀芯处于图8-11a)所示的位置时,P与B、A与T相通,活塞向左运动;当阀芯向右移至图8-11b)所示的位置时,P与A、B与T相通,活塞向右运动。图8-11中用简化了的图形符号清晰地表明了以上所述的通断情况。

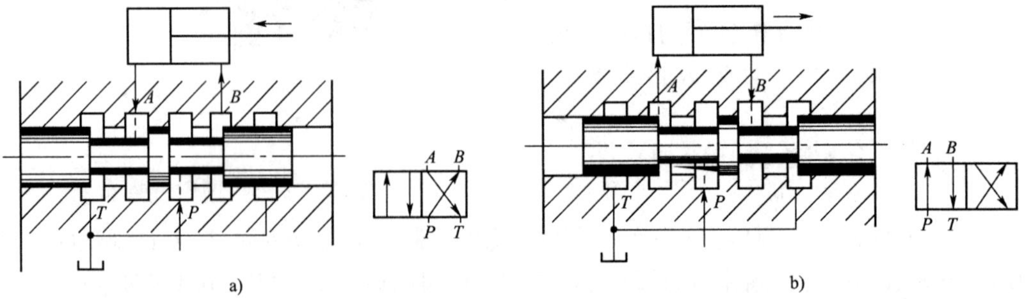

图8-11 换向阀换向原理图

3 溢流阀

溢流阀是用来控制液压系统压力或利用压力作为信号来控制其他元件动作的阀类。溢流阀的主要功用:一是起溢流稳压作用,保持液压系统压力恒定;二是限压保护作用,防止液压系统过载。溢流阀依靠系统中的压力油直接作用在阀芯上而与弹簧力相平衡,以控制阀芯的启闭动作,如图 8-12 所示。图中 P 为进油口,T 为回油口。

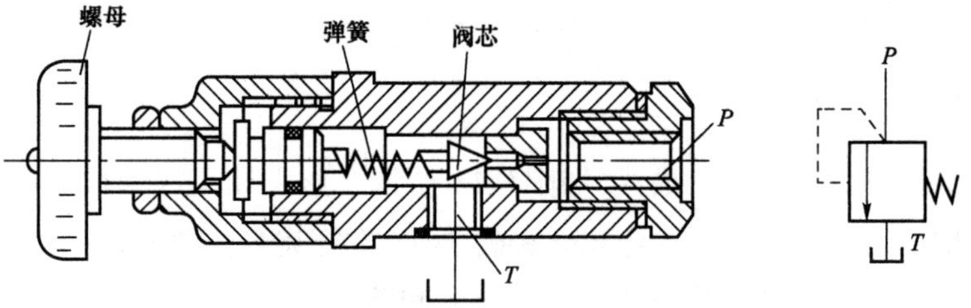

图 8-12 溢流阀

4 减压阀

减压阀是利用油液流过缝隙时产生压降的原理,使出口压力低于进口压力的压力控制阀。减压阀出口压力的大小,可通过调压弹簧进行调节。常见的减压阀如图 8-13 所示。

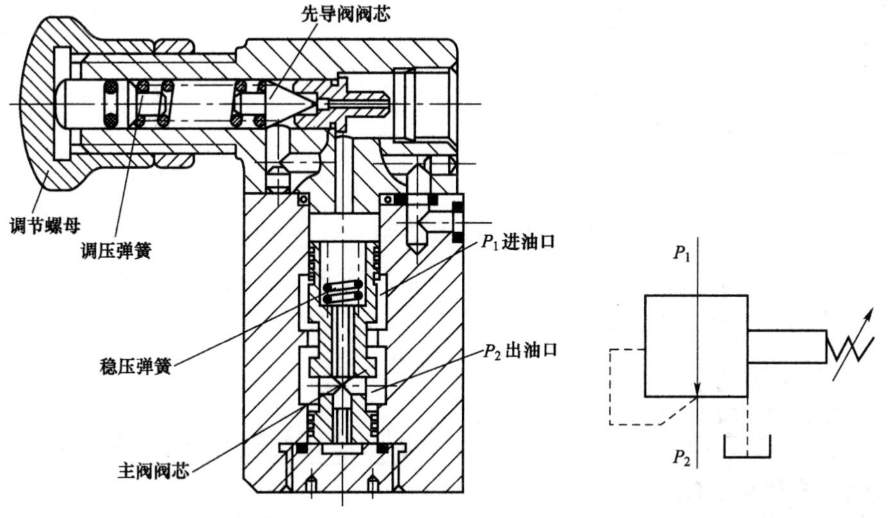

图 8-13 减压阀

5 顺序阀

顺序阀是利用油路中压力的变化控制阀口启闭,以实现执行元件顺序动作的液压元件。当顺序阀的进油口压力低于顺序阀调定压力时,阀口关闭;当进油口压力超过调定压力时,阀口开启,顺序阀输出压力油使其下游的执行元件动作。调整弹簧的预压缩量,即能调节打开顺序阀所需的压力。常见的顺序阀如图 8-14 所示。

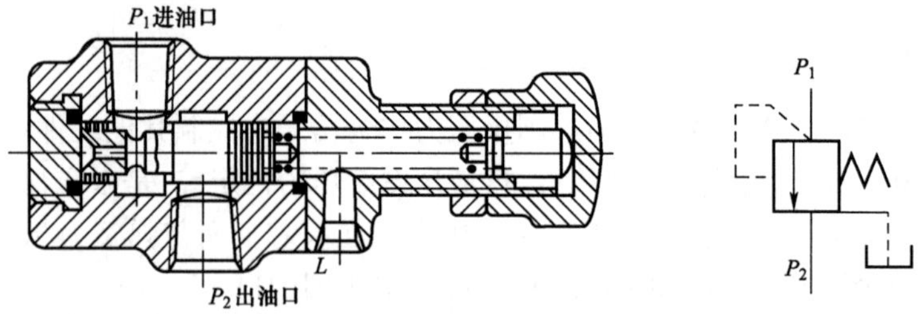

图 8-14　顺序阀

6 节流阀

节流阀的节流口为轴向三角槽式,如图 8-15 所示。压力油从进油口 P_1 流入,经阀芯左端的轴向三角槽后,再由出油口 P_2 流出。旋转手轮,推杆克服弹簧的作用力,使阀芯做轴向移动,改变节流口的通流面积,从而调节通过节流阀的流量。

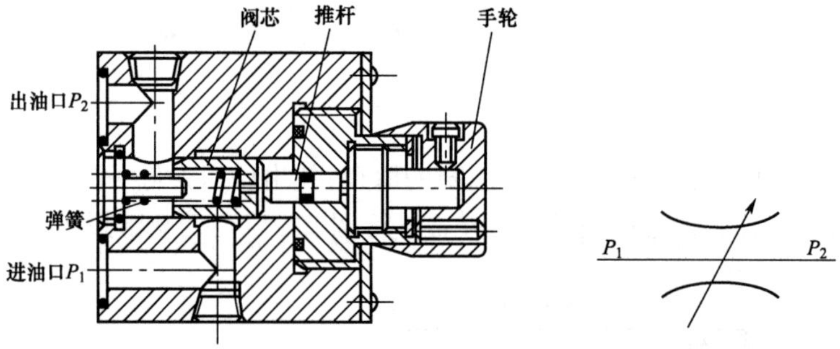

图 8-15　节流阀

7 调速阀

调速阀是由减压阀与节流阀串联而成的组合阀。节流阀用来调节通过阀口的流量,减压阀能自动保持节流阀前、后的压力差不变,从而使通过节流阀的流量不受负载变化的影响。图 8-16 所示的是常见的调速阀结构,其中 P_1、P_2 为减压阀进出口压力,P_3 为节流阀出口压力。

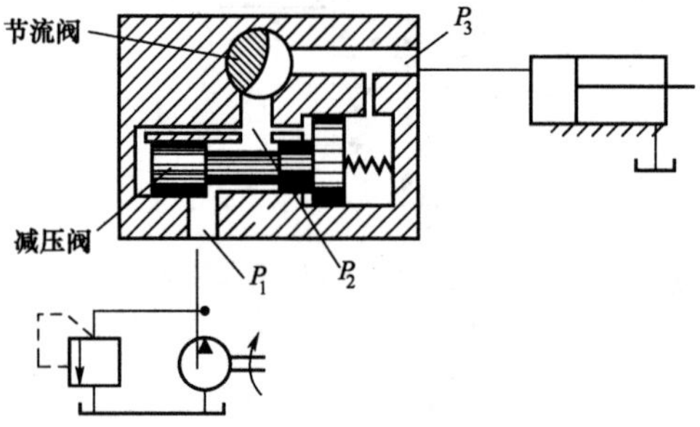

图 8-16　调速阀

四 液压传动系统的辅助元件

辅助元件主要有:过滤器、油箱、热交换器及管件等。

过滤器的作用:滤去油中杂质,维护油液清洁,防止油液污染,保证系统正常工作。

油箱的作用:储存系统所需的足够油液,散发油液中的热量,分离油箱中的气体及沉淀物。

热交换器包括冷却器和加热器。冷却器要求有足够的散热面积,散热效率高,压力损失小。

管件是用来连接液压元件、输送液压油液的连接件，它包括油管和管接头。所选管件应保证有足够的强度，没有泄漏，密封性能好，压力损失小，拆装方便。

五 气压传动系统的动力元件

气压传动系统的动力元件是压缩机。它的作用是把大气压状态下的空气升压提供给气压传动系统。图8-17所示的是最常用的汽车活塞式空气压缩机。其工作原理如图8-18所示。工作时在汽车发动机驱动下，曲柄作回转运动，通过连杆推动活塞作往复运动。当活塞下移，体积增大，气缸压力小于大气压，空气从进气阀进入气缸，即实现了吸气。当活塞上移，气体受到压缩，气压增大，进气阀关闭。随着活塞不断上移，当压力高于打开排气阀所遇到的阻力时，排气阀打开，空气压缩机就连续输出高压气体。

图8-17 汽车空气压缩机

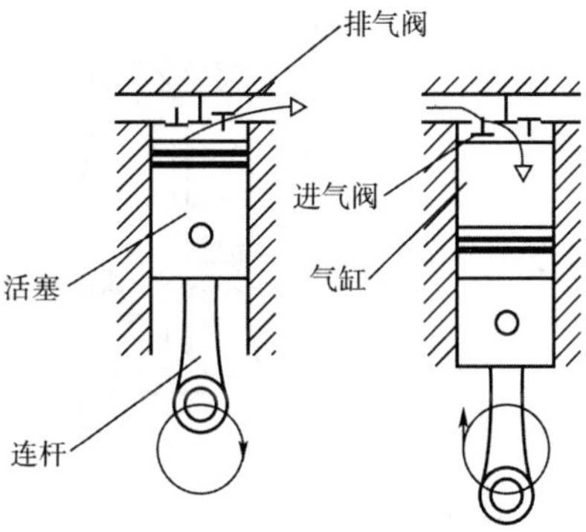

图8-18 活塞式空气压缩机结构原理图

六 气压传动系统的执行元件

气压传动系统的执行元件是将压缩空气的压力能转变成机械能的元件，包括气缸和气压马达。气缸用于实现直线往复或摆动，气压马达用于实现连续的回转运动。图8-19所示的是汽车上常用的活塞式气缸，又称为活塞式制动气室。该制动气室主要靠压缩空气作用在膜片上，推动推杆来控制制动器起制动作用。

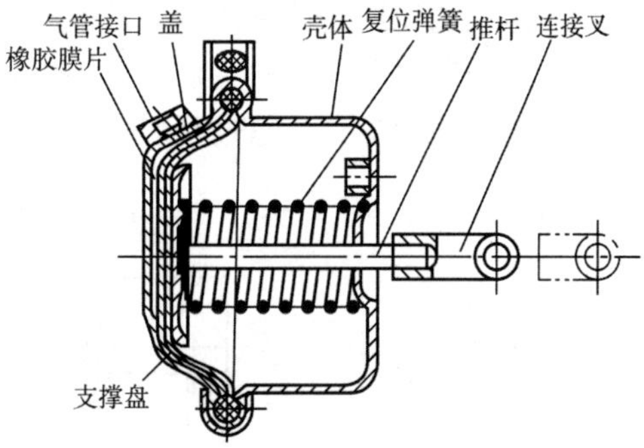

图8-19 汽车制动气室

七 气压传动系统的控制元件

在气压传动系统中，通过控制压缩空气的压力来控制执行元件的输出推力、转矩以及动作顺序的阀，称为压力控制阀，包括减压阀、顺序阀和安全阀。

1 减压阀

减压阀又称调压阀,如图8-20所示,其作用是将储气罐内的高压空气的压力减到每台装置所需的空气压力,并使减压后的空气压力稳定在所需的压力值上。

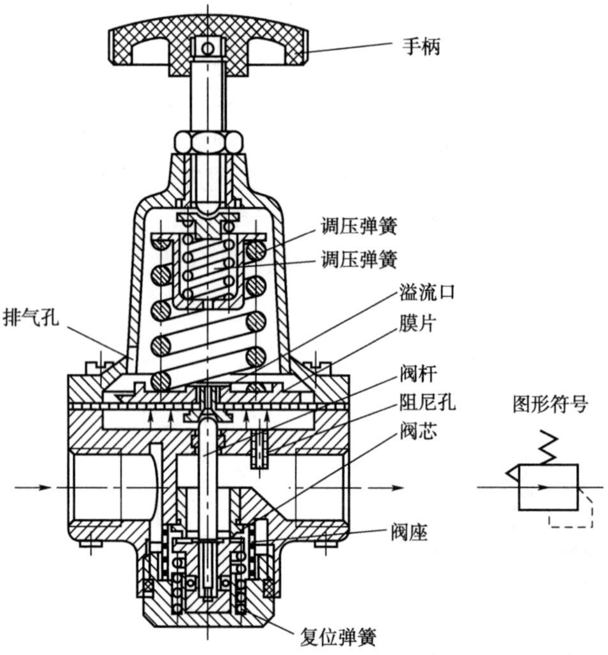

图8-20 减压阀

2 顺序阀

顺序阀的作用是控制执行元件的顺序动作,如图8-21所示。顺序阀是依靠气路中压力的大小来控制执行元件先后顺序动作的压力控制阀,它根据弹簧的预压缩量来控制开启压力。当输入压力达到或超过开启压力时,顶开弹簧,于是 A 口才有输出;反之 A 口无输出。

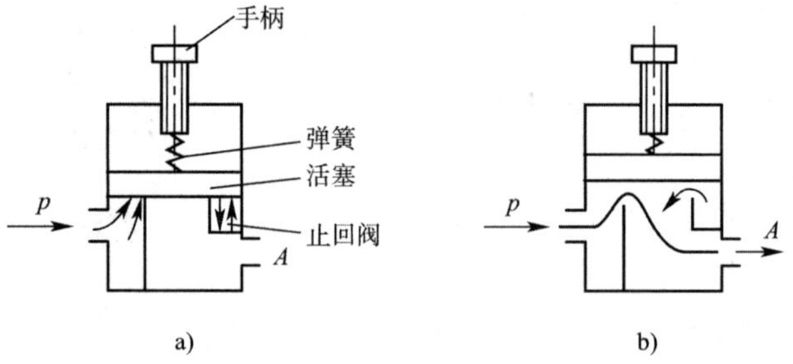

图8-21 顺序阀工作原理图

3 安全阀

安全阀的作用是防止系统内压力超过最大许用压力,以保护回路或气动装置的安全，如图 8-22 所示。当系统中气体压力在调定范围内时，作用在活塞上的压力小于弹簧的力，活塞处于关闭状态。当系统压力升高，作用在活塞上的压力大于弹簧的预定压力时，活塞向上移动，阀门开启排气。直到系统压力降到调定范围以下，活塞又重新关闭。

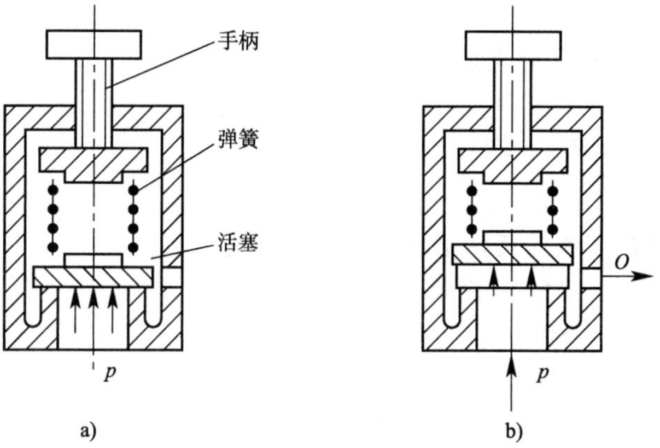

图 8-22　安全阀工作原理图

八 气压传动系统的辅助元件

1 冷却器

冷却器的作用是降低来自压缩机被压缩的空气温度，这样可使压缩空气中的油雾和水汽迅速达到饱和，使其大部分析出并凝结成油滴和水滴，以便经除油器排出。

2 除油器

除油器的作用是除去气压系统被压缩空气中的杂质油。

3 储气罐

储气罐的主要作用是储存一定数量的压缩空气，以便发生故障或临时需要应急使用；消除压力脉动，保证输出气流的连续性和平稳性；进一步分离压缩空气中的油、水等杂质。

4 空气过滤器

空气过滤器是气动系统中最常用的一种空气净化装置。其作用是滤除压缩空气中的水分、油滴及杂质，以达到气动系统所要求的净化程度。

5 油雾器

油雾器是一种特殊的注油装置，它以压缩空气为动力，将润滑油喷射成雾状并混合于压缩空气中，使压缩空气具有润滑气动元件的能力。

思考与练习

一、选择题

1. 以下(　　)是液压传动系统的动力元件。

A. 压缩机　　B. 气缸　　C. 换向阀　　D. 液压泵

2. 以下(　　)是气压传动系统的执行元件。

A. 压缩机　　B. 气缸　　C. 止回阀　　D. 储气罐

3. 以下(　　)是属于液压传动系统的压力控制阀。

A. 溢流阀　　B. 节流阀　　C. 换向阀　　D. 调速阀

4. 气压传动系统中,去除空气中杂质油的装置称为(　　)。

A. 空气过滤器　　B. 储气罐　　C. 除油器　　D. 冷却器

二、填空题

1. 液压传动有两个基本参数,即__________和__________。

2. 液压传动系统利用__________将原动机的机械能转换为液体的__________,通过液体压力能的变化来传递能量,经过各种控制阀和管路的传递,借助于液压执行元件,把液体压力能转换为机械能,驱动工作机构实现直线往复运动和回转运动。

3. 气压传动系统由__________、__________、__________和__________四个部分组成。

4. 液压传动中,管道越长,流速越__________,损失就越__________。

5. 液压传动系统中,辅助元件主要有__________、__________、__________及__________等。

三、判断题

1. 液压系统是一种能量转换装置。　　(　　)

2. 柱塞式液压缸属于单作用式液压缸。　　(　　)

四、问答题

1. 液压传动、气压传动各有哪些特点?

2. 举例说明液压传动、气压传动在汽车上的应用。

参考文献

[1] 凤勇.汽车机械基础[M].4版.北京:人民交通出版社股份有限公司,2019.
[2] 陈礁.汽车材料[M].2版.北京:高等教育出版社,2018.
[3] 刘有星,刘新江.机械基础(少学时)[M].北京:人民交通出版社,2010.
[4] 栾学钢,王诚,吴建蓉.机械基础(少学时)[M].北京:高等教育出版社,2010.
[5] 辜东莲,李同军,于光明.机械制图(少学时)[M].北京:高等教育出版社,2010.
[6] 于光明.机械制图习题集(少学时)[M].北京:高等教育出版社,2010.
[7] 丁宏伟.汽车材料[M].北京:中国劳动社会保障出版社,2007.
[8] 黄斌.汽车运行材料[M].南京:江苏科学技术出版社,2009.
[9] 杨士伟.机械基础与实训[M].北京:科学出版社,2009.
[10] 崔振民,张让莘.汽车机械基础[M].北京:高等教育出版社,2005.
[11] 周云,万军海.汽车机械基础[M].北京:机械工业出版社,2005.